प्रारम्भिक अवधी

प्रारम्भिक अवधी

विश्वनाथ त्रिपाठी

राधाकृष्ण प्रकाशन

ISBN : 978-81-8361-884-7

प्रारम्भिक अवधी
© विश्वनाथ त्रिपाठी

पहला संस्करण : 1975
दूसरा संस्करण : 2018

मूल्य : ₹595

प्रकाशक
राधाकृष्ण प्रकाशन प्राइवेट लिमिटेड
जी-17, जगतपुरी, दिल्ली-110 051

शाखाएँ : अशोक राजपथ, साइंस कॉलेज के सामने, पटना-800 006
पहली मंजिल, दरबारी बिल्डिंग, महात्मा गांधी मार्ग, इलाहाबाद-211 001
36 ए, शेक्सपियर सरणी, कोलकाता-700 017

वेबसाइट : www.radhakrishnaprakashan.com
ई-मेल : info@radhakrishnaprakashan.com

मुद्रक
बी.के. ऑफसेट
नवीन शाहदरा, दिल्ली-110 032

PRARAMBHIK AWADHI
by Vishwanath Tripathi

आकाशधर्मा गुरु और लोकवादी आचार्य
पं० हजारीप्रसाद द्विवेदी को
प्रणतिपूर्वक

आभार

प्रस्तुत कार्य में अनेक विद्वानों और शुभ-चिन्तकों ने विविध प्रकार से मेरी सहायता की है। डॉ० बाबूराम सक्सेना ने न केवल मुझे आशीर्वाद देकर उत्साहित किया है बल्कि प्रारम्भिक अवधी के अधिकांश व्याकरणिक रूपों को देख कर कई बहुमूल्य सुझाव भी दिये हैं। डॉ० माताप्रसाद गुप्त ने स्वसम्पादित 'मिरगावत' (अप्रकाशित) के कुछ अंशों का उपयोग करने की अनुमति देकर उपकृत किया है। डॉ० वासुदेवशरण अग्रवाल ने मैंनासत सम्बन्धी सामग्री का पता दिया है और श्री रायकृष्णदास ने भारतकला भवन में सुरक्षित कई हस्तलेखों को देखने की सुविधा प्रदान की है। डॉ० नामवर सिंह और डॉ० शिवप्रसाद सिंह ने उपयोगी परामर्श दिये हैं। डॉ० भोलानाथ तिवारी और उर्दू के प्राध्यापक डॉ० ख़लीक़ अञ्जुम ने मैंनासत सम्बन्धी सामग्री उपलब्ध कराने में बड़ी सहायता की है। इसके अतिरिक्त श्री नर्मदेश्वर चतुर्वेदी और डॉ० नित्यानन्द तिवारी ने हरिचरित और चंदायन सम्बन्धी उपयोगी सामग्री जुटाने में सक्रिय सहयोग दिया है। इलाहाबाद के श्री गोविन्दजी ने अपने संग्रहालय में सुरक्षित 'रामजन्म' की प्रतिलिपि देकर सहायता की है। मैं इन सभी विद्वानों और बन्धुओं के प्रति हार्दिक कृतज्ञता प्रकट करता हूँ।

गुरुवर आचार्य हजारीप्रसाद द्विवेदी ने इस प्रबन्ध को प्रस्तुत करने में जितनी और जितने प्रकार की सहायता की है, उन सबका उल्लेख यहाँ सम्भव नहीं है। उनके स्नेह, आशीर्वाद और प्रेरणादायक निर्देशन के बिना यह कार्य कितना दुष्कर होता इसकी कल्पना भी मेरे लिए कठिन है।

इस शोध-ग्रन्थ को प्रकाशित करने में बन्धुवर रवीन्द्र कालिया ने जो सहायता

की है, उसके लिए आभारी हूँ। उहके सहयोग के बग़ैर पुस्तक शायद अभी बहुत दिनों तक यूँ ही अप्रकाशित पड़ी रहती।

आशा है प्रस्तुत प्रबन्ध विद्वानों और महानुभावों की प्रीति अर्जित करने में समर्थ हो सकेगा।

विश्वनाथ त्रिपाठी

संकेत-पत्र

अन्य पु०—अन्य पुरुष

ई०—ईस्वी

उ० व्य०
उ० व्य० प्र० } —उक्ति व्यक्ति प्रकरण

ए० अ०—एवोल्यूशन ऑफ अवधी

ए० व०—एक वचन

ओ० डी० बी० एल—ओरिजिन एण्ड डवलपमेंट ऑफ बंगाली लैंग्वेज

खोज वि०—खोज विवरण

ग्रन्थ सं०
ग्र० सं } ग्रन्थ संख्या

चं०—चंदायन (डॉ० विश्वनाथ प्रसाद द्वारा संपादित)

चं० (प)—चंदायन डॉ० परमेश्वरी लाल गुप्त द्वारा संपादित

छं० क्र०—छन्द क्रमांक

दे०—देखिए

ना० प्र० पत्रिका—नागरी प्रचारिणी पत्रिका

प्रा० अवधी —प्रारम्भिक अवधी

प्रा० पैं०—प्राकृत पैंगलम्

पृ०—पृष्ठ

भो० भा० सा०—भोजपुरी भाषा और साहित्य

म० भ० आ०—मध्यकालीन भारतीय आर्य भाषाएँ

मा० वृ०—मात्रा वृत्त

मिर०—मिरगावत (डॉ० माताप्रसाद गुप्त द्वारा सम्पादित)

मिर० (शि)—कुतबन कृत मृगावत (डॉ० शिवगोपाल मिश्र द्वारा संपादित)

मै० स०—मैनासत

रा० च० मा०—रामचरितमानस

रा० ज०—राम जन्म

रा० वे०—राउर वेल

लि० का०—लिपि काल

लो० क०—लोर कहा

व० वृ०—वर्ण वृत्त

वि०—विक्रमी

सं०—संदर्भानुसार सम्वत् या संपादक

सं० रा० - संदेश रासक

सं० क० --सत्यवती कथा

सन्दर्भ क्र०—संदर्भ क्रमांक

स्वर्गा०—स्वर्गारोहिणी कथा

ह० च०—हरिचरित

हि० –हिजरी

(?) संदिग्धपाठ का द्योतक

( ) कोष्ठक में किसी शब्द के आगे दिया हुआ अनुमानित पाठ

<—से विकसित

>—पूर्व रूप

˘—ह्रस्वत्व बोधक चिह्न

······—छोड़ा या अपाठ्य अंश

उद्धृत पंक्ति या शब्द के आगे अंक रचना की छंद संख्या को सूचित करता है जैसे ४। रा० ज० का अर्थ है राम जन्म के अन्तर्गत ४ थे छंद में प्रयुक्त। ३।१ ह० च० का अर्थ है हरिचरित के पहले अध्याय के तीसरे छन्द में प्रयुक्त।

विषय-सूची

भूमिका

नवीन भारतीय आर्य भाषाएँ मूलतः परस्पर सम्बद्ध हैं। इसीलिए बीम्स, भण्डारकर केलाग, हार्नली, ज्यूल ब्लाख, गियर्सन, चटर्जी इत्यादि विद्वानों के कार्यों से अन्य नवीन भारतीय आर्य भाषाओं के साथ-साथ अवधी के अध्ययन का भी मार्ग प्रशस्त हुआ है। फिर भी अवधी के अध्ययन की दृष्टि से केलाग के 'हिन्दी भाषा का व्याकरण' तथा हार्नली के 'पूर्वी हिन्दी का व्याकरण' का विशेष महत्त्व है। केलाग ने रामचरित मानस की भाषा पर विचार किया था और पूर्वी हिन्दी के नाम से हार्नली ने भोजपुरी तथा अवधी के व्याकरण का विवेचन किया था। गियर्सन की यशस्विनी कृति 'भारत का भाषा सर्वेक्षण' के छठे खण्ड में पूर्वी हिन्दी के नाम से अवधी के विभिन्न रूपों का संग्रह है। इस खण्ड की भूमिका में ग्रियर्सन ने पूर्वी हिन्दी का सम्यक् परिचय दिया है। इसके पूर्व छत्तीसगढ़ी बोली पर हीरालाल काव्योपाध्याय काम कर चुके थे। इसका अँग्रेजी अनुवाद गियर्सन ने ही १६२१ ई० में प्रकाशित करवाया।

किन्तु अवधी पर सर्वाधिक महत्त्वपूर्ण कार्य डॉ० बाबूराम सक्सेना ने किया। उनका प्रबन्ध 'अवधी का विकास' सन् १६३८ ई० में इंडियन प्रेस इलाहाबाद से प्रकाशित हुआ। इस ग्रन्थ में अवधी की वैज्ञानिक दृष्टि से विस्तृत विवेचना की गई। डॉ० धीरेन्द्र वर्मा के अनुसार इस ग्रन्थ में पहले पहल एक आधुनिक भारतीय आर्यभाषा की ध्वनियों का प्रयोगात्मक ध्वनिशास्त्र की दृष्टि से विश्लेषण तथा वर्णन किया गया तथा 'हिन्दी की एक मुख्य बोली का प्रथम वैज्ञानिक तथा विस्तृत वर्णन मिलता है।' डॉ० सक्सेना ने आधुनिक अवधी के साथ-साथ 'प्रारम्भिक अवधी' का भी अध्ययन मुख्यतः पदमावत, रामचरित मानस और नूर मुहम्मद की इन्द्रावती के आधार पर किया। प्रारम्भिक और आधुनिक अवधी का विस्तृत विवेचन करने के साथ ही साथ उन्होंने अवधी ध्वनियों और व्याकरणिक रूपों की व्युत्पत्ति पर भी विचार किया। अवधी पर डॉ० सक्सेना जैसा कार्य फिर देखने में नहीं आया।

अवधी का विकास (एवोल्यूशन ऑफ अवधी) के प्रकाशन के पश्चात् अवधी से सम्बन्धित नवीन सामग्री पर्याप्त मात्रा में सामने आई है। १९५३ ई० में मुनि जिन विजय के सम्पादन में १२ वीं शताब्दी के पंडित 'दामोदर शर्मा द्वारा रचित उक्तिव्यक्तिप्रकरण प्रकाशित हुआ। इस महत्त्वपूर्ण पुस्तक की भाषा वैज्ञानिक विवेचना करते हुए डॉ० सुनीति कुमार चटर्जी ने लिखा कि उक्तिव्यक्तिप्रकरण कोसली या पूर्वी हिन्दी के इतिहास के अध्ययन की दृष्टि से अत्यन्त महत्त्वपूर्ण है (दे० ९२ स्टडी, उ० व्य० प्र०)। इसमें १२ वीं शताब्दी में जन प्रचलित पूर्वी हिन्दी का रूप उपलब्ध होता है। विवेचना करने पर ज्ञात होता है कि इसके अधिकांश व्याकरणिक रूपों का विकास अवधी में हुआ है।

'भारतीय विद्या' के जून-जुलाई, १९५९ के अंक में डॉ० हरिवल्लभ चुनीलाल भायाणी ने 'राउर बेल' नामक एक नवोपलब्ध काव्य का प्रकाशन कराया। यह काव्य प्रिंस ऑफ वेल्स म्यूजियम बम्बई में सुरक्षित एक शिला पर अंकित था। डॉ० भायाणी के अनुमानानुसार इस काव्य का रचनाकाल ११ वीं शताब्दी है और इसमें कई नवोदित भारतीय आर्य भाषाओं का प्रयोग किया गया है। डॉ० भायाणी ने काव्य के प्रथम नखशिख की भाषा को अवधी का पूर्वरूप बताया है।

इसी काव्य का संपादन करके डॉ० माताप्रसाद गुप्त ने इसे पुस्तक रूप में १९६२ ई० में प्रकाशित कराया। डॉ० गुप्त रचनाकाल के विषय में डॉ० भायाणी के समान मत रखते हैं। भाषा के विषय में उनका निष्कर्ष है कि प्रथम और अंतिम नखशिख की भाषा दक्षिण कोसली है।

प्राकृत और अपभ्रन्श छंदों के प्रसिद्ध संकलन ग्रंथ प्राकृत पैंगलम् का सम्पादित संस्करण यद्यपि बहुत पहले निकल चुका था लेकिन इस बीच अनुसंधित्सुओं का ध्यान उद्धृत छन्दों की भाषा के महत्त्व पर गया। पुरानी राजस्थानी पर विचार करते हुए तेस्सीतोरी ने इस ग्रन्थ की उपादेयता पर प्रकाश डाला था। 'कल्पना', १९५४ के अगस्त अंक में डॉ० शिवप्रसाद सिंह ने उसमें ऐसे छन्दों की भाषा पर विचार किया जिनमें ब्रजी के पूर्वरूप मिलते हैं। प्रस्तुत अध्ययन के सिलसिले में प्राकृतपैंगलम् में उद्धृत ऐसे छन्दों की भाषा पर विचार किया गया है जिनमें अवधी में प्राप्त रूप या उनके पूर्वरूप मिलते हैं (दे० ४-९)।

डॉ० वासुदेवशरण अग्रवाल ने पदमावत की संजीवनी टीका प्रस्तुत की और उसमें अवधी के कई अज्ञातप्राय कवियों और उनकी रचनाओं का उल्लेख किया। इसके बाद अवधी की कई अनुपलब्ध रचनायें प्रकाशित हुईं।

(१) श्री अगरचंद नाहटा ने कु० मुं० हिन्दी तथा भाषा विज्ञान विद्यापीठ

आगरा से प्रकाशित हिन्दी विद्यापीठ ग्रन्थ वीथिका (१९५६ ई०) में साधन के मैनासत के दो पाठ प्रकाशित कराए।

मैनासत के मनेर शरीफ खानकाह का पाठ प्रो० अस्करी ने उर्दू की 'मआसर' नामक पत्रिका में १९६० ई० में प्रकाशित कराया।

(२) ईश्वरदास की सत्यवती कथा यद्यपि हिन्दुस्तानी (१९३७ ई०) में प्रकाशित हो चुकी थी किन्तु वह अनुपलब्धप्राय थी। डॉ० शिवगोपाल मित्र और रावत ओम् प्रकाश सिंह ने १९५८ ई० से ईश्वरदास की अन्य कृतियों के साथ उसका प्रकाशन कराया।

(३) मुल्लादाऊद की प्रसिद्ध रचना के कुछ अंशों का प्रकाशन डॉ० विश्वनाथ प्रसाद ने 'चंदायन' के नाम से तथा डॉ० माताप्रसाद गुप्त ने 'लोरकहा' के नाम से १९६२ ई० में कराया। काव्य के दोनों संपादित अंश साथ-साथ क० मुं० हिन्दी तथा भाषा विज्ञान विद्यापीठ आगरा से प्रकाशित हुए हैं।

इस रचना के लगभग सम्पूर्ण अंश का प्रकाशन डॉ० परमेश्वरीलाल गुप्त ने 'चंदायन' नाम से १९६४ ई० में कराया।

लालचदास के हरिचरित नामक काव्य का क्रमशः प्रकाशन बिहार राष्ट्र भाषा की परिषद् पत्रिका में पहले से हो रहा था किन्तु उसका पुस्तकाकार प्रकाशन १९६३ ई० में हुआ। सम्पादन आचार्य नलिनविलोचन शर्मा तथा श्री रामनारायण शास्त्री ने किया।

उसी वर्ष कुतबन की प्रसिद्ध रचना 'मिरगावत' का डॉ० शिव गोपाल मिश्र द्वारा सम्पादित रूप प्रकाशित हुआ। इस काव्य का सम्पादन डॉ० माताप्रसाद गुप्त ने भी किया है जो सम्भवतः शीघ्र ही प्रकाशित होने वाला है।

इन रचनाओं पर आगे (दे० २५-६४) किञ्चित् विस्तारपूर्वक विचार किया गया है।

ऊपर जिन रचनाओं का उल्लेख किया गया है वे सभी जायसी के पदमावत (रचनाकाल १५४० ई०) के पूर्व की हैं। जायसी के 'पदमावत' की भाषा का अध्ययन डॉ० सक्सेना अपने ग्रन्थ 'अवधी का विकास' में प्रारम्भिक अवधी (अर्ली अवधी) के अन्तर्गत कर चुके थे। डॉ० सक्सेना ने जिस समय अपना कार्य किया था उस समय जायसी-पूर्व अवधी की इतनी रचनायें प्रकाश में नहीं आई थीं। इसीलिये वे इनका उपयोग अपने अध्ययन में नहीं कर पाए। इन रचनाओं के प्रकाशित हो जाने पर इस बात की आवश्यकता अनुभव की गई कि पदमावत पूर्व

इन अवधी कवियों की भाषा का भी अध्ययन प्रस्तुत कर दिया जाए जिससे प्रारम्भिक अवधी के विकास का अध्ययन अपूर्ण न बना रहे। प्रस्तुत कार्य इसी उद्देश्य को ध्यान में रखकर किया गया एक विनम्र प्रयास है। पदमावत से पूर्व की अवधी जानकारी का साधन केवल वे रचनायें हैं जिनका उल्लेख अभी हुआ है और हमने उस भाषा का अध्ययन इन्हीं ग्रन्थों की भाषा के आधार पर किया है। इसमें अवधी की प्राप्त प्रथम रचना मुल्लादाऊद चंदायन (रचनाकाल १३७९ ई०) से लेकर लालचदास के हरिचरित (रचनाकाल १५२५ ई० के लगभग) तक की रचनाओं में प्राप्त अवधी भाषा का अध्ययन किया गया है। इस काल खण्ड की अवधी को हमने 'प्रारम्भिक अवधी' कहा है। इन रचनाओं की भाषा को प्रारम्भिक अवधी कहने का स्पष्ट कारण यह है कि ये रचनायें अवधी भाषा के प्रारम्भिक काल की हैं।

कार्य प्रारम्भ करने पर लगा कि प्रारम्भिक अवधी की रचनाओं की भाषा का अध्ययन सरल नहीं है। इनमें से कई महत्वपूर्ण रचनायें—जैसे चंदायन, मैनासत और मिरगावत के हस्तलेख फारसी लिपि में मिले हैं। चंदायन तो केवल फारसी लिपि में मिला है। मैनासत[1] और मिरगावत के हस्तलेख फारसी लिपि के अतिरिक्त कैथी लिपि में भी मिले हैं। फारसी लिपि में लिखी हुई अवधी रचनाओं को पढ़ना कितना दुष्कर है इसका अनुमान वही कर सकता है जिसने कभी उन्हें पढ़ने का प्रयत्न किया है। इसके अतिरिक्त फारसी लिपि में लिखते समय लेखन की शुद्धि पर उतना ध्यान नहीं रखा गया है जितना कि लिखावट की सुन्दरता पर। यह कठिनाई उस स्थिति में और भी बढ़ जाती है जब किसी एक ही रचना का संपादन एकाधिक विद्वान् करते हैं। एक ही शब्द को एक सम्पादक कुछ पढ़ता है अन्य सम्पादक कुछ और। ऐसी स्थिति में रचना की भाषा की विवेचना करने वाले को किसी एक रूप को ही ठीक मानकर उस पर विचार करना पड़ता है। चंदायन और लोरकहा की भाषा पर विचार करते समय हमें यही करना पड़ा है।

जो हस्तलेख कैथी लिपि में मिले हैं उनमें भी शब्दों को ठीक ठीक नहीं लिखा गया है। रामजन्म औ: हरिचरित को देखने से पता चलता है कि उनमें

१. नाहटा जी ने मैनासत के हस्तलेखों की लिपि का उल्लेख नहीं किया है किंतु यह निश्चित है कि वे फारसी लिपि में नहीं हैं क्योंकि वे 'मुसलमानी ढंग नहीं हैं' मैनासत के हस्तलेख उन्हें किस लिपि में मिले हैं यह नहीं पता, सम्भवत: उनकी लिपि कैथी है।

ह्रस्व इ के चिह्न 'ि' और दीर्घ ई के चिह्न 'ी' में प्राय: अन्तर नहीं किया है। ऐसे स्थलों पर छन्द की मात्रा से पता चल जाता है कि किसी विशिष्ट शब्द में किस मात्रा का प्रयोग कवि ने किया होगा। अवधी भाषो जनता 'ऐ' और 'औ' स्वरों का प्रयोग नहीं करती। किन्तु हस्तलेखों में इन स्वर चिह्नों का प्रयोग खुल कर किया गया है। वास्तविकता यह है कि अवधी रचनाओं में प्रयुक्त 'ऐ' और 'औ' क्रमश: 'अइ' और 'अउ' उच्चारण संकेतित करते हैं। कहीं कहीं 'औ' (अउ) के लिये 'ओ' का ही प्रयोग किया गया है।

अवधी में होने को व और ब दोनों ध्वनियाँ हैं लेकिन अवध प्रदेश में प्रयुक्त 'व' का उच्चारण उ के अत्यन्त निकट होता है। उसमें घोषत्व अधिक होता है (दे० ६६ ए० अ०)। लेकिन लिखने में 'व' का ही प्रयोग, कई संपादित संस्करणों में मिलता है। इसी प्रकार 'ब' और 'व' का अन्तर भी कई संस्करणों में ठीक ठीक स्पष्ट नहीं रखा गया है। प्रकाशित पुस्तकों में 'ब' का 'व' रूप अक्सर देखने में आता है। अवधी में 'ए' और 'ओ' स्वरों के ह्रस्व और दीर्घ दोनों रूप प्रयुक्त होते हैं किन्तु प्राचीन हस्तलेखों और प्राय: संपादित संस्करणों में भी इनका अन्तर स्पष्ट नहीं किया जाता है। ऐसे स्थलों पर स्वर का निश्चय छंद को मात्रा से करना पड़ा है।

जिन रचनाओं के आधार पर प्रस्तुत अध्ययन किया गया है वे मोटे तौर पर १००० ई० से लेकर १६०० शती ई० तक की हैं। राउरबेल का रचनाकाल ११ वीं शती है। इसलिये यदि राउरबेल के प्रथम नखशिख की भाषा को, जिसमें अवधी के पूर्व रूपों की स्थिति मानी गई है (दे० पृ० २) उस भाषा का प्रतिनिधि मान लिया जाय जिससे अवधी विकसित हुई तो अनुचित नहीं होगा। इसी प्रकार प्राकृत पैंगलम् में जो छंद उद्धृत किए गए हैं उनकी भाषा दसवीं से ग्यारहवीं अथवा सम्भवत: बारहवीं शताब्दी ई० तक के आसपास की भाषा माना गया है (दे० पृ० ६ पुरानी राजस्थानी, हिन्दी अनुवाद)। इस भाषा को हेमचन्द्र द्वारा निबद्ध अपभ्रन्श की अपेक्षा विकसित कहा गया है। हेमचन्द्र के प्राकृत व्याकरण की रचना यद्यपि १२ वीं शती में हुई थी किंतु अप्रभ्रन्श के जो दोहे उन्होंने उन्होंने प्रस्तुत किए हैं उनकी भाषा पूर्ववर्ती काल की है। राउरबेल (रचनाकाल ११ वीं शती) की भाषा और हेमचंद व्याकरण में उद्धृत दोहों की भाषा की तुलना से यह बात देखी जा सकती है। 'प्राकृत पैंगलम् के छदों में प्राप्त 'दिज्जइ' और 'किज्जइ' जैसे प्रयोग नवीन भारतीय आर्यभाषाओं के उदय के पूर्व के प्रयोग माने जाने चाहिए। यहाँ हमें इस तथ्य को भी ध्यान में रखना होगा कि उद्योतन

सूरि की कुवलयमाला के रचनाकाल अर्थात् ८ वीं शती तक देशी भाषाओं का उदय होने लगा था क्योंकि उसमें १८ देशी भाषाओं का उल्लेख और उनके उदाहरण प्रस्तुत हैं, (कु० मा० पृ० १५२-५३) तथा १२ वीं शती ई० की जन-बोली के रूप प्रस्तुत करने वाली पुस्तक उ० व्य० प्र० में 'दिज्जइ', 'किज्जइ' जैसे रूप नहीं हैं बल्कि उनका विकास दीज, कीज में हो गया है (दे० २०।२० उ० व्य०) कहने का तात्पर्य यह कि प्राकृत पैंगलम् के विवेचित छंदों और राउरबेल की भाषा को ११वीं शती ई० के आसपास की प्रचलित भाषा का रूप मान लिया जाए तो अनुचित न होगा।

प्रस्तुत अध्ययन के अन्तर्गत अवधी की निकटतम पूर्वजा भाषा नामक अध्याय में हमने प्राकृत पैंगलम् के छन्दों, राउरबेल और उक्तिव्यक्तिप्रकरण में से ऐसे रूपों को ढूँढ़ने का प्रयास किया है जो अवधी में मिलते हैं या जिनका विकास उस भाषा में हुआ है। प्राकृत पैंगलम, राउरबेल और उक्तिव्यक्तिप्रकरण में अवधी के जो रूप और पूर्व रूप प्राप्त होते हैं, वे अपने आप में किसी भाषा का पूर्ण चित्र नहीं प्रस्तुत करते अतः हमने उसे कोई विशिष्ट नाम न देकर 'अवधी की 'निकटतम पूर्वजा भाषा' कहा है।

फिर अगले अध्याय अर्थात् प्रारम्भिक अवधी के अध्ययन की सामग्री में हमने उन प्रकाशित और अप्रकाशित रचनाओं पर विचार किया है जिनके आधार पर प्रारम्भिक अवधी का भाषा सम्बन्धी विवेचन किया गया है। इसमें विचारित रचनाओं के रचयिता, रचनाकाल, भाषा इत्यादि की यथासम्भव परीक्षा और विवेचना की गई है। विवेचित रचनाओं में दाऊद की रचना चंदायन या लोर कहा, ईश्वरदास सत्यवती कथा, तथा स्वर्गारोहिणी, कुतबन का मिरगावत तथा लालचदास का हरिचरित प्रकाशित हैं। साधन का मैनासत भी प्रकाशित है। किन्तु हमने जिस प्रति (मनेरशरीफ के खानकाह) का उपयोग किया है, वह हिन्दी में अप्रकाशित है। 'मिरगावत की भाषा का अध्ययन करने में हमने डॉ० शिव गोपाल मिश्र की संपादित और प्रकाशित पुस्तक तथा डॉ० माता प्रसाद गुप्त द्वारा सम्पादित तथा अभी तक अप्रकाशित मिरगावत के कुछ अंशों का उपयोग किया है।

इनके अतिरिक्त प्रारम्भिक अवधी की अन्य तीन रचनाओं पर विचार किया गया है जिनकी सूचना विभिन्न खोज रिपोर्टों में मिली है। वे रचनायें हैं—१—लखनसेनि का हरिचरित, विराट पर्व, २—भीम कवि का डंगवै पुराण, ३—पुरुषोत्तम का जैमिनि पुराण।

फिर 'ध्वनि विचार' के अन्तर्गत प्रारम्भिक अवधी के व्यञ्जनों और स्वरों को निर्धारित करने का प्रयत्न किया गया है। प्रारम्भिक अवधी की ध्वनियों को ठीक-ठीक निरूपित करने के लिये आज हमारे पास कोई प्रामाणिक साधन नहीं है। इसलिये इन पर प्राचीन वैयाकरणों तथा अन्य विद्वानों के मतों के प्रकाश में विचार किया गया है। स्वर आनुनासिक स्वर, व्यञ्जन आनुनासिक व्यंजन स्वर संयोग की सूची दे दी गई है तथा प्रारम्भिक अवधी में प्राप्त ध्वनि परिवर्तन के उदाहरण दे दिए गए हैं।

रूप विचार के अन्तर्गत रचनात्मक प्रत्यय, उपसर्ग प्रातिपदिक, लिंग, वचन, कारक, विशेषण, संख्या वाचक विशेषण के विविध रूपों, परसर्ग, क्रिया के विविध रूपों, संयुक्त क्रियाओं तथा अव्यय पर विचार किया गया है और उनके उदाहरण दे दिये गए हैं।

प्रारम्भिक अवधी की क्रियाओं का अध्ययन प्रस्तुत प्रबन्ध का सबसे महत्त्वपूर्ण अंश समझा जाना चाहिये क्योंकि प्रारम्भिक अवधी में ऐसे कई क्रिया रूपों का पता चला है जो परवर्ती अवधी में या तो बहुत कम प्रयुक्त हैं या अप्रयुक्त हैं। ईत, ईतिस, एतिस और एतिन्ह प्रत्ययान्त भूतकालिक कृदन्ती रूप पदमावत में नहीं मिलते। अभी तक अवधी पर विचार करने वाले किसी पंडित ने इन रूपों पर विचार नहीं किया है। उपसंहार में इन रूपों के विकास पर विचार करते हुए हमने देखा है कि प्रारम्भिक अवधी के ईत, ईतिस रूप पंजाबी के–'इत्ता' जैसे रूप के समानान्तर विकसित हुए होंगे। अवधी में वे अप्रचलित हैं किन्तु पंजाबी में ऐसे रूप आज भी दिखाई पड़ते हैं। प्रारम्भिक अवधी में प्राप्त 'होत' भी ऐसी भूतकालिक सहायक क्रिया हैं जो परवर्ती अवधी काव्य में नहीं दिखलाई पड़ती हैं। अवधी भाषा के अन्तर्गत इस पर भी अब तक अन्यत्र विचार नहीं हुआ है।

प्रारम्भिक अवधी में कुछ ऐसे क्रिया रूप मिलते हैं जिनका प्रयोग अब अवधी क्षेत्र में न होकर अन्य भाषा क्षेत्रों में होता है। जैसे सहायक क्रिया 'होरवइ' और मध्यम पुरुष अनुज्ञार्थ 'करह' जैसे रूप। राम, जन्म, सत्यवती कथा में इन रूपों का मिलना इस बात की सम्भवाना प्रकट करता है कि पहले इन रूपों का प्रयोग अवधी क्षेत्रों में भी होता था।

अंत में उपसंहार के अन्तर्गत प्रारम्भिक अवधी की कुछ विशेषताओं को ध्यान में रखकर परवर्ती अवधी काव्यों की भाषा से उसका अन्तर स्पष्ट कर दिया गया है। परवर्ती अवधी काव्य भाषा के उदाहरण डॉ० बाबूराम सक्सेना

द्वारा 'लिखित अवधी का विकास' से लिये गये हैं। उपसंहार में ऐसे रूपों के विकास क्रम को स्पष्ट करने का प्रयत्न किया गया है जिनकी विवेचना अब तक अवधी पर काम करने वाले विद्वानों ने नहीं की थी। इस विषय में मुख्यतः डॉ० चटर्जी, डॉ० सक्सेना, डॉ० धीरेन्द्र वर्मा तथा डॉ० उदयनारायण तिवारी के कार्य बहुत सहायक सिद्ध हुए हैं।

अवधी की निकटतम पूर्वजा भाषा

अवधी की निकटतम पूर्वजा भाषा

१. उपलब्ध ज्ञान के अनुसार अवधी भाषा का सर्वप्रथम उल्लेख अमीर खुसरो ने नुह सिपेहर (रचना काल ७१८ हिजरी) में किया है। भारत की कई भाषाओं का नाम गिनाते हुए खुसरो ने अवधी का भी उल्लेख किया है।[1]

"हिन्दुस्तान के भिन्न भागों में भिन्न-भिन्न भाषाएँ बोली जाती हैं—सिन्धी, लाहौरी, कश्मीरी, भावरी, धीर समुद्री, तिलंगी, गूजरी, भाबरी, गोरी, बंगाली तथा अवधी……।"

इस भाषा को यह नाम अवध प्रदेश की भाषा होने के आधार पर मिला होगा।[2] प्राचीन काल में आज का अवध कोसल प्रदेश के अन्तर्गत आता था।[3] ८वीं शताब्दी में रचित 'कुवलय माला' में अठारह देशी भाषाओं के अन्तर्गत 'कोसली' भी गिनाई गई है।[4] जिस प्रकार अवधी संज्ञा अवध प्रदेश की भाषा को दी गई है उसी प्रकार कोसली कोसल प्रदेश की भाषा को कहा जाता रहा होगा। 'कुवलयमाला' माला में कोसली का जो उदाहरण दिया गया है[5] वह

---

१. खिजली कालीन भारत (१२९०-१३२० ई०) : पृ० १८० (नुह सिपेहर) अमीर खुसरो से अनु० सैयद अतहर अब्बास रिजवी।

२. The term Awadhi appears to denote the language of Awadh : P. 9. Evolution of Awadhi : Babu Ram Saxena Allahabad The Indian Press Ltd. 1937.

३. बुद्धकालीन भारतीय भूगोल (पृ० २३६) डॉ० भरतसिंह उपाध्याय हिन्दी साहित्य सम्मेलन प्रयाग, सं० २०१८।

४. कुवलय माला कहा (पृ० १५२-५३) सं० ए० एम० उपाध्ये सिंधी जैन-ग्रन्थमाला : भारतीय विद्या भवन, बम्बई, १९५९।

५. कुवलय माला कहा (पृ० १५३) 'जल तल ले' भणमाणे कोसलए पुलइए अवरे।

अत्यन्त संक्षिप्त है, और उसका कोई निश्चित अर्थ स्पष्ट नहीं होता है। ९वीं और १०वीं शताब्दी में रचित कोई ऐसी रचना नहीं उपलब्ध होती जिससे कोसली के विषय में हमारी जानकारी बढ़े।

२. अलबत्ता ग्यारहवीं शताब्दी और १२वीं शताब्दी में लिखी गई ऐसी रचनाएँ मिल गई हैं जिनकी भाषा को कोसली कहा गया है। हाल ही में प्रिंस आव वेल्स म्यूज़ियम, बम्बई से एक शिलालेख के रूप में टंकित काव्य 'राउल बेल' का प्रकाशन डॉ० हरिवल्लभ चूनीलाल भायाणी और डॉ० माताप्रसाद गुप्त ने कराया है। डॉ० भायाणी का कार्य 'भारतीय विद्या' (भाग–१७, अंक ३-४) जून-जुलाई, १९५९ के अंक में प्रकाशित हुआ है और डॉ० माताप्रसाद गुप्त द्वारा संपादित संस्करण पुस्तक रूप में मित्र प्रकाशन, इलाहाबाद से १९६३ ई में प्रकाशित हुआ है। दोनों संपादकों का अनुमान है कि इस काव्य का रचना-काल ११वीं शती है।[1] डॉ० माताप्रसाद गुप्त रचना के आदि अंत को दक्षिण कोसली में बताते हैं और डॉ० भायाणी आरंभिक अंश को अवधी का पूर्व रूप मानते हैं।[2]

'उक्तिव्यक्तिप्रकरण' का, जिसकी भाषा को डॉ० सुनीतिकुमार चटर्जी ने कोसली या पूर्वी हिन्दी का प्रारम्भिक रूप कहा है[3] प्रकाशन श्री जिन विजय मुनि के संपादन में भारतीय विद्या भवन, बम्बई से संवत् २०१० में हो गया था। डॉ० चटर्जी के अनुसार इसकी भाषा का रूप १२वीं शताब्दी के पूर्वार्ध का है।[4]

३. उत्तरी भारत में प्रचलित नवीन भारतीय आर्य भाषाओं के पूर्व रूपों का अनुसंधान हम प्राकृत और अपभ्रंश के छन्दोशास्त्रके प्रसिद्ध ग्रंथ 'प्राकृत पैंगलम्' में भी कर सकते हैं। 'प्राकृत पैंगलम्' का संकलन काल १४वीं शताब्दी के लगभग माना जाता है क्योंकि 'इस ग्रन्थ में विभिन्न छंदों के उदाहरण के लिये कुछ ऐसे पद्य उद्धृत हैं जो चौदहवीं शताब्दी से पुराने नहीं हो सकते, फिर

---

१. डॉ० भायाणी के मत के लिये दे० 'भारतीय विद्या' भाग १७, अंक ३-४, जून-जुलाई, १९५९ तथा
डॉ० माताप्रसाद का मत दे० पृ० १८ राउर बेल, प्रकाशक मित्र प्रकाशन इलाहाबाद, १९६३।

२—वही,

३—पृ० २ स्टडी, उ० व्य० प्र०, डा: सुनीति कुमार चटर्जी

४—वही, पृ० १।

भी, यह स्पष्ट है कि यही बात अन्य सभी पद्यों के लिए लागू नहीं हो सकती। ...व्यावहारिक निष्कर्ष यह है कि हमारे लिये प्राकृतपैंगलम् की भाषा हेमचन्द्र के अपभ्रंश और आधुनिक भाषाओं की प्रारम्भिक अवस्था के बीच वाले सोपान का प्रतिनिधित्व करती है और इसे दसवीं से ग्यारहवीं अथवा सम्भवतः बारहवीं शताब्दी ईस्वी के आसपास की भाषा कहा जा सकता है।'[१] इस प्रकार प्राकृत पैंगलम् में उद्धृत छंदों की भाषा में हम अवधी या उसके पूर्व रूपों को ढूँढ़ने का प्रयास कर सकते हैं। हम यह तो नहीं कह सकते कि डॉ० सुनीति कुमार चटर्जी या डॉ० माताप्रसाद गुप्त 'उक्ति-व्यक्ति-प्रकरण' या 'राउर बेल' की जिस भाषा को कोसली या दक्षिण कोसली कहते हैं वह अवधी का ठीक-ठीक पूर्व रूप है क्योंकि कोसल प्रदेश अवध से विस्तृततर क्षेत्र को कहा जाता रहा है किन्तु चूँकि अवध, कोसल के अन्तर्गत रहा है इसलिए राउर बेल और उक्ति व्यक्ति प्रकरण की भाषा में अवध की भाषा अवधी के रूप भी मिलने चाहिए। नीचे प्राकृत-पैंगलम् के छंदों, राउर बेल और उक्तिव्यक्तिप्रकरण की भाषा पर इसी दृष्टि से विचार किया जा रहा है।

प्राकृतपैंगलम्—

४. **संज्ञा**—अवधी में 'घोड़' जैसे लघु रूप मिलते हैं।[२] प्राकृतपैंगलम् की निम्नलिखित पंक्ति में ऐसे रूप देखे जा सकते हैं—

सज्जिअ जोह विवाड्ढि कोह चलाउ धणू।१७१ व० वृ०

अवधी में कभी-कभी स्त्रीवाचक शब्दों के अन्त में दीर्घ स्वर को ह्रस्व करके और 'या' जोड़ कर उससे लघुता या प्रीति व्यंजित की जाती है। जैसे बहुरिया, नउनिया। प्राकृत पैंगलम् के एक छंद में इस प्रवृत्ति की सूचना मिल जाती है—

चलकमलणअलिया खलिअथणवसणिया
हंसइपरणिअलिया असइ धुअ बहुलिया। ६८ व० वृ०

५. अपभ्रंशोत्तर भाषा में लुप्तविभक्तिक पदों का प्रयोग प्रचुरता से होने लगा था। ये प्रयोग अन्य कई नवीन भारतीय आर्य भाषाओं की भाँति अवधी में भी मिलते हैं। प्राकृत पैंगलम् में उद्धृत कई छन्दों में ऐसे प्रयोग मिलते हैं—

---

१. पुरानी राजस्थानी (पृ० ५) तेस्सोतेरी हिंदी अनुवाद, डॉ० नामवर सिंह नागरी प्रचारिणी सभा, काशी, सं० २०१२ वि०।

२. ग्रामर आफ हिन्दी लैंग्वेज (पृ० १२२) कैलाग, १९५५ ई० तथा १६५. ए. अ. में उद्धृत पहला संज्ञा शब्द, डॉ० बाबूराम सक्सेना।

कर्ता—

उद्दंड ओड्ड जस भअ पलाउ। १२६ मा० वृ०

प्रथम पितामह सृस्टि उपाई। १।१ ह० च०

कर्म—

जे गंजिअ गोडाहिवइ राउ। १२६ मा० वृ०

हाथ काटि कीन्हा मुख कारा। ३३ लो० क०

करण—

खग्ग हृण। १३१ व० वृ०

गुरु प्रसाद कछु कहौ बिचारी। ३।१ ह० च०

सम्बन्ध—

ता कण्ण परक्कम कोइ बुज्झ। १२६ मा० वृ०

लोरिक विरह तवइ मोर अंगा। १६ मै० स०

६. लुप्तविभक्तिक पदों के प्रयोगाधिक्य से उत्पन्न अव्यवस्था को दूर करने के लिये अपभ्रंशोत्तर भाषा में परसर्गों का प्रयोग बढ़ गया था। अवधी में प्रयुक्त कई परसर्गों के पूर्वरूप प्राकृत पैंगलमू में मिल जाते हैं—

सम्बन्ध—क

देवक लिक्खअ केण मिटावा। १०१ व० वृ०

जस अकलंकित चौथ क चंदा। ४ स० क०

कर्म, सम्प्रदान—क

संपअ अज्जिअ धम्मक दिज्जे। १०१ व० वृ०

हमहुक किछु कीजै दाआ। २ ह० च०

अधिकरण— मज्झ

मण मज्झ वम्मह ताव। ८६ व० वृ०

बोलत बोल माँझ मुँह मारइ। १३ लो० क०

७. सर्वनाम—

प्राकृतपैंगलम् में अवधी के कई सर्वनाम प्राय: ज्यों के त्यों या उनके पूर्व रूप मिलते हैं—

उत्तम पुरुष :

हउं—जो हउ रंक सोइ हउ राआ। १३० भा० वृ०

हउं अस बोलिउं चतुर सयानी। ३ लो० क०

मइ—कोहाणल मंह मइ जलउं। १०६ भा० वृ०

गनपत को मैं चरन मनावों। १ हृ० च०

हम—हम इकलि बहू। १६३ मा० वृ०

हम गौनब द्वारिका दिन दस लागिहि जात। १० स्वर्गा०

मध्यम पुरुष—

तुहु—तुहु जाहिं सुन्दरि अप्पणा। ६१ व० वृ०

का लोग तुह धरहु पियारू। १ मै० सत०

सोहर तोहर संकट संहर। २४ मा० वृ०

जनम जनम तोहर गुन गावों। १० रा० ज०

अन्य पुरुष—

सो—सोउ जुहिट्ठिर संकट पावा। १०१ व० वृ०

सो नर सदा बैंकुंठिहि जाइ। १५ रा० ज०

जे—जे गंजिअ गोडाहिवइ राइ। १२६ मा० वृ०

कीन्ह धन्य जे बैताल पचीसी। ४ स्वर्गा०

अनिश्चयवाचक—

कोई—ता कण्ण परक्कम कोइ बुज्झ। १२६ मा० वृ०

एहि सरि अउर न पूजै कोई। १५ मिर०

निजवाचक सर्वनाम—

अपना—तुह जाहि सुन्दरि अप्पणा। ६१ व० वृ०

जाहु राज घर आपना। १५ स० क०

सार्वनामिक विशेषण—

जेता, तेता—जेता जेता सेता तेता। ७७ मा० वृ०

सेल हिमाचल आदिक जेते,

चित्रकूट जसु गावहिं तेते। १३८ अयोध्याकांड,

रा० च० मा०, गीता प्रे० सं०

८. क्रिया—

भाषा के स्वरूप के निर्णय में क्रियापद सर्वाधिक महत्त्वपूर्ण होते हैं। प्राकृत-पैंगलम् में उद्धृत कुछ छन्दों में ऐसे क्रियापद प्राप्त होते हैं जो अवधी या उनके पूर्वरूप हैं—

वर्तमान निश्चयार्थक: उत्तम पुरुष, एक वचन

—अउ (उं)—कोहाणल मह मइ जलउ। १० व० वृ०

एक दुइ काल जइस महं देखउं। १० लो० क०

मध्यम पुरुष

—असि जीवण चाहसि सुक्ख जइ । १६९ मा० वृ०

मर्म न जानसि पापी कहसि कौन ते लोग । २७ स० क०

अन्य पुरुष

—अ,—अइ,

पवण बह सिरिर दह

भअण हण तवइ मण । ४० व० वृ०

कह दूतिनि सुन मालति मैना । ३ मै० स०

बहुरि रिखे राजा सो कहई । ४ । ८ ह० च०

अपूर्ण कृदन्त

—त चंचल जुव्वण जात ण जाणहि । १३२ मा० वृ०

जेहि सुमिरत मैं मति गति पाई । १ स० क०

भविष्य निश्चयार्थ

—अब सहब कह सुण सहि । १६३ मा० वृ०

सो मैं सौंपब तोहि मुआरा । ७ ह० च०

भूतकालिक कृदन्त

—आवा अवधी में प्राप्त कई भूतकालिक कृदन्ती रूप या उनके पूर्व रूप प्राकृतपैंगलम् में मिलते हैं जैसे—

सोउ जुहिट्ठिर संकट पावा ।

देवक लिक्खअ केण मिटावा । १०१ व० वृ०

या

जिणि आसावरि देसा दिण्हउ । १२८ मा० वृ०

बसिठ बचन बिस भरे सुनावा । १ लो० क०

विद्या गनपति दीन्ह । ५ स० क०

पूर्वकालिक—

—इ बंधु समदि रण धसउ । १०६ मा० वृ०

कंठ बैठि जौ कहइ भवानी । ३ स० क०

९. अव्यय

प्राकृतपैंगलम् में अवधी के कई परिचित अव्यय मिलते हैं । जैसे—

कबहुँ । २०९ मा० वृ०

कहिआ । ८१ व० वृ०

जउ (यदि) । १३० मा० वृ०

कि (विकल्पात्मक) १३६ मा० वृ०

इन अव्ययों का उल्लेख प्रारम्भिक अवधी के अव्ययों को विवेचना के प्रकरण में मिल जाएगा।

राउल बेल में प्राप्त अवधी या उसके पूर्व रूपों का विवरण नीचे दिया जा रहा है :—

१०. संज्ञा

लघु रूप—

तासु सोह कि कछडा पांवइ। ४ रा० बे०

दीर्घतर रूप—अइसी बेटिया जा घरु आवइ। ५ रा० बे०

लघु रूपों के अवधी उदाहरण प्रा० पैं० की भाषा पर विचार करते हुए दे दिए गए हैं। दे० ४.

११. परसर्ग—

राउल बेल में परसर्गों का प्रयोग बहुत कम हुआ है, उसमें प्राप्त परसर्गों में से अधिकांश अवधी में प्रयुक्त हुए हैं।

करि—···ता करि (पां) बइ। ३ रा० बे०

तीस कोस लहि ता करि डारा। २४ स० क०

केर—पहिरणु घाघरेहिं जो केरा। १७ रा० बे०

धुवाँ केर घोराहर पृथ्वी कोई न रहा निदान। १ मै,० स०

सहु—को तइं सहुँ भइँ बोलइ। २८ रा० बे०

तेहिं ठहराइ लोर सिउँ कहा। २२ लो० क०

माँझ—थणहर माझें जो हारु सुतेरउ। २४ रा० बे०

पाथर गाँझ कीर जनु किही। २१ मिर०

ऊपर—खोपहि ऊपरं अम्बेबल कइसे। २० रा० बे०

जिन्ह सत ऊपर चाव। ६ मै० स०

१२. कारक—

अवधी में प्रयुक्त कई कारक रूप राउरबेल में प्रायः ज्यों के त्यों मिलते हैं :—

करण—ए० व०

—एँ, अहरु तंबोलें मणु-मणु रातउ। २

का होऊ कुँवरु दूतें तोरें। १६ लो० क०

सम्बन्ध वाचक—ए० व०—हिं,—ह

जगु गांगहि जल। २५

एते रूप मैं सीतहिं देखी। २६ स० क०

काम्बदूमह आलवालु जइसी भावई। ४२ रा० बे०

नरकह कुंड आन सो मेलसि। २२ मै० स०

बहु वचन—न्ह

सो देरखि हारन्हु भउ अवहारू।

दबं दान विप्रन्ह कह दीन्हा। ३६ स० क०

अधिकरण—ए० व०—ए—हिं

जहिं घरे अइसी ओलगं पइसइ। १४ रा० बे०

परम आँच जेहि हियरे लगगइ। ४६ लो० क०

आँखिहिं काजल तरलउ दीजइ। २ रा० बे०

रहसि न चाँदा मनहिं लजाईं। १७ लो० क०

१३. सर्वनाम—

राउर बेल में प्राप्त कई सर्वनाम और उनके रूप अवधी में प्रयुक्त सर्वनाम या उनके पूर्वरूप हैं :—

अन्य पुरुष दूरवर्ती संकेत वाचक

सो—तरुणा जीवन्त करइ सो वाउल। १२ रा० बे०

दया धर्म सो सदा अचारा। ६ स० क०

ता—अनु कि···इ ताकरि (पाँ) वइ। ३ रा० बे०

सती होइ सत ताकर गनिअै। ४३९ मिर०

तासु—तासु सोह कि कछुडा पावइ। ४ रा० बे०

भगिनी तासु देवकी नाऊं। ७/१ ह० च०

ताहि—ताहि कि तूलिम्ब कोऊ पाँवइ। रा० बे०

चा (जा) रउँ नार ताहि कर हिया। ७ मे० स०

निकटवर्ती संकेत वाचक—

यह—चाँदहि ऊपर एह भइ टीका। २१ रा० बे०

यह ओरानेउ जाइ। १० मिर०

सम्बन्धवाचक—

जा—अइसी बेटिया जा धरु आवइ। ५ रा० बे०

जाकर पिह परदेसइ आवइ। ८ मै० स०

जहिं—जहिं घरे अइसी औलंग पइसइ। १४ रा० बे०

जेह घर कंत वै करहिं वैरासू। ६ मै० स०

अनिश्चयवाचक—

कोऊ—ताहि कि तूलिम्ब कोऊ पाँवइ। ५ रा० बे०

अइस चलहु नहिं सुधि कोउ पावा। ८ लो० क०

सब—तरुणे साबइ मूझथि। २० रा० बे०

मोहि सभै पिआरी। १२ रा० ज०

१४. क्रियापद—

सहायक क्रिया—

राउर बेल में अवधी में प्रयुक्त निम्नलिखित सहायक क्रियाएँ मिली हैं—

अछइ—दूधि आपणी अछइ। ३६ रा० बे०

गौनी रा (टा) पति जहाँ आछै रानी। १८ स० क०

भउ—सो देखि हारन्हु भउ अवहारु। २४ रा० बे०

हरिखवंत भौ राजा दिन दिन मंगलचार। १८ स० क०

भइ—चाँदहि ऊपर एह भइ टीका। २२

चाँद साथ भई। ६० लो० क०

वर्तमान निश्चयार्थं।—अन्य पुरुष ए० व०

राउर बेल में वर्तमान निश्चयार्थं के कई रूप प्राप्त होते हैं। उनमें से अधिकांश अवधी के रूप हैं—

—अइ, जाला कांठी गलइ सुहावइ। ३ रा० बे०

बहुरि रिखे राजा सो कहई। ४-/८ ह० च०

—अ, कछड़ा बछड़ा डहि पर इतरा

(डहि पर = जल पड़ता है)

निसर न कोऊ बार। १४ लो० क०

—अहिं,—(कं) य्यू (च्चू) बिच्चहिं जे थण दीसहिं। १७ रा० बे०

दादुर पपिहा कुहकहिं मोरा। १० मे० स०

मध्यम पुरुष ए० व०

—असि,—अहि,—अरे अरे बब्बरे देखसि न टीका। २१ रा० बे०

केहा टेल्लिपुतु तुहुँ झाँखहि। १५ रा० बे०

धर्म न जानसि पापी कहसि कौन तैं लोग। २७। स०क०

तजि जिउ सोक न मरहि लजाई। १७ लो० क०

कर्म वाच्य

—ईजइ,—मासें सोना जाउल कीजइ। २४ रा० बे०

तासों कीजइ नेह। ३ मै० स०

भूतकालिक कृदन्त

राउर बेल में प्राप्त कुछ भूतकालिक कृदन्तों के रूप इस प्रकार हैं—

—आ,—ई,—इत्ता

ये या इनके विकसित रूप अवधी काव्यों में पाए जाते हैं—

—आ—एहा देहु सुहावा टेल्ल। १८

कते दुख कबि अंज (छ) र आवा। ३ स० क०

—ई,—भासहं जइसी जाणी। ४६ रा० बे०

मन चिंता चख नींद गवानी। ५१ लो० क०

—इता,—अंघहि कय्यल डहरा दित्ता। १६ रा० बे०

लीत दरब मालिन पुनि गई मैनां के बार। २ मै० स०

भानु संभान न कीत बयारू। ५१ चं० (प)

१५. अव्यय—

राउलबेल के निम्नलिखित अव्यय प्रारम्भिक अवधी में प्रयुक्त हुए हैं—

कतहू। १६, आगे। १६

जाणि। २५

जइसे। २७, जस। ३, जइसी, कइसी। १४

कतहुँ। २० स० क०, आगे। २१ रा० ज०

जनि। ५५ लो० क०

जइसा। २६ मै०स०, जस। ५ मै० स० अइस। ८ लो० क०

कइसें। १८ लो० क०

पूर्वकालिक

—इ, सो देखि हारन्हु भउ अवहारू। २४ रा० बे०

तजि जिउ सोक। १७ लो० क०

१६. प्राचीन अवधी के सर्वाधिक रूप हमें १२वीं शताब्दी की रचना उक्ति व्यक्ति प्रकरण में मिलते हैं। उक्ति व्यक्ति प्रकरण प्राकृतपैंगलम् या राउर बेल की भाँति काव्य नहीं है। इसमें हमें जनता की बोली का रूप मिलता है। नाचे उक्ति-

व्यक्तिप्रकरण में प्रयुक्त ऐसे रूप का उल्लेख किया जा रहा है जो अवधी में प्राप्त होते हैं—

१७. संज्ञा

लघु रूप—

घोड वागं धरि चाल ४८।१२ उ० व्य०

दीर्घंतर रूप—

दुखिआ काँख । ३४।२९ उ० व्य०

इन रूपों के उदाहरण प्राकृतपैंगलम् की भाषा पर विचार करते समय दे दिए गए हैं । दे० ४.

१८. कारक

कर्ता कारक एक वचन के लिए उक्तिव्यक्तिप्रकरण में शब्दों के अविकारी रूप प्रयुक्त हुए है । पुल्लिग बहुवचन में एकारान्त शब्द भी मिलते हैं । ये रूप अवधी रचनाओं में भी प्राप्त होते हैं :—

एक वचन—दुह गावि द (दू) धु गुआल । ५।१४ उ० व्य०
नाइ मूंड सुनि राजा रहा । १ लो० क०

बहु वचन—बहुतु पूत भए । १५।२८ उ० व्य०
मिरगा पंथ लांघि जो जाहीं । ५१ चं०
दुइ गदिआरो । १६।१ उ० व्य०
सेवा करहिं राउ औ रानें । ७ मिर०

कर्म

कर्म के लिए भी उ० व्यक्ति प्रकरण में अविकारी रूप प्रयुक्त होता है । अवधी में भी अविकारी रूप का प्रयोग कर्म कारक में होता है—

याच कांबल यजमान । ५।१६ उ० व्य०
बिप्रन्ह वेद पढ़े । १७ रा० ज०

करण—

करण कारक में उ० व्य० प्र० में कभी शब्दों के अविकारी रूप और कभी 'एं' प्रत्ययान्त रूपों का प्रयोग होता है । प्रा० अवधी में करण कारक में अविकारी रूप के प्रयोग तो सामान्यत: मिल जाते हैं किन्तु 'एं' प्रत्ययान्त रूपों का प्रयोग विरल है ।

धन पुत्र सपुन होउ । ६।२७ उ० व्य०

जोभें चाख । ६।९ उ० व्य०

सहरस सबद हियर फाटउ । १४ मै० सत

का होई कुंवरू दूतें तीरें । १६ लो० क०

सम्प्रदान—

उ० व्य० प्र० में सम्प्रदान—अहि प्रत्यान्त रूप मिलता है। अवधी में ऐसे रूप मिलते हैं।

वरहि कन्या दे । ५१।३ उ० व्य०

कर उठाइ सभहो देहु पाना । ५७ स० द०

सभही (सभी को)

अधिकरण—

उक्ति व्यक्ति प्रकरण में अधिकरण कारक में अविकारी रूप, केवल अनुनासिकान्त तथा एकारान्त या एँकारान्त रूपों का प्रयोग हुआ है। ये रूप प्रा० अवधी में भी मिलते हैं—

दुआर पइसति निहुड । ३७।२६ उ० व्य०

कंठ बैठि जौं कहुई भवानी । ३ स० क०

सेजं ओलर । ६।२० उ० व्य०

अभरन पहिरा जउ गियं हारू । ७ लो० क०

सूखें काठे कौआ करउ । ३७।२५ उ० व्य०

सुरुज सेज अधियारें लावसि १७ लो० क०

जेहि हियरे लागइ । ४९ लो० क०

१९. परसर्ग—

नीचे उक्तिव्यक्ति प्रकरण में प्राप्त उन परसर्गों का उल्लेख किया जा रहा है जो अवधी में मिलते हैं—

किहं—(सम्प्रदान)

का किहं । ३१।१०

अइस न जानों काह किहं धरा । ८४ चं

कर—(सम्बन्ध)

राज कर पुरुषु । १६।१९ उ० व्य०

तब महेस कर आसन डोला । ११ स० क०

हुत—(अपादान)

काहे हूत ए पुरुषु आ । ३३।१५ उ० व्य०

सरग हुतें घर अतरि आई। १७ लो क०

सउं, सेऊं—(करण)

दूँजरऐ सउं सब काहु तूट। ३७।२३ उ० व्य०

घिए सांकरे सेउं सातु। २१।३१

जा सउं मैं आपन जिय हारा। १७ मै०, स०

परम तंत सेउं लागइ तारी। २ मिर०

मांझ—(अधिकरण)

एंन्ह मांझ। १६।२० उ० व्य०

बोलत बोल मांझ मुँह मारइ। १३ लो० क०

२०. सर्वनाम—

उत्तम पुरुष

हउं, मैं

विआलि को हउं मागिहउं। २२।५ उ० व्य०

को मैं भोजन मागव। २२।६ उ० व्य०

हउं अस बोलिउं चतुर सयानी। ३ लो० क०

मइं बारहं तोहि अस्थन दीन्हा। ३ मै० स०

मोंहि—

मोंहि तंहि के बढाविहंति। २१।२१ उ० व्य०

जिन्ह मोंहि निरमल ग्यान सिखाऊ। १ रा० ज०

मोर—

मोर क्षेम को करिह। २१।१२ उ० व्य०

पाउ मोर सूध न परइ। ४२४ मिर०

मध्यम पुरुष—एक वचन

तु, तैं

तुं करसि। १६।६ उ० व्य०

तैं काह किअ। २०।१० उ० व्य०

बारह मंदिर रैनि तूं धावसि। १७ लो० क०

अस ओखर तैं बोलिसि धाई। ७ मै० स०

तोहि—

तोहि। २२।४ उ० व्य०

हंसै नृप तोही। ५।१ ह० च०

तोर—

कवण तोर भाइ । १९।३० उ० व्य०

मैं मारा तोर श्रवन पूता । ६ रा० ज०

बहुवचन—

तुम्ह—

को तुम्ह तारिह । २१।२०

दिन दस तुम्हं कहं पंथ चलावइ । १० लो० क०

अन्य पुरुष—एक वचन

सो—

जएो हो सो भाजया । १०।७ उ० व्य०

सो चरित्र सब भाखा गावो । ३ ह० च०

ताहि—

सो ताहि साइक । ४७।२० उ० व्य०

चा (जा) रउँ नार ताहि कर हिया । ७ मै० स०

ता—

ताकर पापु ओरुस । ३३।२५ उ० व्य०

प्रथमहिं चरन चीतवौं ताके । १ । १, ह० च०

बहुवचन

ते—

ते गुणै जाणि उपगति । १०।१९ उ० व्य०

ते पाँडौ कल लेहिं निवासा । ६ स० क०

तेन्ह—

तेन्ह माँझ । १०।१७ उ० व्य०

तिन्ह भीतर धरे । २ लो० क०

निकटवर्ती संकेतवाचक—बहुवचन

एन्ह माँझ । १९।३० उ० व्य०

छात सिंघासन इन्ह पै छाजा । ६ मिर०

सम्बन्धवाचक—एक वचन

जो—

जो निर्गुण हो । १०।८ उ० व्य०

इन्ह के ग्रभ जो होइहि वारा । ७ ह० च०

जेइं—

जेइं जेइं धर्म पंसर। ३३।१४ उ० व्य०

(जिससे-जिससे धर्म फैलता है)

जेइ रे सुना। ४१ लो० क०

जा—

जा किहं। १४।३० उ० व्य०

जा कर। १०।३५ उ० व्य०

जा कहं कछू हाथ कै देई। ३८ लो० क०

जाकर पिह परदेसइ आवइ। मै० स०

बहुवचन—

जे—

जे सबहि न उपकरति। १०।६ उ० व्य०

तीन भुवन जे मरि पुर राखा। २ रा० ज०

प्रश्न वाचक—एकवचन

कवण, को—

कवण ए छाती···खणावंत आच्छ। २१।१४ उ० व्य०

पिउ गारुड़ बिन कउन जिवावे। २६ मै० स०

को ए। १६।१८

अपनी मति को जोरइ पारा। ३ स० क०

केइं—

अम्ह पास केइं पढव। २१।६ उ० व्य०

केइं र (रे) निपूती चाँदा कोसी। ४५ लो० क०

का—

काकरें मढ छात्र ईहाँ पढ़ा। २६।६ उ० व्य०

काकर धरग पाप कह केरा। २१ मै० स०

अप्राणि वाचक—

काह—

काह ईहाँ कीज। २७।४ उ० व्य०

आँषि कै माटक काह दहुँ होई। ४३५ मिर०

अनिश्चय वाचक—

कोऊ—

राजा जइ कोउँ। २१।१६ उ० व्य०

अइस चलहु नहिं सुधि कोउ पावा । ८ लो० क०

काहु—

दूजणें सउँ सब काहु तूट । ३७।२३ उ० व्य०

सभ काहू घर बार सभारेउ । ६ मै० स०

किछु—

जो किछु कीज । १५।५ उ० व्य०

जो कछु अहै हमारैं । १ चं

निज वाचक—

आपण—

आपण पूनु हराव । ३८।१३ उ० व्य०

जाहु राज भर आपना । १५ स० क०

आपणे—

आपणे आलाप । ४४।२८ उ० व्य०

जाहु तुरत घर आपने । ५४ स० क०

नित्य सम्बन्धी—

जो, सो—

सो पूते जणि जाम जो निर्गुणु हो ।१०।८ उ० व्य०

चाँद कहा सो मूरुख जो अइसहिं पतिपाइ । २७ लो० क०

२१. अव्यय—

तब—३३।१०,

जब—३३।१०

जैसें—३३।१२

कैसें—३२।१

जैसें—३३।१२

जइ—२१।१६

जणि—१०।७८

न—२०।१०

पुनि—४५-१५

उक्ति व्यक्ति प्रकरण की भाषा के विवेचन के अन्तर्गत सुनीति बाबू ने वर्तमान निश्चयार्थ रूपों की जो तालिका दी है वह इस प्रकार है—

दे० १५. उ० व्य० प्र०

	एक वचन	बहु वचन
अन्य पुरुष	कर (करइ, बहुत कम)	करति
मध्यम पुरुष	करसि	करहु
उत्तम पुरुष	करउं, करौं	करहु

अवधी की रचनाओं में, उ० व्य० के अन्य पुरुष बहु-वचन और उत्तम पुरुष बहु वचन के—अति,—अहु रूप नहीं मिलते हैं। अन्य रूप मिलते हैं।

अन्य पुरुष—एक वचन

निसर न कोऊ बार। १४ लो० क०

कपट रूप परत्रिया जो देखै। २८ स० क०

मध्यम पुरुष—एक वचन

मर्म न जानसि पापी। २७ स० क०

मध्यम पुरुष—बहु वचन

तुम्ह काहे जूझहु। ६५ लो० क०

उत्तम पुरुष—एक वचन

जाता देखउं यह संसारू। १ मै० स०

कर्म वाच्य—

इअ,—ईज,

पठिअ। २०।२६ उ० व्य०

काह कीज। २०।२० उ० व्य०

पाइअ। १ लो० क०

कीज। ६ लोक क०

भविष्य निश्चयार्थ—

अन्य पुरुष—एक वचन

इह,

उपाक करिह। ६।२३ उ० व्य०

प्रान घटत घट जाइह

लै कै फारि तोरि कै खाइह। ८६ मिर (शि)

मध्यम पुरुष—एक वचन

इहसि,

काह करिहसि। २०।१३ उ० व्य०

जो तूं जैहसि मैकें। ४६ चं (प)

अब,

को भइं भोजन मांगव । २२।६ उ० ठ

सो मैं सौंपब तोहि भुआरा ।७ ह० च

उत्तम पुरुष—एक वचन

इहउं,

को हउं मागिहउं । २२।५ उ० व्य०

तोरें वचन चांद जइ पइहउं । ५२ लो० क०

अनुज्ञार्थं—

मध्यम पुरुष—एक वचन

उ—

सबहिं भूतं दया करु । ६।३२

करु मो कह जस परै विचारा । ५ रा० ज०

असि—

प (I) पु जणि करसि । १०।११

कहसि कौन तै लोग । २७ स० क०

उत्तम पुरुष—एक वचन

अउं—

हउं पव्वंत उ टालउं । ६।२६

तेहि दिन करउं बधावता । मै० स०

भविष्य अनुज्ञार्थं—

ऐसु—

बम्हण इं पर निवंतेसु । १६।२३

प्रारम्भिक अवधी की किसी रचना में इसका कोई उदाहरण मुझे नहीं मिला है। किन्तु अवधी की परवर्ती रचनाओं में इस रूप की कमी नहीं है। देखिए इवोल्यूशन ऑफ अवधी, ३११।

सामान्य भूत—भूत कालिक कृदन्त

उक्तिव्यक्ति प्रकरण में निश्चयार्थं भूत के जो रूप मिलते हैं उनमें से अधिकांश अवधी की रचनाओं में भी उपलब्ध हैं—

अन्य पुरुष—एक वचन—पुलिंग

आ—

बेटा काहां गा । २२।१ उ० व्य०

जेहिं बाटन गा लोरक साइ । ५३ चं

एसि—(अन्य पुरुष एक वचन)

भोजन किएसि । ६।८ उ० व्य०

बांधेसि सीस झारि कै बारा । ६ चं०

इसि—

नइ काहें (केन टीका) पवरिसि । २२।१० उ० व्य०

जो मागिसि सो पाइसि । १३ मिर०

ए—

कालिदास माघ···कैतो एक खाँति गए ।१०।१७

कौड़ी कौड़ी जोर मूए किरपन वापुरे । १ मै० सत

एसि—(मध्यम पुरुष एक वचन)

कैसैं तो तो छूटेसि । २३।१७

की तै भूलि पेरसि बन आई । २६ स० क०

पूर्व कालिक—

इ,—

जेंविजा । २०।२२ उ० व्य०

मैनां देखि मरइ पै चाहा । ८० लो० क०

क्रियार्थक संज्ञा—

अण—

पढण आव । ११।२३ उ० व्य०

कहन अस लागे । ८ हृ० च०

अब—(विकृत रूप)

गाउं जावें किह संजव । ११।२२ उ० व्य०

सो महेस सम कहबे लीन्हा । १४ स० क०

प्रेरणार्थक—

आवा—

पढाव । १३।२६, उ० व्य०

दुहाव । १३।२७ उ० व्य०

लड़ावा । ३, स० क०

पढ़ावहि । १६ स० क०

सहायक क्रिया—

उक्ति व्यक्ति प्रकरण में आछ्, हो, अह् और रह् सहायक क्रियायें मिलती हैं। दे० उ० व्य० ८८ । ये सहायक क्रियाएँ अवधो की रचनाओं में प्राप्त होती हैं।

आछे। १८ स० क०
होई। ३७ लो० क०
आहि। ५ रा० ज०
रहहों। ८ मिर०

२३. उपर्युक्त पंक्तियों में प्राकृत पैगंलम् राउर बेल और उक्तिव्यक्ति प्रकरण में से उन रूपों को प्रस्तुत किया गया जो अवधी में भी प्राप्त होते हैं। इन रूपों से और अवधी की रचनाओं में उपलब्ध इनके समान या विकसित रूपों में सम्बन्ध सूत्र जोड़ना ही हमारा उद्देश्य है। प्राकृत पैगंलम् के विवेचित छंदों, राउर बेल और उक्तिव्यक्ति प्रकरण की भाषा को अवधी नाम नहीं दिया जा सकता। ये अवधी के पूर्व रूप के कुछ लक्षण प्रस्तुत करते हैं। इसके अतिरिक्त भाषा विशेष के रूप में १२वीं-१३ वीं शताब्दी तक अवधी का कोई उल्लेख अब तक नहीं प्राप्त हुआ है।

२४. डा० चटर्जी ने उक्तिव्यक्ति प्रकरण की भाषा को प्राचीन कोसली कहना उचित समझा है। किन्तु ८वीं शती में रचित कुबलय माला में कोसली के उल्लेख को ध्यान में रखते हुए १२वीं शती की भाषा के रूप को प्रकट करने वाले उक्ति व्यक्ति प्रकरण की भाषा को प्राचीन कोसली कहना युक्तिसंगत नहीं प्रतीत होता। इसके अतिरिक्त कोसली का भाषा क्षेत्र और उसकी भाषागत विशेषताओं का सम्यक निर्धारण अभी तक नहीं हुआ है। इसलिए हमने प्राकृत पैंगलम् राउर बेल के विवेचित अंशों और उक्ति व्यक्ति प्रकरण की भाषा को कोसली न कह कर अवधी की निकटतम पूर्वजा भाषा कहा है। हाँ, इन ग्रन्थों की भाषा एक निश्चित सीमा तक 'कोसली' के लक्षण अवश्य प्रकट करती है। उपर्युक्त विवेचन का मंतव्य यह है कि १४वीं शताब्दी में अवधी भाषा का जो सुनिश्चित स्वरूप मुल्ला दाउद की रचना चंदावत से मिलने लगता है, उसका रूप प्राकृत पैंगलम् के कुछ छंदों राउर बेल और उक्ति व्यक्ति प्रकरण में मिल जाता है। अतः भाषा के विकास क्रम की दृष्टि से इन रचनाओं के विवेचित अंशों की भाषा और अवधी में गहरा सम्बन्ध है। और यह भाषा अवधी के कई-कई पूर्व रूपों से युक्त है।

□□

प्रारम्भिक अवधी के अध्ययन की सामग्री

१—चंदायन

२—मेनासत

३—राम जन्म

४—सत्यवती कथा

५—स्वर्गारोहिणी कथा

६—मिरगावत

७—हरि चरित

प्रारम्भिक अवधी की सामग्री

२५. भाषा रूप में उल्लखित होने के पूर्व (दे० १) भी किसी न किसी मात्रा में अवधी का साहित्य विद्यमान रहा होगा, किन्तु हमें अभी उसकी पर्याप्त जानकारी नहीं है। इस उल्लेख के बाद अवधी को जो प्रथम रचना हमें प्राप्त होती है वह मुल्ला दाऊद की है नीचे उस पर और प्रारंभिक अवधी की अन्य रचनाओं पर विचार किया जा रहा है।

चंदायन※

२६. लौरिक और चांदा की प्रेम कथा उत्तरी भारत में प्राचीन काल से प्रचलित है। १४वीं शताब्दी में कवि शेखराचार्य ज्योतिरीश्वर की प्रसिद्ध पुस्तक 'वर्णरत्नाकर' में नगर वर्णन के अन्तर्गत 'लोरिक नाचो' अर्थात् लोरिक नृत्य का उल्लेख हुआ है,[१] जिससे प्रकट होता है कि जनता में लोरिक नाच उस समय प्रचलित था। इस लोक-प्रचलित प्रेम-कथा का नायक लोरिक आभीर था। आज भी बिहार और उत्तरप्रदेश में 'लोरिक' आभीरों का जातीय गान है। आभीरों की इस जातीय विशेषता कों प्रकट करने वाली एक लोकोक्ति का उल्लेख ग्रियर्सन ने अपने एक लेख 'द बर्थ ऑफ लोरिक' में किया है।[२] लोरिक और चांदा की

---

१. नगर वर्णन (ख) प्रथम कल्लोल, वर्णरत्नाकर : सं० डा० सुनीतिकुमार चटर्जी, बबुआ मिश्र, रायल एशियाटिक सोसाइटी ऑफ बंगाल, कलकत्ता, १६४० ।

२. दि बर्थ ऑफ लोरिक, लेखक ग्रियर्सन पृ० ६५०, माडर्न स्टडीज इन आनर ऑफ चार्ल्स राकबेल लानमन ।

※ आगे इस रचना के नामकरण पर विचार करते समय यह विचार प्रकट किया गया है कि सम्भवत: काव्य का वास्तविक नाम चंदावत था। डा० माताप्रसाद गुप्त ने इसे 'लोरकहा' कहा है। यहाँ 'चंदायन' शीर्षक केवल अधिक प्रचलित होने के कारण रखा गया है।

प्रेम-कथा पर आधारित काव्य की सूचना सर्वप्रथम गासाँ द तासी ने अपनी पुस्तक 'हिस्तोरे द ल' लितरेत्योर हिन्दुई एत हिन्दुस्तानी' में दी थी।[१] इसके पश्चात् हिन्दी साहित्य के कई इतिहासकारों और लेखकों ने अपने नामों से इस प्रेम कथा का उल्लेख किया।[२] किन्तु उनसे इस काव्य पर कोई विशेष प्रकाश न पड़ सका, जिसका कारण सम्भवतः यह था कि काव्य अनुपलब्ध था।

इस काव्य के विषय में प्रामाणिक सूचना सर्वप्रथम बाबू ब्रजरत्न दास ने अपनी पुस्तक 'खड़ी बोली हिन्दी साहित्य का इतिहास' में दी।[३] उन्होंने लिखा कि अल्बदायूनी द्वारा लिखित फारसी के इतिहास ग्रन्थ मुन्तखब उत्तवारीख में इस काव्य की और इसके रचयिता की चर्चा की गई है। मुन्तखब उत्तवारीख के अनुसार ७७२ हिजरी में मन्त्री खानजहाँ की मृत्यु हुई और उसके पुत्र जूना-शाह ने वह उपाधि धारण की। मौलाना दाऊद ने उसके सम्मान में हिन्दवी भाषा में 'चन्दायन' नामक मसनवी की रचना की जो लोरिक प्रेमी और उसकी प्रेमिका की कथा पर आधारित है। तवारीख के अनुसार यह काव्य अत्यन्त लोकप्रिय था और जब धर्मोपदेशक मख्दूम शेखतकीउद्दीन मिम्बर से इस काव्य के अंश पढ़कर सुनाते थे तो लोगों पर इसका विचित्र प्रभाव पड़ता था।[४]

अवध सूबे और रायबरेली जिले के गजेटियरों में डलमऊ के मौलाना दाऊद और उनकी भाषा पुस्तक चन्द्रेनी का उल्लेख है।[५] इन गजेटियरों के अनुसार

---

१. अनुशीलन पृष्ठ ११, डा० परमेश्वरी लाल गुप्त द्वारा संपादित चंदायन के आधार पर।

२. (क) पृ० २४९, प्रथम भाग, मिश्रबंधु विनोद, सं० १९७९।
(ख) पृ० १४७ हिन्दी भाषा और उसके साहित्य का विकास : सं० १९९७, लेखक हरिऔध।
(ग) पृ० २०, २१, दि निर्गुन स्कूल आफ पोएट्री, लेखक डा० पीताम्बरदत्त बड़थ्वाल (हिन्दी अनुवाद) सं० २००७।
(घ) पृ० १३१, हिन्दी साहित्य का आलोचनात्मक इतिहास (द्वितीय संस्करण), १९५४ ई०।

३. पृ० ९४, खड़ी बोली हिन्दी साहित्य का इतिहास, सं० १९९८।

४. पृ० ३३३, प्रथम भाग, मुन्तखबउत्तवारीख ले० अब्दुलकादिर इब्ने मलूक शाह अनुवादक जी० एस० ए० रेन्किग, १८९८ ई०

५. पृ० १९२, भाग ३९, रायबरेली डिस्ट्रिक्ट गजेटियर ऑफ द युनाइटेड प्राविंसेज और पृ० ३५५, भाग १, गजे० ऑफ दि प्राविंस ऑफ अवध

दाऊद एक ऐसे विद्यालय में काम करते थे जिसकी स्थापना फीरोजशाह तुगलक ने मुस्लिम धर्म और सिद्धांतों के प्रचार के लिए की थी। अवध गजेटियर के अनुसार मुल्ला दाऊद ने चन्देनी की रचना ७७९ हि० में की थी।

२७. सम्पादन

काव्य का सम्पादन तीन विद्वानों ने अलग-अलग किया है। डा० माताप्रसाद गुप्त द्वारा सम्पादित संस्करण 'लोरकहा'[1] नाम से तथा डा० विश्वनाथ प्रसाद[2] और डा० परमेश्वरी लाल गुप्त[3] के संस्करण 'चंदायन' नाम से प्रकाशित हुए हैं। नामों पर हम आगे विचार करेंगे। यहाँ पर तीनों सम्पादित संस्करणों का विवरण उनकी भूमिकाओं के आधार पर दिया जा रहा है—

२८. लोरकहा—(लो०क०)

लोरकहा का सम्पादन डा० माताप्रसाद गुप्त ने निम्नलिखित तीन हस्तलेखों के आधार पर किया है।

१—कला भवन की प्रति : काव्य के छः पन्ने भारत कला भवन काशी में हैं; इन पन्नों के एक ओर काव्य के छन्द हैं और दूसरी ओर कथा से सम्बद्ध चित्र। चित्रों के विषय में डा० वासुदेवशरण अग्रवाल का अनुमान है कि उनकी शैली १५ वीं-१६ वीं शताब्दी ईस्वी की है।[4] डा० माताप्रसाद गुप्त ने डा० अग्रवाल के इसी कथन के आधार पर अनुमान किया है कि यह हस्तलेख रचना के सौ वर्ष से अधिक बाद का नहीं होगा।[5] लोरकहा के प्रारम्भिक छः छन्द इसी हस्तलेख के हैं।

२—मनेर शरीफ के खानकाह की प्रति : यह प्रति पटना विश्वविद्यालय के अध्यापक सैयद हसन अस्करी को मनेर शरीफ खानकाह से प्राप्त हुई थी। इसमें कुल ३२ पन्ने हैं। प्रति में आरम्भिक १४३ पन्ने तथा १७८ के बाद के पन्ने नहीं हैं, बीच में भी एकाध पन्ने गायब हैं। लिपि फारसी है। डा० गुप्त

---

१. लोरकहा-क० मुं० हिन्दी तथा भाषा विज्ञान, विद्यापीठ आगरा विश्व०, १९६२ ई०

२. चंदायन—प्रकाशक—वही

३. चदायन, हिन्दी ग्रन्थ रत्नाकर (प्राइवेट) लिमिटेड, बम्बई, १९६४ ई०।

४. पृष्ठ २, भूमिका, लोरकहा।

५. पृष्ठ ३, वही

के अनुसार 'असम्भव नहीं कि (प्रति) सोलहवीं सत्रहवीं शताब्दी की है ।[1]

३—शिमला संग्रहालय की प्रतियाँ : शिमला संग्रहालय में रचना की दो प्रतियाँ सुरक्षित हैं । एक प्रति में ६ पन्ने और दूसरी में केवल १ पन्ना है । इन पन्नों पर भी कलाभवन की प्रति की भाँति एक ओर काव्य है और दूसरी ओर कथानक से सम्बद्ध चित्र हैं । ६ पन्नों वाली प्रति की लिपि अरबी है और १ पन्ने वाली प्रति की फारसी । डा० वासुदेवशरण अग्रवाल के अनुसार चित्रों की शैली १५ वीं-शताब्दी की है ।[2] लोरकहा के छन्द क्रं० ७० से ७६ इन्हीं प्रतियों पर आधारित हैं ।

इनके अतिरिक्त भोपाल प्रति के दो पृष्ठों के फोटोग्राफ भी डा० गुप्त को भोपाल आर्कियोलाजिकल विभाग के सुपरिंटेंडेंट डा० तैमूरी से प्राप्त हो गए थे । इनमें से एक बन्द तो कलाभवन की प्रति में ज्यों का त्यों मिलता है और एक लोरकहा का अन्तिम (८०वाँ) बन्द है । इस प्रति में भी कुछ चित्र हैं जो सम्पादक के अनुसार १५ वीं-१६वीं शताब्दी के लगते हैं ।[3]

२९. चंदायन (चं)

डॉ० माताप्रसाद गुप्त को लो० क० का सम्पादन करते समय भोपाल प्रति के दो ही बन्द प्राप्त हो सके थे । बाद में डॉ० विश्वनाथ प्रसाद ने उस प्रति को डा० मोतीचन्द जी के माध्यम से प्राप्त कर लिया । डा० प्रसाद ने काव्य का सम्पादन उसी प्रति के आधार पर किया है । उनके अनुसार काव्य का नाम चंदायन है न कि लोरकहा ।[4] भोपाल वाली प्रति के कुछ बन्द मनेरशरीफ शिमले और कलाभवन की प्रतियों में भी मिल जाते हैं । डॉ० विश्वनाथ प्रसाद ने ऐसे स्थलों का निर्देश यथास्थान कर दिया है ।

३०. चंदायन [चं(प)]

चंदायन नाम से ही इस काव्य का सम्पादन डॉ० परमेश्वरी लाल गुप्त ने भी किया है । डॉ० गुप्त ने परिश्रमपूर्वक काव्य की माइक्रोफिलम मैनचेस्टर के जॉन रीलेण्ड्स पुस्तकालय से प्राप्त की । इसके अतिरिक्त उन्होंने अमेरिका निवासी फेसिस होफर के संग्रह से उसके दो पृष्ठ प्राप्त किए । इसके अतिरिक्त पटियाले के

---

१. भूमिका, लोरकहा ।

२. वही ।

३. पृष्ठ, ४, वही ।

४. पृष्ठ ४, प्रस्तावना, चंदायन, सं० डॉ० विश्वनाथ प्रसाद ।

पंजाब राजकीय संग्रहालय में सुरक्षित १० चित्रों की दूसरी और फारसी लिपि में लिखा हुआ काव्य का कुछ अंश डा० परमेश्वरलाल गुप्त को उपलब्ध हो गया जिसका उपयोग उन्होंने सम्पादन में किया।

इस प्रकार हिंदी के पाठकों के सम्मुख दाऊद की रचना के तीन सम्पादित संस्करण विद्यमान हैं। लोरकहा और चंदायन (चं) में काव्य के कथानक का कोई निश्चित स्वरूप नहीं उभरता क्योंकि जिन हस्तलेखों के आधार पर इनका सम्पादन किया गया है उनमें प्राप्त छन्द कथानक की दृष्टि से क्रमबद्ध नहीं मिले हैं। डॉ० परमेश्वरीलाल गुप्त द्वारा सम्पादित चंदायन में कथानक की क्रमबद्धता है। अतः चं (प) में काव्य के कथानक का स्पष्ट रूप हमें देखने को मिलता है। यद्यपि उसमें भी अन्तिम अंश अप्राप्त है।

३१. काव्य का नाम

ऊपर प्रसंगतः इस बात का उल्लेख हो गया है कि डा० माताप्रसाद गुप्त ने दाऊद की रचना को 'लोर कहा' और डा० विश्वनाथ प्रसाद तथा डा० परमेश्वरी लाल गुप्त ने 'चंदायन' कहना उचित समझा है।

डा० माताप्रसाद गुप्त ने इस काव्य को 'लोर कहा' निम्नलिखित अर्धाली के आधार पर कहा है—

तोर (लोर) कहा मइं यहि खंड गाउं (गावउं)
कथा काव कइ लोग सुनाऊं (सुनावउं)।[1]

मनेर शरीफ के हस्तलेख में यह अर्धाली स्पष्ट नहीं है। देखने में एक नुक्ता दिया गया है।[2] ऐसी स्थिति में इसे नूर कहा पढ़ा जाना चाहिए था। किंतु फारसी हस्तलेखों में नुक्तों के नियम का पालन पूर्णतः नहीं हो पाता है। इस बात को ध्यान में रख कर इसे 'लोर कहा' भी पढ़ा जा सकता है। डॉ० विश्वनाथ प्रसाद और डॉ० माताप्रसाद गुप्त ने उसे तोर कहा पढ़ा है। किंतु डॉ० माताप्रसाद गुप्त नुक्ते को सम्भवतः लिपिकार का प्रसाद मानकर इसे 'लोर कहा' पढ़ना ठीक समझा है। और काव्य को लोर कहा कहा है।

डॉ० विश्वनाथ प्रसाद ने इस नामकरण का खंडन करते हुए अनेक प्रमाणों के आधार पर[3] और परमेश्वरी लाल गुप्त ने हिन्दी साहित्य के इतिहासकारों

१. ५६, लो० क०
२. दे० पृष्ठ ३, प्रस्तावना : चंदायन सं० डॉ० विश्वनाथ प्रसाद, पर दी हुई फोटोस्टाट प्रतिलिपि।
३. पृष्ठ ३-६, वही।

और मुन्तखबउत्तवारीख तथा रामपुर और बीकानेर के हस्तलेखों[1] का हवाला देते हुए काव्य को 'चंदायन' कहना उचित समझा है।

इसमें सन्देह नहीं कि ऐसे उल्लेख पर्याप्त संख्या में मिलते हैं जिनमें लारिक और चंदा की प्रेम-कथा पर आधारित इस काव्य को चंदायन कहा गया है। किन्तु रचना में काव्य के नाम का उल्लेख नहीं मिलता। डॉ० विश्वनाथ प्रसाद ने अवश्य एक ऐसे स्थल का निर्देश चं० की प्रस्तावना में किया है। उन्होंने मनेर शरीफ की उक्त अर्धाली वाले छंद की एक अन्य अर्धाली उद्धृत की है और लिखा है कि इसमें दाऊद कवि की रचना को चंदा कहा गया है[2] :—

दाऊद कवि जो चांदा गाई
जेंइ रे सुना सो गा मुरझाई।

डॉ० प्रसाद ने लिखा है कि 'इसमें चाँदा या 'चंदायन' नाम का ही उल्लेख है। इससे स्पष्ट विदित होता है कि दाऊद कवि ने जिस ग्रंथ की रचना की थी उसका नाम 'चाँदा' या 'चंदायन' ही था।[3]

यहाँ 'चाँदा' को दाऊद की रचना का नाम समझना उचित नहीं प्रतीत होता। दाऊद की रचना को 'चाँदा' अन्यत्र कहीं नहीं कहा गया है। 'चाँदा' का अभिप्राय यहाँ 'चाँदा' की प्रेमकथा अधिक उपयुक्त लगता है। चं० (प) में इस प्रेमकथा या उससे सम्बद्ध गान विशेष के लिए 'चंदरावल' शब्द का प्रयोग मिलता है।[4] गोवर छोड़ने के पश्चात् चांदा के रूप को देखने के कारण उन्मत्त बने हुए बाजिर ने रूपचंद की नगरी में पहुँच कर एक सुहानी रात में तार ठोंक कर 'चँदरावल' गाया जिससे पूरा नगर झंकृत हो उठा :—

तिहँ रात सुहावन बाजिर ठोका तार
गाइ गीत चंदरावल नगर भयउ झनकार। ७१ चं० (प)

राजा नेमी ने यह गीत सुना और बाजिर को बुलाकर उससे फिर वही गीत गाने का अनुरोध करते हुए कहा कि आज रात तूने जो गाया उस चँदरावल से मेरे मन में लहरें उठने लगीं :—

आज रात निसहैं तैं गावा
चदरावल मन रहरां लावा। ७२ चं० (प)

---

१. पृष्ठ २०-२१, परिचय, चंदायन, सं० डॉ० परमेश्वरीलाल गुप्त।
२. पृ० ५, प्रस्तावना, चं०
३. वही।
४. ७१, चं० (प)।

डॉ० विश्वनाथ प्रसाद ने प्रस्तावना में लिखा है कि लोरक चंदा की लोक-कथा भोजपुरी प्रदेश में बहुत प्रचलित है। वहाँ इसके लिये लोरिकायन, लोरिकी, चनैनी आदि नाम ही व्यवहृत होते हैं।[१] 'चाँदा' और 'चंदरावल' को भी इन्हीं लोक-प्रचलित नामों की श्रेणी में मानना उचित है। लोरिक, लोरिकायन, चाँदा, चन्दरावल, चनैनी—ये सभी लोरिक और चांदा की प्रेम-कथा पर आधारित गान या नृत्य के नाम प्रतीत होते हैं। 'वर्ण रत्नाकर' में उल्लिखित' 'लोरिक नाचो' इस अनुमान की पुष्टि करता है।

'मुन्तखबउत्तवारीख' में दाऊद द्वारा रचित काव्य का नाम 'चन्दाबन' दिया हुआ है।[२] सम्भवतः दो नुक्तों की जगह एक ही नुक्ते के कारण 'चंदावत' या 'चंदाबत' को चंदाबन पढ़ लिया गया है। सम्भवतः सूफी कवियों द्वारा रचित अन्य कई काव्यों की—पद्मावत, मिरगावत—की भाँति इस काव्य का नाम भी वतान्त था। मुझे दो मुसलमान सज्जन ऐसे मिले हैं जो दाऊद की रचना को 'चंदावत' के ही नाम से जानते हैं।[३] लोरिकायन, लोरिकी, लोर-कहा; चनैनी या चंदायन लोक प्रचलित नाम प्रतीत होते हैं, और चन्दावत सूफी काव्यों की परम्परा में प्रचलित नाम।

३२. कवि और रचनाकाल

काव्य में कई स्थानों पर दाऊद का उल्लेख रचनाकार के रूप में हुआ है—

ब (फि) रके चांदा जूझि उपावा।
भई जूझि जस दाऊद गावा। ५७ चं०

सिराजदीन जो खंमद (खामिद) दाऊद कहे संवारि। २५ चं०
दाऊद कवि जो चांदा गाई। ५६ लो० क०

मुन्तखबउत्तवारीख के अनुसार ७७२ हिजरी (सन् १३७० ई०) में मलिक मक़बूल के जिसकी उपाधि खानजहाँ थी, मरने के बाद उसके पुत्र जूनाशाह को भी वही उपाधि मिली। उसके नाम से मौलाना दाऊद ने हिंदवो ज़बान में

---

१. पृ० ५, प्रस्तावना. चं०।

२. पृ० ३३३, प्रथम भाग, अंग्रेजी अनुवाद, रैन्किग, १८९८ ई०

३. इन दो सज्जनों के नाम और पते निम्निलिखित हैं :—

(१) डॉ० खलीक़ अंजुम, अध्यापक, उर्दू विभाग, करोड़ीमल कालेज, दिल्ली।

(२) श्री असद, 'शोध छात्र', हिंदी विभाग, पंजाब विश्वविद्यालय, चण्डीगढ़।

लोरिक और चांदा नाम के प्रेमी और प्रेमिका की कथा पर आधारित 'चंदाबन' की रचना की।[1]

इससे प्रकट होता है कि दाऊद मौलाना थे और उन्होंने इस काव्य की रचना हि० ७७२ के बाद की थी। रायबरेली जिले और अवध सूबे के ग़जेटियरों में उस उल्लेख की चर्चा ऊपर हो चुकी है, जिसमें उन्हें फीरोज़ शाह तुग़लक द्वारा स्थापित धार्मिक विद्यालय से सम्बद्ध बताया गया है। वदाऊनी द्वारा उल्लिखित खानजहाँ जूनाशाह की प्रशंसा दाऊद ने अपनी रचना में इस प्रकार की है :—

खान जहाँ खरि जुग जुग खानो। अति नागर बुधवन्त बिनानो
चतुर सुजान भाख सब जाना। रूपवंत मन्तरी सुजाना
एक खम्भ मेदिनि कहं कीन्हा। डोल परै जौ होत न दीन्हा
थकैं पैरैं लोग चढ़ावइ। कर गुन खीचि तीर लइ लावइ
हिन्दू तुरुक दुहूँ सम राखै। सत जौ होइ दुहुन्ह कहं भाखै
गउव सिंह एक पन्थ रेंगावइ। एक घाट दुहुँ पानी पिवावइ
एक दीठि देखइ सैंसारु। अचल न चलैं चलै बेवहारू
मेरु धरनि जस भारन जग भारन संस्यार
खानजहानहु कौन बड़ाई बड़ जो कीन्हि करतार

—११, १२ चं० (प)

प्रशंसित मन्त्री खानजहाँ जिनके सम्मान में दाऊद ने रचना की थी, दाऊद के आश्रयदाता मालूम पड़ते हैं। डॉ० विश्वनाथ प्रसाद का यह अनुमान ठीक लगता है कि 'खानजहाँ' की ऐसी प्रशंसा है जो किसी आश्रयदाता की ही हो सकती है।'[2]

दाऊद ने शाहेवक्त के रूप में दिल्ली के सुल्तान फ़ीरोजशाह की प्रशंसा की है। इसी के साथ साथ कवि ने काव्य का रचनाकाल दिया है और डलमऊ नगर का वर्णन किया है—

वरिस सात सै होइ इक्यासी। तिन्हि जाह कवि सरसेउ भासी
साहि फिरोज दिल्ली सुलतानू। जौना साहि बजीरु बखानू
डलमऊ नगर बसै नवरंगा। ऊपर कोट तले बहि गंगा।

—१७ चं० (प)

---

१. पृ० ३३३, मुन्तखबउत्तवारीख।
२. पृ० ११, प्रस्तावना, चं०

इस बंद से प्रकट होता है कि ७८१ हि० (१३७९ ई०) में कवि ने इस सरस काव्य की रचना की। उस समय दिल्ली की गद्दी पर फीरोजशाह (तुगलक) विद्यमान था। जूनाशाह उसका वज़ीर था। कवि ने काव्य की रचना डलमऊ में की जो गंगा के किनारे स्थित था। मुन्तखबउत्तवारीख़ के अनुसार ७७२ हि० में खानेजहाँ वजीर की मृत्यु के बाद जूनाशाह खानेजहाँ की उपाधि और मंत्रि-पद से विभूषित हुआ और उसके सम्मान में दाऊद ने हिन्दवी ज़बान में चन्दावत की रचना की। इस बंद से मुन्तखबउत्तवारीख़ के उल्लेख की पुष्टि हो जाती है। जूनाशाह के शासनकाल के ९ वें वर्ष काव्य की रचना हुई।

एक बंद में कवि ने शेख़ जैनदी को अपना पथ-प्रदर्शक कहा है।[1] जिससे प्रकट होता है कि शेख़ जैनदीं दाऊद के गुरु थे। डा० परमेश्वरी लाल गुप्त ने लिखा है कि शेख जैनदीं से कवि का तात्पर्य शेख़ जैनुद्दीन से है जो सुप्रसिद्ध चिश्ती संत हज़रत नसीरुद्दीन अवधो चिराग़-ए-दिल्ली की बड़ी बहन के बेटे थे।[2] काव्य में प्रसंगतः मलिक मुबारक, मलिक बयाँ, नथन, सिराजुद्दीन और मीर मसूद के नाम आए हैं, जो कवि के जीवन पर कोई विशेष प्रकाश नहीं डालते।[3]

३३. काव्य की भाषा

इस काव्य की भाषा का सम्यक् विवेचन तो आगे किया जाएगा, किन्तु यहाँ इसकी भाषा के विषय में मोटे तौर पर कुछ विचार कर लेना आवश्यक है क्योंकि दाऊद के काव्य की भाषा के विषय में विद्वान संपादकों में पर्याप्त मतभेद है। डॉ० माता प्रसाद गुप्त 'लोरकहा' की भाषा को अपधी और ठेठ अवधी कहते हैं।[4] जबकि डॉ० विश्वनाथ प्रसाद उसमें खड़ी बोली, अवधी, ब्रजभाषा··· इन सबका सम्मिश्रित रूप पाते हैं।[5] डॉ० परमेश्वरीलाल गुप्त के अनुसार चन्दायन की भाषा को अवध के सीमित प्रदेश में ही बोली और समझी जाने वाली भाषा अवधी का नाम नहीं दिया जा सकता।[6] डॉ० परमेश्वरीलाल गुप्त ने इस विषय में तनिक विस्तार से विचार किया है तथा उक्ति व्यक्ति प्रकरण और राउलबेल की भाषा का उदाहरण देकर दिखाया है कि 'दाऊद ने

---

१. ९। चं० (प)
२. पृ० २०, परिचय सं० (प०)
३. पृ० १३, १७, ३६०, चं० (प०) २५, २५। चं०
४. पृ० ६, भूमिका : लो क०
५. पृ० १४, प्रस्तावना, चं०
६. पृ० ३२, परिचय, चं० (प)

अपने काव्य के लिए ऐसी भाषा को अपनाया था जो अपभ्रंश साहित्य की शब्द-परम्परा से विकसित होकर व्यापक रूप से देश के विस्तुत भू-भाग में प्रचलित थी।[१] तात्पर्य यह कि चन्दायन की भाषा के विषय में डॉ० विश्वनाथ प्रसाद और डॉ० परमेश्वरी लाल गुप्त के विचार लगभग समान हैं। उनके अनुसार चन्दायन की भाषा का रूप मिश्रित है।

किसी कृति की भाषा का निर्णय विवेचन के आधार पर होना चाहिए न कि इस बात पर कि उसका प्रचार कहाँ था ? डॉ० परमेश्वरी लाल गुप्त ने डॉ० श्याम मनोहर पाण्डेय के इस तर्क की, कि दाऊद ने डलमऊ में रह कर अवधी में रचना की है क्योंकि डलमऊ अवधी क्षेत्र में पड़ता है, काटते हुए लिखा है कि अब्दुल क़ादिर बदायूनी ने स्पष्ट शब्दों में लिखा है कि 'चन्दायन' दिल्ली सल्तनत के प्रधान मन्त्री जूनाशाह के सम्मान में रचा गया था और दिल्ली में मख्दूम शेख तकीउद्दीन रब्बानी जन-समाज के बीच उसका पाठ किया करते थे। यह कथन इस बात की ओर संकेत करता है कि चन्दायन की भाषा वह भाषा है जिसे दिल्ली के प्रधान मन्त्री जूनाशाह से लेकर दिल्ली की सामान्य जनता तक पढ़ और समझ सकती थी।[२] डॉ० परमेश्वरी लाल का मन्तव्य है कि (१) चूंकि जूनाशाह दिल्ली के सुल्तान का प्रधानमन्त्री था इसलिये वह अवधी न जानता रहा होगा और इसलिये दाऊद ने अवधी रचना न की होगी। डॉ० गुप्त के मन में सम्भवत: यह बात बसी है कि जिस व्यक्ति के सम्मान में जो रचना की जाती है उसकी भाषा वही हो सकती है जो सम्मानित व्यक्ति की होती है। स्पष्ट ही यह धारणा अपुष्ट है। (२) चूंकि दिल्ली के जन-समाज में इसका पाठ होता था और लोग इससे प्रभावित होते थे इसलिये यह दिल्ली की भाषा रही होगी। इस तर्क के आधार पर रामचरितमानस और सूरसागर की भी भाषा दिल्ली की होनी चाहिए क्योंकि दिल्ली के लोग उसे समझते और उससे प्रभावित होते हैं।

डॉ० परमेश्वरीलाल गुप्त का इससे भी अधिक भ्रामक वक्तव्य अवधी और छत्तीसगढ़ी के पारस्परिक सम्बन्ध के विषय में है। डॉ० गुप्त के शब्दों में 'श्याम मनोहर पाण्डेय की यह धारणा कि दक्षिण कोसली अवधी का एक पूर्व रूप है, भाषा विज्ञान और इतिहास दोनों दृष्टियों से अज्ञता का परिचायक और हास्यास्पद है। प्राचीन इतिहास में दक्षिण कोसल उस प्रदेश का नाम है जो आजकल

१. पृ० ३५, वही।
२. पृ० ३२, वही।

छत्तीसगढ़ के नाम से अभिहित किया जाता है। छत्तीसगढ़ी भाषा का अवधी के साथ किसी प्रकार का नैकट्य है, यह कहना कठिन है।'[1]

छत्तीसगढ़ी और अवधी में 'किसी प्रकार का नैकट्य' के सम्बन्ध में हम ग्रियर्सन का मत उद्धृत कर देना पर्याप्त समझते हैं—

'पूर्वी हिन्दी की तीनों बोलियाँ (अवधी, बघेली, छत्तीसगढ़ी) एक दूसरी से अत्यधिक मिलती जुलती हैं। वास्तव में बघेली तथा अवधी में इतना कम अन्तर है कि यदि पृथक विभाषा के रूप में बघेली का अस्तित्व जनता में स्वीकृत न होता तो मैं इसे अवधी की ही एक बोली मानता। छत्तीसगढ़ी पड़ोसी को मराठी तथा उड़िया भाषाओं के प्रभाव के कारण पर्याप्त अन्तर प्रदर्शित करती है किन्तु अवधी से इसका निकट सम्बन्ध स्पष्ट है।[2]

अवधी और छत्तीसगढ़ी की निकटता के सम्बन्ध में डॉ० धीरेन्द्र वर्मा की पुस्तिका ग्रामीण हिन्दी भी डॉ० परमेश्वरीलाल गुप्त की पर्याप्त सहायता कर सकती थी। ग्रामीण हिन्दी की व्याकरण तालिका में डॉ० वर्मा ने अवधी और छत्तीसगढ़ी रूपों को एक ही शीर्षक 'अवधी छत्तीसगढ़ी' के अन्तर्गत दिखाया है।[3]

डॉ० परमेश्वरीलाल गुप्त ने चंदायन और उक्ति-व्यक्ति प्रकरण की भाषा में असमानता दिखाने का जो प्रयास किया है वह भी दोषपूर्ण प्रतीत होता है। उक्ति व्यक्ति की भाषा अवधी की पूर्वजा भाषा का प्रतिनिधित्व करती है किन्तु वह सम्पूर्ण अवधी क्षेत्र की तत्कालीन भाषा का पूर्ण रूप नहीं प्रस्तुत करती। इसके अतिरिक्त वह जन-बोली का रूप प्रस्तुत करती है काव्य-भाषा का नहीं। मनोरंजक बात तो यह है कि चंदायन और उक्ति-व्यक्ति की भाषा में जो असमानता सूचक तालिकायें प्रस्तुत की गई हैं उनमें कई समान हैं। अन्तर केवल यह है कि चन्दायन में रूपों की संख्या उक्तिव्यक्ति से अधिक है।[4]

चन्दायन के 'दिवावा', मरावा, हँकरावा जैसे रूप उन्होंने उक्ति व्यक्ति के किएसि 'देखिसि' जैसे रूपों से भिन्नता प्रकट करने के लिये प्रस्तुत किए हैं।[5]

---

१. पृ० ३५, वही।
२. पृ० २९२, भाग १, भारत का भाषा सर्वेक्षण, १ हिन्दी अनुवाद, अनुवादक उदयनारायण तिवारी, सर जार्ज ग्रियर्सन, लखनऊ।
३. ग्रामीण हिन्दी, डा० धीरेन्द्र वर्मा, इलाहाबाद।
४. देखिए, पृ० ३३, च (प)।
५. वही।

किन्तु अवधी काव्यों में—वा प्रत्ययान्त रूपों का कितना प्रचलन है यह विद्वानों से छिपा नहीं है—

कतहुँ छरहटा पेखन लावा। कतहूँ पाखंड काठ नचावा।

—३९। पद्मावत

आदि अंत कोउ जासु न पावा। ११८ बालकण्ड, रामचरितमानस

इसी प्रकार चन्दायन के आउब, चलाउब जैसे उत्तम पुरुष, सामान्य भविष्य-वाणी रूप तथा आयहु, जाएसि जैसे भविष्य अनुज्ञार्थ रूप अवधी के परिचित रूप हैं[1] किन्तु इन्हीं के जैसे रूपों के आधार पर डॉ० परमेश्वरीलाल गुप्त चन्दायन की भाषा को अवधी नहीं मानते।[2]

प्रस्तुत प्रबन्ध में दाऊद की रचना की भाषा को प्राचीन अवधी मानकर उसे अध्ययन में सम्मिलित किया गया है।

१, दे० भविष्य निश्चयार्थं, अनुज्ञार्थं रूप १२२, १२४

२. वही।

मैनासन (मै० स०)

३४. श्री अगरचन्द नाहटा के अनुसार 'मैनासत' का सर्वप्रथम विवरण सन् १६०२ ई० की खोज रिपोर्ट (नागरी प्रचारिणी सभा काशो की) में छपा है।[१] डॉ० माताप्रसाद गुप्त ने लिखा है कि 'मैनासत के दो पाठ पहले से प्राप्त थे एक स्वतन्त्र रचना के रूप में और दूसरा जो चतुर्भुजदास निगम की मधुमालती के कुछ पाठों में अन्तर्भुक्त मिलता है।[२] इधर मैनासत के कई संस्करण प्रकाशित हुए हैं—

(१) अनूप संस्कृत लायब्रेरी बीकानेर (लि० का सम्वत् १७२४ वि०) की प्रति का पाठ जो हिन्दी विद्यापीठ ग्रन्थ वीथिका में श्री अगरचंद नाहटा ने छपवाया है।[3]

(२) मुनि विनयसागर के संग्रह का पाठ (लि० का० अज्ञात) नाहटा जी ने हिन्दी विद्यापीठ ग्रन्थवीथिका में इसे भी प्रकाशित कराया है।[४]

(३) मधुमालती में अन्तुर्भक्त मैनासत के पाठ का संपादन करके श्री हरिहर निवास द्विवेदी ने प्रकाशित कराया है।[५]

---

१. पृ० १०७ मैनासत (साधन) हिन्दी विद्यापोठ ग्रन्थ वीथिका, १६५६ ई० आगरा के आधार पर।

२. लोरकहा और मैनासत : ले० डॉ० माताप्रसाद गुप्त, भारतीय साहित्य ४. २, १६५६, आगरा।

३. मैनासत-साधन, पृ० १०७, हिन्दी विद्यापीठ ग्रन्थवीथिका, १६५६ ई० आगरा।

४. वही, पृ० ११८।

५ साधनकृत मैनासत, सं० हरिहरनिवास द्विवेदी विद्यामंदिर प्रकाशन, ग्वालियर १६५६ ई०।

(४) आगरे में सं० १६३३ वि० में पं० सोहा द्वारा उतारी गई मैनासत की प्रति जिसे नाहटा जी ने अवध भारती के सितम्बर—दिसम्बर १६५६ के अंक में प्रकाशित कराया है।[१]

मैनासत के और उससे सम्बद्ध काव्यों के कई पाठ उपलब्ध हुए हैं जिन पर श्री हरिहरनिवास द्विवेदी ने अपनी पुस्तक साधनकृत मैनासत में विचार किया है।[२]

श्री द्विवेदी ने मनेर शरीफ़ की प्रति का न उपयोग किया है और न उसकी सम्यक् विवेचना की है। श्री अगरचंद नाहटा ने भी मनेर शरीफ की प्रति का कोई उपयोग नहीं किया है। उनके अनुसार (मनेर) खानकाह वाली प्रति शाहजहाँकालीन या उससे पुरानी है।[3]

३५. रचना-काल—

श्री नाहटा मैनासत का रचना काल सोलहवीं शती मानते हैं।[४] डॉ० माताप्रसाद गुप्त ने इसका रचना काल सम्वत् १५६१ या उसके पूर्व माना है।[५] श्री हरिहर निवास द्विवेदी के अनुसार साधन के मैनासत की रचना कभी १४८० ई० के पश्चात् १५०० ई० के पूर्व हुई।[६]

ज्ञात होता है कि मनेर शरीफ वाली प्रति का पूर्ण विवरण अभी तक विद्वानों को नहीं मिल पाया है। उपलब्ध प्रति का लिपिकाल शाहजहाँ काल या उसके बाद अवश्य है किन्तु जिस प्रति से यह उतारी गई है उसका लिपिकाल १६वीं शताब्दी का प्रारम्भिक काल है। यह संकेत उपलब्ध प्रति में मिलता है। मनेर-शरीफ की प्रति का विवरण देते हुए श्री हसन अस्करी ने लिखा है—

'इन सबसे क़दीमतर तो वह नुस्खा था जिसकी हि० ९११ (१५०५ ई०) में किताबत हुई और जिसकी नकल मनेर शरीफ के नुस्खे के कातिब ने सत्रहवीं सदी में की···मैनासत भी वजूद में ९११ हि० के क़ब्ल आ चुकी थी।[७]

---

१. वही, पृ० १४ के आधार पर।
२. दे० पृ० १३-१४, वहीं।
३. पृ० १०८, साधन रचित मैनासत, हिन्दी विद्यापीठ ग्रन्थ वीथिका।
४. वही;
५. वही, पृ० १०८ पर उल्लिखित।
६. पृ० ८८, साधनकृत मैनासत, सं० हरिहरनिवास द्विवेदी।
७. पृ० ८४-८५, चंदायन अज मुल्ला दाऊद और मैनासत अज़ मियां साधन, मआसर १९६० ई० पटना।

मनेर शरीफ की खानकाह में प्राप्त जिस गुटके में मैनासत का हस्तलेख मिला है उसमें मैनासत के अलावा पदमावत तथा अन्य कई काव्यों का संग्रह है। सभी काव्यों की प्रतिलिपि १७वीं शताब्दी में किसी एक ही व्यक्ति द्वारा की गई है। लेकिन मैनासत की प्रतिलिपि हि० ६६१ में भी किसी के द्वारा की गई थी और खानकाह में उपलब्ध प्रति उसी की प्रतिलिपि है; इसका स्पष्ट संकेत मिल जाता है। श्री अस्करी ने इसका जो विवरण दिया है। वह ज्यों का त्यों नीचे दिया जा रहा है—

'मनेरशरीफ़ का नुस्खा मजमूआ है जो सारा सत्रहवीं सदी में लिखा गया। इस गजमूआ में दो जगह सन किताबत और कातिब का पता ठिकाना बेढंगे तौर पर दर्ज है। बियोगसागर के अख्तमाम पर यह इबारत है—

पोथी वियोग सागर बज़बान हिन्दवी इन्सराम शुदह फिल तारीख़ जुल्काद ६११ हि० मौजा ख़ासदम हक़ मालिक बकानूँ नन्दातूं बार बतारीख़े बिस्तुम रोज़े जुमा जुकी मीनुमाएम।

फिर एक सफ़े में जायसी की अखरावट के अख्तमाम और साधन की मैनासत के आग़ाज़ के दरम्यानी हिस्से में यह इबारत पाई जाती है—

तमामशुद पोथी अखरौती वज़बान मलिक मुहम्मद जायसी किताब हिन्दवी कातिबुल्मुल्क कातिब हरूफ़ फ़कीर हकीर मुहम्मद साकिन पट्टा नन्दानूँ उर्फ़ बकानूँ खास अमला परगना निज़ामाबाद सरकारे जौनपुर सूबाए इलाहाबाद वक्ते जुहर योमे जुमा ज़की शहर जुल्काद ६११ हि० दर मौज़ा खासदमा मकाम कुवैरह अमला परगना नैकूनं बरसरकार मस्तूरस्त तहरीर-याफ़्तः ज़्यादह गुफ़्तार इज़हार नेस्त।

ज़ाहिर है कि कातिब निहायत कमसवाद था। चूँकि सारा मजमूआ उसी के क़लम का लिखा मालूम होता है और उसमें पदमावत भी है जो शेरशाह के अहद में मुकम्मल हुई। इसलिये ६११ का सन् किसी दूसरे कातिब का दिया हुआ है। अखरावट जायसी की अव्वली तसनीफ़ क़रार दी जा सकती है। इसका मौज़ू मुख़तलिफ़ और मज़हबी है। यक़ीकन ६११ के क़ब्ल लिखी गई। मैनासत भी मारज़े वजूद में ६११ के कब्ल आ चुकी थी। एतराज़ किया जा सकता है कि अहदे अकबरी के पहले सूबा इलाहाबाद का वजूद न था। जौनपुर की सरकार भी बाद की चीज है। पड़याग और इलाहाबाद आगे चल कर इलाहाबाद हो गया। अकबरी किला की बुनियाद रखी गई। एक सूबा क़रार दिया गया। ज़ाहिर है कि कातिब अव्वल की दी हुई तारीख़ कातिब दोम के नाम और पता

के साथ खल्त मल्त हो गई है। मजमूआ तो सत्रहवीं सदी का है।[1]

अर्थात् मैनासत की रचना १५०५ ई० के पूर्व कभी हुई होगी। मैनासत के रचयिता साधन के विषय में किसी और स्रोत से कोई प्रामाणिक सूचना अब तक नहीं मिली है। सम्भवतः दाऊद और साधन के काव्यों का रचना काल आस ही पास था।[2]

इस अध्ययन में मनेर शरीफ़ की प्रति का उपयोग किया गया है। उसे परिशिष्ट में दे दिया गया है।

---

१. पृ० ८५, वही।

२. द्रष्टव्य—लोरकहा और मैनासत : डॉ० माताप्रसाद गुप्त, भारतीय साहित्य, वर्ष ४, अंक २, १९५९ ई०, आगरा।

राम जन्म (रा० ज०)

३६. 'सत्यवती कथा' के लेखक ईश्वरदास ने अपनी एक अन्य रचना 'स्वर्गारोहिणी' में जिन पूर्ववर्ती कवियों का नामोल्लेख किया है, उनमें से एक सूरजदास हैं।[1] उन्हें 'सीतापद' का गायक कहा गया है।सूरजदास की सूचना नागरी प्रचारिणी सभा काशी की खोज रिपोर्टों में मिलती है।[2] द्वादश त्रैवार्षिक विवरण में जिस हस्तलिखित प्रति की सूचना दी गई है, उसका लिपिकाल सं० १८८६ है और त्रयोदश त्रैवार्षिक विवरण में उल्लिखित प्रति का लिपिकाल सं० १९०९ है। पहली प्रति पूर्ण है और दूसरी प्रति के प्रारम्भिक ५ पृष्ठ नहीं है।

मुझे प्रयाग विश्वविद्यालय के शोध विद्यार्थी श्री गोविन्द जी के पास सूरजदास की इस रचना की एक हस्तलिखित प्रति देखने को मिली है। प्रति अपूर्ण है और उसके लिपिकाल का पता नहीं चलता। किन्तु देखने से प्रति काफ़ी प्राचीन मालूम होती है। लिपि कैथी है।[3] खोज रिपोर्ट में जो विवरण प्राप्त होते हैं

---

१. व्यास बाल मुनि बुधि के साका, खंड अठारह आगम भाखा
कालिदास अमरपद कीन्हा, लखनसेनि पंडित कवि कीन्हा
तिन्ह के बंस जो भयेउ हंकारा। कंस बंध जिन्ह कीन्ह रसारा
सुरजदास सीता पद गायो, ऊखाप्रच हरिसिंध देव गायो
—पृ० १३९ स्वर्गारोहिणी कथा, ईश्वरदास कृत सत्यवती कथा तथा अन्य कृतियाँ, विद्यामंदिर प्रकाशन, ग्वालियर ५८।

२. (क) सं० ४१७ (सी) हिन्दी हस्तलिखित ग्रंथों की द्वादश त्रैवार्षिक खोज रिपोर्ट १९२३, २५ ई० की खण्ड प्रथम, नागरी प्र० पत्रिका, काशी (अंग्रेजी में)।
(ख) ४७३ की खोज में उपलब्ध हिन्दी ग्रंथों का त्रयोदश त्रैवार्षिक विवरण सन् १९२६-२८ ई० ना० प्र० पत्रिका काशी।

३. प्राप्ति स्थान : श्री गोविन्द जी, ६८ रामबाग, इलाहाबाद।

उनसे पता चलता है कि तीनों रचनायें एक ही हैं। सूरदास अपने समय के लोकप्रिय कवि जान पड़ते हैं। ईश्वरदास ने जिन पूर्ववर्ती कवियों का उल्लेख किया है उनमें उन्हें स्थान इसी कारण मिला होगा। 'रामजन्म' के अतिरिक्त इनके नाम से 'रुकमांगंद कथा' और 'एकादशी माहात्म्य' रचनायें मिलती हैं जिनका विवरण नागरी प्रचारिणी सभा काशी की खोज रिपोर्टों में मिलता है।[१]

ईश्वरदास द्वारा रचित बताये जाने वाले काव्य 'भरत विलाप' में कहीं-कहीं 'सूरजदास' का नाम आता है जिससे इस काव्य के रचयिता के विषय में संदेह उत्पन्न हो जाता है।[२] श्री उदयशंकर शास्त्री तो 'भरत विलाप' को सूरज दास की रचना मानने के पक्ष में हैं।[३] 'एकादशी महात्म्य' और 'भरत विलाप' की जो प्रतियाँ मिली हैं उनमें परस्पर साम्य है तो किन्तु रचनाकार के रूप में किसी में ईश्वरदास का नाम आता है किसी में सूरजदास का नाम आता है किसी में सूरजदास का और किसी-किसी में तो तुलसीदास का।[४] ऐसी स्थिति में इन रचनाओं को सूरजदास द्वारा रचित समझना खतरे से खाली नहीं है।

सौभाग्यवश 'राम जन्म' में ऐसी स्थिति नहीं है। 'राम जन्म' में सूरजदास के अतिरिक्त और किसी का नाम नहीं दिखलाई पड़ता। अतः रामजन्म सूरजदास का ही लिखा हुआ है इसमें कोई संदेह नहीं रहता।

३७. सूरजदास ने रामजन्म में रचनाकाल का कोई उल्लेख नहीं किया है। किन्तु भाषाशैली से वे ईश्वरदास के आसपास के कवि मालूम पड़ते हैं। कवि ने रामकथा के गायक कवि के रूप में वाल्मीकि का उल्लेख किया है।[५] किंतु तुलसीदास का नहीं। रामकथा पर आधारित काव्य रचने वाले कवि के रूप में

---

१. ग्र० संख्या ४१७, हिन्दी हस्तलिखित ग्रन्थों का द्वादश त्रैवार्षिक खोज रिपोर्ट, नागरी प्रचारिणी पत्रिका, काशी।

२. देखिए—पृ० १०७ परिशिष्ट ईश्वरदास कृत सत्यवती कथा तथा अन्य कृतियाँ।

३. पृ० ७३, ईश्वरदास या सूरजदास, नागरी प्रचारिणी पत्रिका, काशी, वर्ष ६१, अंक १, सं० २०१३।

४. वही।

१. वालमीक रामायेन भाखा० तीनि भुवन जे भरि पुर राखा।
२ रा० ज०।

तुलसी की उपेक्षा करना किसी के लिए असम्भव है। इससे प्रकट होता है कि रामजन्म की रचना तुलसीदास के पूर्व हुई थी। और ये सूरजदास ईश्वरदास द्वारा स्मृत सीता पद प्रति (?) के गायक सूरजदास से अभिन्न हैं।

रामजन्म का प्राप्त अंश जिसका अध्ययन किया गया है, परिशिष्ट में दे दिया गया है।

सत्यवती कथा (सं० क०) और
स्वर्गारोहिणी* (स्वर्गा०)

३८. यद्यपि हिन्दी साहित्य के विद्वानों और इतिहासकारों को ईश्वरदास और उनकी सत्यवती कथा का परिचय पहले से था किंतु पूर्ण रचना का प्रकाशन १९३७ ई० की 'हिन्दुस्तानी' के जनवरी अंक में हुआ। उसी पत्रिका में इसके पूर्व के अंक (अक्तूबर, १९३६ ई०) में लाला सीताराम बी० ए० ने 'सत्यवती कथा' पर एक नोट लिखा था। 'सत्यवती कथा' उन्हीं के संग्रह से 'हिन्दुस्तानी' में प्रकाशित की गई थी।

लालाजी का नोट संक्षिप्त था किन्तु उन्होंने उसमें सत्यवती कथा के लेखक, रचनाकाल और उसकी भाषा के विषय में महत्त्वपूर्ण सूचनायें दी थीं। उन्होंने सत्यवती 'कथा का रचनाकाल' संवत् १५५८ भादों सुदी ९ दिन मंगल मेष राशि के अश्विनी नक्षत्र में जब चन्द्रमा थे, माना 'उस समय सुलतान सिकंदर (लोदी) बादशाह था।' उनके अनुसार 'इस ब्योरे के साथ किसी बिरले ही ग्रन्थ का रचनाकाल लिखा गया होगा। सिकंदर लोदी अपने पिता बहलोल लोदी के मरने पर दिल्ली के तख्त पर बैठा और अट्ठारह वर्ष राज्य करके संवत् १५७४ में मर गया। इससे यह सिकंदर लोदी ही हो सकता है, सिकंदर सूर नहीं।'[1]

३९. रचना का स्थान और 'सत्यवती कथा' की भाषा पर विचार करते हुए लाला जी ने आगे लिखा है 'दूसरी बात इस ग्रंथ के रचने का स्थान है।' दिल्ली बड़थाना से हम तो यही अनुमान करेंगे कि यह काव्य दिल्ली में रचा गया।

---

१. अक्तूबर १९३६ 'हिन्दुस्तानी' में लाला सीताराम बी० ए० की सत्यवती कथा' पर टिप्पणी।

* ईश्वरदास कृत 'सत्यवती कथा' तथा अन्य कृतियाँ, सं० डा० शिवगोपाल मिश्र रावत ओमप्रकाश सिंह, विद्यामन्दिर प्रकाशन (ग्वालियर) १९५८।

यद्यपि यह कहा जा सकता है कि उस समय दिल्ली में सिकंदर बादशाह था। 'परन्तु दिल्ली बड़थाना लिखने का कोई विशेष प्रयोजन न रह जाएगा। लोदी वंश का मूल स्थान जौनपुर है इससे सम्भव है कि लोदी राजवंश के साथ कुछ जौनपुर के रहने वाले कर्मचारी भी दिल्ली चले गये हों। उन्हीं में से ईश्वरदास भी था। इसी कारण इस काव्य की भाषा अवधी है।'[1] लाला जी के अनुसार—

१—'सत्यवती कथा' सम्वत १५५८ वि० में रची गई थी।

२—उस समय दिल्ली के सिंहासन पर सुलतान सिकंदर लोदी आसीन था।

३—काव्य दिल्ली में रचा गया था, अर्थात् रचना काल में ईश्वरदास दिल्ली में रहते थे। और

४—'सत्यवती कथा' की भाषा अवधी है।

ग्रन्थ का रचनाकाल कवि ने दे दिया है अतः उस पर विवाद का कोई अवकाश नहीं है, इसी प्रकार उस समय दिल्ली में सिकंदर लोदी सिंहासनासीन था, यह भी एक ऐतिहासिक तथ्य है। जहाँ तक दिल्ली को रचना-स्थान मानने का प्रश्न है लालाजी का आधार यह अर्धाली है—

जोगिनीपुर दिल्ली बड़थान्
साहु सिकंदर बड़ सुलतान्। ५। स० क०।

लालाजी के अतिरिक्त श्री हरिहर निवास द्विवेदी भी 'सत्यवती कथा' को दिल्ली में रचित मानते हैं।[2] लेकिन इस काव्य को दिल्ली में रचित मानने से यह प्रश्न सामने आता है कि एक दिल्ली वासी कवि ने अवधी में काव्य-रचना क्यों की? लालाजी और श्री द्विवेदी दोनों ने इस प्रश्न का उत्तर देने के निमित्त यह अनुमान किया है कि ईश्वरदास रहने वाले जौनपुर अवध प्रदेश के थे किन्तु कालांतर में दिल्ली आ गए थे।[3] इन विद्वानों के ध्यान में यह बात नहीं आई कि कवि दिल्ली का नामोल्लेख शाहेवक्त के संदर्भ में कर रहा है और इन पंक्तियों में वह अपनी रचना का स्थान नहीं बता रहा है। यह बात एकाधिक प्रेम-गाथापरक

---

१. वही।

२. 'यह भी सम्भव है कि जिस प्रकार मानिक अवध से ग्वालियर आया था उसी प्रकार ईश्वरदास अवध से दिल्ली गए हों।'

पृ० १३, प्रस्तावना: ईश्वरदास कृत सत्यवती कथा तथा अन्य कृतियाँ।

३. दे० अक्तूबर, १९३६, हिन्दुस्तानी में सत्यवती कथा पर लालाजी की टिप्पणी तथा सन्दर्भ क्रमांक ३।

काव्यों के रचयिता कवियों के उदाहरण से प्रमाणित की जा सकती है। जायसी जायस के रहने वाले थे और उन्होंने पद्मावत की रचना जायस में की थी—

जायस नगर धरम अस्थानू तहवाँ यह कवि कीन्ह बखानू।

—२३ पद्मावत

किंतु शाहेवक्त शेरशाह की वंदना करते समय वे दिल्ली का उल्लेख करते हैं।

सेरसाहि दिल्ली सुल्तानू। १३ पद्मावत

मौलाना दाऊद डलमइ थे किंतु शाहेवक्त फीरोजशाह की प्रशंसा करते हुए उन्होंने दिल्ली का उल्लेख किया है।

साहि फिरोज दिल्ली सुल्तानू। १७ चं० (प)

इसी भाँति ईश्वरदास ने भी सिकन्दर शाह की प्रशंसा करते हुए दिल्ली का उल्लेख किया है। सौभाग्यवश ईश्वरदास की एक अन्य रचना 'स्वर्गारोहिणी' भी मिल गई है, जिसमें कवि ने अपने पूर्वजों का परिचय दिया है। स्वर्गारोहिणी की रचना उन्होंने 'सत्यवती कथा' के एक वर्ष पूर्व की थी।[1] इस रचना में भी 'साहि सिकंदर' और 'जोगिनीपुर दिल्ली' का उल्लेख प्रायः सत्यवती कथा की भाँति किया गया है।[2] शाहेवक्त की वंदना करने के उपरान्त कवि अपने पूर्वजों का वर्णन करते हुए कहता है कि जम्बूद्वीप में काशी है जहाँ अनेक तीर्थ हैं और जहाँ धर्म की राशि है। हमारे पूर्वज वहाँ बसते थे। वहाँ गोंगौ नामक खरे पंडित थे। बाद में वे गाज़ीपुर परगने में स्थित तिलक सिंह के मण्डल (इलाके) में बस गए।[3] गाज़ीपुर में अपने पूर्वजों के बस जाने के बाद कवि उनके या अपने अन्यत्र बसने का उल्लेख नहीं करता जिससे प्रकट होता है कि कवि गाजीपुर का ही रहने वाला था। 'सत्यवती कथा' की भाषा को देखने से भी यह बात ज्ञात होती है कि कवि पूर्वी अवधी प्रदेश या पश्चिमी भोजपुरी प्रदेश का रहने वाला है। सत्यवती कथा की भाषा पूर्वी अवधी तो है ही उसमें एकाध

---

१. संवत कै अबकरौं बखाना, पन्द्रह से सहावत जान ( )। ६ स्वर्गा०

२. संवत के अब करौं बखाना, पन्द्र से सत्तावन जान ( )
चैत मास पच्छ उजिआरा, तिथि पंचमी सोम की बारा
न छत्र रैवनी मीन क चंदा, सोत सती मोहि भयो अनंदा
जोगिनि पुर दिल्ली बड़ थाना, साहि सिकन्दर भे सुलिताना
तेहि दिन कथा अरम्भन कीन्हा रामचन्द्र मोहि सुधि उधि दीन्हा।

—६ स्वर्गा०

३. ७। स्वर्गा०

भोजपुरी प्रयोग भी मिल जाते हैं।[1] ऐसी स्थिति में हमें सत्यवती कथा' का रचना स्थान दिल्ली मानने और फिर स्थान से रचना की भाषा की संगति बिठाने के लिए कवि के अवध से दिल्ली जाने का अनुमान करने की कोई आवश्यकता नहीं रह जाती। दिल्ली का उल्लेख कवि ने रचना स्थान के रूप में नहीं बल्कि सिकंदर लोदी की राजधानी के रूप में किया था। कवि ने 'सत्यवती कथा' की रचना गाजीपुर में की थी।

४० अन्य रचनाएँ—

'सत्यवती कथा' के संपादक डॉ० शिव गोपाल मिश्र को एकडला ग्राम में 'सत्यवती कथा' के अतिरिक्त ईश्वर दास की तीन अन्य रचनाओं के भी हस्तलेख प्राप्त हुए थे। उन्होंने, सत्यवती कथा' के साथ उन्हें भी प्रकाशित करवा दिया है।[2] नीचे उन रचनाओं पर विचार किया जा रहा है।

४१ भरत मिलाप—

उनमें से एक रचना का नाम भरत मिलाप है। यह रामवन गमन के उपरान्त भरत का ननिहाल से लौटकर दुःखित होने तथा चित्रकूट में राम से मिलने की कथा पर आधारित है। इस ग्रन्थ की सूचना खोज रिपोर्ट १९०३ ई० (नागरी प्रचारिणी सभा, काशी) में भी दी गई है और इसकी एक प्रति प्रयाग संग्रहालय में भी सुरक्षित है। किन्तु इनमें कवि का नाम नहीं मिलता। डॉ० मिश्र द्वारा प्रकाशित संस्करण में रचनाकार के रूप में तुलसीदास का नाम आया हैं।[3] ईश्वरदास का नाम नहीं आया है। लेकिन ग्रन्थ के संपादक डॉ० मिश्र के अनुसार, अभी तक जितनी प्रतियाँ मिली हैं, उनमें से नागरी प्रचारिणी सभा की खोज रिपोर्ट (१९२०-२२ ई०) में 'भरतमिलाप' की प्रति जिसमें ९ पत्र हैं, और प्रति पृष्ठ ३६ पंक्तियाँ हैं और संवत १९०३ को लिखी हुई है) में ही ईश्वरदास का नाम अंतिम अंश में पास-पास ही दो स्थलों पर आया है। इस प्रति के आरम्भिक एवं अंतिम अंश, जो उक्त रिपोर्ट में दिए गए हैं, एकडला

---

१. दे० होखे। २९, कहल। ३५, ४४, हल। ४५, मंदिल। ५७, इत्यादि स० क०

२. दे० ईश्वरदास कृत सत्यवती कथा तथा अन्य कृतियाँ : भरत मिलाप, पृ० ९५, एकादशी कथा, पृ० ११९; और स्वर्गारोहिणी कथा' पृ० १३७।

३. वैसी पूजा किया मन लाई, तुलसीदास अब कह समुझाई।—पृ० १०२, भरत मिलाप ईश्वरदास कृत सत्यवती कथा तथा अन्य कृतियाँ।

वाली प्रति से मेल खाते हैं। यही नहीं, प्रयाग संग्रहालय की प्रति जो संवत १६०६ में लिखी हुई है, प्रमुख-प्रमुख स्थलों पर उक्त प्रति से साम्य रखती है। अतः यह निश्चित रूप से कहा जा सकता है कि 'भरत मिलाप' ईश्वरदास कृत है और विभिन्न प्रतियों में तुलसीदास या सुरिजदास के नामों को जानबूझ कर प्रतिलिपिकों ने प्रविष्ट कर दिया है।[1]

'प्रतियों के मेल खाने और प्रमुख-प्रमुख स्थलों पर साम्य रखने' से केवल इतना प्रकट होता है कि प्रतियों के कुछ अंश समान हैं या उनमें पर्याप्त समानता है। किंतु रचना का लेखक कौन है इसे विश्वासपूर्वक कैसे बताया जा सकता है? ईश्वरदास अपनी रचनाओं में—विशेषतः दोहों में अपना नाम देते रहते हैं। 'भरत मिलाप' में यह प्रवृत्ति नहीं दिखलाई पड़ती। इस रचना में ईश्वरदास की 'सत्यवती कथा' की भाँति न देव वंदना है न शाहेवक्त की प्रशंसा और न रचनाकाल का संकेत। 'भरत मिलाप' की प्रतियों में पारस्परिक साम्य के बावजूद 'किसी में तुलसीदास किसी में सुरिजदास और किसी में ईश्वरदासका नाम आया है।[2] अतः इसको निश्चित रूप से ईश्वरदास की रचना नहीं माना जा सकता।[3]

४२. एकादसी कथा—

डॉ० शिव गोपाल मिश्र को इस रचना की भी हस्तलिखित प्रति एकडला ग्राम से प्राप्त हुई थी। इसमें कवि ने रचनाकाल नहीं दिया है किन्तु शाहेवक्त की वंदना की है।[4] जिससे ज्ञात होता है कि इस काव्य की रचना भी सिकन्दर लोदी के शासन काल में हुई थी। रचना में यत्र तत्र कवि ने अपना नाम रख दिया है जिससे रचनाकार के विषय में सन्देह नहीं रह जाता। हाँ, इसमें कवि ने एकाध स्थलों पर अपने नाम के आगे 'काएथ' भी जोड़ा है जिससे पता चलता है कि ईश्वरदास जाति के कायस्थ थे।

---

१. पृ० १०७, परिशिष्ट, वही।

२. वही।

३. दे० पृ० ७३, ईश्वरदास या सूरज, नागरी प्रचारिणी पत्रिका वर्ष ६१, अंक १ सं० २०१३ पर श्री उदयशंकर शास्त्री का विचार, इससे यह प्रतीत होता है कि इस ग्रंथ (भरत विलाप) का मूलकर्त्ता 'सूरजदास है न कि ईश्वरदास।'

१. पातिसाहि दिल्ली वैसे वैसे; घुसुरपुर इन्द्र सिंकदल जैसी। १५ एकादशी क० ईश्वरदास कृत सत्यवती कथा तथा अन्य कृतियाँ।

डॉ० शिवगोपाल मिश्र को सूरजदास कृत 'एकादसी कथा' की एक प्रति प्राप्त हुई है जिसका लेखनकाल सं० १८२० है। उसका अधिकांश ईश्वरदास कृत 'एकादसी कथा' से इतना मिलता है कि उनमें परस्पर अन्तर करना कठिन हो जाता है।[1] सूरजदास ईश्वरदास के पूर्ववर्ती कवि थे क्योंकि अपनी अन्य कृति स्वर्गारोहिणी में पूर्ववर्ती कवियों का उल्लेख करते हुए ईश्वरदास ने उनका भी नाम लिया है।[2] ज्ञात होता है कि सूरजदास ने कोई एकादसी कथा भी लिखी थी जो कालान्तर में ईश्वरदास कृत इसी नाम वाली रचना के साथ घुल-मिल गई। ऐसी स्थिति में प्रकाशित 'एकादसी कथा' में कितना अंश किसका है यह बताना दुष्कर है। इसीलिये इस काव्य को संदिग्ध समझ कर हमने प्रस्तुत अध्ययन में सम्मिलित नहीं किया है।

४३. स्वर्गारोहिणी कथा—

ईश्वरदास की एक अन्य कृति स्वर्गारोहण का उल्लेख अभी किया गया है। इसकी भी हस्तलिखित प्रति डॉ० शिवगोपाल मिश्र को एकडला ग्राम से प्राप्त हुई थी और उन्होंने 'सत्यवती कथा' के साथ इसे भी प्रकाशित कराया है।

ईश्वरदास ने अपनी ईस रचना में रचनाकाल आदि का उल्लेख स्पष्ट रूप में किया है। कवि ने 'स्वर्गारोहिणी कथा' की रचना 'सत्यवती कथा' के एक वर्ष पूर्व संवत् १५५७ में की थी।[3] 'जोगिनिपुर दिल्ली बड़थाना साहिसिकंदर में सुलिताना'[4] वाली अर्धाली यहाँ भी है। बीच-बीच में यथावसर कवि ने अपना नाम ईसर 'ईसरदास काएथ' इस रचना में भी जोड़ा है, जिससे 'स्वर्गारोहिणी कथा' के ईश्वरदास द्वारा लिखित होने में कोई संदेह नहीं रह जाता।[5]

सौभाग्यवश, कवि ने इस रचना में अपने पूर्वजों और अपने निवास स्थान के विषय में भी कुछ लिख दिया है जो महत्त्वपूर्ण है। कवि ने लिखा है कि जम्बू द्वीप के बीच काशी नगरी है जहाँ अनेक तीर्थ हैं और जहाँ धर्म की राशि है। उस मरनपंडिका का वर्णन नहीं किया जा सकता जहाँ अनेक लोग बैठे रहते हैं। हमारे पूर्वज वहीं बसते थे। (उनमें से एक) बड़े पंडित थे जिनका नाम गोंगो था। उनको सभी लोग जानते थे। वे परोपकारी और प्रमाण वचन वाले थे।

---

१. दे० पृ० १११ परिशिष्ट, वही।

२. सुरजदास सीता पद गायो, ऊखा प्रय हरिसिंघ देव गायो। ४ स्वर्गा० वही।

३. दे० सन्दर्भ, क्रमांक १, पृष्ठ ५२।

४. दे० छन्दक्रमांक २, ३, ४, ६, ८, २१ स्वर्गा०।

५. जंबू दीप मध्ये बसै कासी, तीर्थ अनेग धर्म के रासी।

गाजीपुर में तिलकसिंह के मण्डल में जाकर बस गये। ईश्वरदास ने गोंगो के अतिरिक्त अपने जिन पूर्वजों का नाम लिया है वे इस प्रकार हैं—हरदासी, रुपई, नंदन, रतन, परागु, बीरभान, जुड़ई, गयान, देबो, भोपति, नगटू पलटू इत्यादि। अपने पूवंजों का उल्लेख ईश्वरदास यह कह कर समाप्त करते हैं कि महापुरुषों (अपने पूर्वजों) का कहाँ तक वर्णन करूँ। सभी राम के दास थे। उनके पश्चात् ईश्वरदास ने कथा को प्रकाशित करना (रचना) प्रारम्भ किया।[1]

इस उल्लेख से इस धारणा का निराकरण हो जाता कि है कि ईश्वरदास दिल्ली गए थे और उन्होंने अपने ग्रन्थों की रचना वहाँ की थी। कवि ने दिल्ली जाने का कोई संकेत नहीं किया है।

४४. कवि ने अपने समय में प्रसिद्ध कवियों —लखनसेनि, सूरजदास, हरिसिंह, जैदेव, डंडकुमार (?) का उल्लेख किया है।[2] इन्हीं सुरजदास की रचना

---

१. जंबू दीप मध्ये बसै कासी, तीर्थ अनेग धर्म के रासी।
वैसे लोग तह बरनि न जाई, भरनि कंडिका बरनि न गाई
धन्य लासी सिरजी तिपुरारी, पर पुरुख तहं कीर्त हमारी
पुरुख हमारि बसै तिहि ठाऊ खरे पंडित तेहिं गोंगो नाऊ
तिन कर बास सवै केहु जाना, पर उपकार बचन परवाना
जो गाजीपुर परगना पंचोत्र कहीं बखानि
तिलक सिंध कै मंडल बसै लोग तहँ जाइ।७
तिन्ह के बंस भये हरदासी, कुल के राजा गवने बाजी
आनंदी ब्रत करे नेवासा, बना सदाफल तिन्हैं बिलासा
रुपई नन्दन रतन परागु रतिक रानी खरग लागु
वीरभान औ जुडई गयान देबी भोपति हरख भवान
नगटू औ पलटू कुल तारा मान महेस भंड मनि आरा
महा पुरुख बरनौं कहा सबै राम के दास
ईसरदास तेहि पाछे कथा कीन्ह परगास।
—८ स्वर्गा०

२. व्यास बालमुनि बुधि के साका, खंड अठारह आगम भाखा
कालिदास अमरपद कीन्हा लखनसेन पंडित कवि कीन्हा
सुरजदास सीतापद गायो ऊखा प्रय हरिसिंघ देव गायो
कीन्ह धन्य जै बैताल पचीसी जैदेव किहिन कृस्न चौबीसी
विपरीति भाँति डंड कुमारा
—४ वही।

'राम जन्म' की भाषा का अध्ययन इस प्रबन्ध में किया गया है। 'सुरजदास' के नाम से एकादसी कथा की उस प्रति का भी उल्लेख हो चुका है जो ईश्वरदास की इसी नाम वाली रचना से मिलती जुलती है।[1] जहाँ तक स्वर्गारोहिणी की भाषा शैली का प्रश्न है वह सत्यवती कथा के समान है।

किन्तु यह रचना भी आद्यन्त शुद्ध नहीं है। डॉ० शिवगोपाल मिश्र ने लिखा है कि 'स्वर्गारोहण के अंतिम अंश हमें कतिपय परिवर्तनों के साथ 'विष्णु चरित्र' नामक अन्य काव्य में मिलते हैं।[2] डॉ० मिश्र ने विष्णुचरित्र की एक हस्तलिखित प्रति से अंतिम अंश 'परिशिष्ट' में उद्धृत किया है। 'स्वर्गारोहिणी' के अन्तिम अंश से थोड़ा बहुत साम्य इस उद्धृत अंश से भी है। ज्ञात होता है कि 'स्वर्गारोहिणी कथा' का अन्तिम अंश 'कलिजुग महिमा वर्णन' प्रक्षिप्त है। यह ध्यान देने की बात है कि इस कलिजुग महिमा वाले अंश में 'ईश्वरदास' का नाम कहीं नहीं मिलता। 'कलिजुग महिमा' जहाँ प्रारम्भ होता है उसके थोड़ा ऊपर ही एक दोहे में ईश्वरदास का नाम आता है। इसलिये वहाँ तक का अंश ईश्वरदास द्वारा रचित माना जा सकता है क्योंकि न तो किसी अन्य कवि की लिखी हुई स्वर्गारोहिणी नाम की कोई रचना मिली है और न अन्तिम अंश (कलिजुग महिमा वर्णन) को छोड़कर इसका और कोई अंश किसी अन्य रचना में मिलता है।

इन तथ्यों को ध्यान में रख कर स्वर्गारोहिणी कथा को हमने ईश्वरदास की प्रामाणिक रचना माना है और प्रस्तुत अध्ययन में उसे सम्मिलित करना उचित समझा है।

---

१. दे० परिशिष्ट, ईश्वरदास की सत्यकथा…कृतियाँ

२. दे० परिशिष्ट, वही।

मिरगावत (मिर०)

४५. लोकप्रियता की दृष्टि से मिरगावत सौभाग्यशाली काव्य रहा है। 'अर्ध कथानक' के लेखक बनारसीदास ने मिरगावत के रचनाकाल से लगभग १०० वर्ष पश्चात् लिखा है कि वे विपन्नावस्था में हाट बाजार न जाकर घर में बैठे रहते थे और मधुमालती मिरगावती नामक पोथियों का पाठ किया करते थे। यही नहीं रात्रि के समय दस-बीस आदमी उसे सुनने के लिये आते थे जिन्हें वे बाँच कर सुनाया करते थे।[१] पं० परशुराम चतुर्वेदी के अनुसार 'इसकी प्रथम चर्चा (आधुनिक काल में) कदाचित् सन् १९०० ई० की खोज रिपोर्ट में की गई थी।[२] हिन्दी के अनेक विद्वानों और इतिहासकारों ने इस काव्य की चर्चा की है।[3] किन्तु कुतबन की इस कृति पर प्रामाणिक और सम्यक् प्रकाश डालने का श्रेय पटना विश्वविद्यालय में इतिहास विभाग के अध्यापक प्रो० अस्करी को है। उन्हें दिल्ली के खानकाह में सुरक्षित 'मिरगावत' की एक हस्तलिखित प्रति

---

१. तब घर में बैठे रहैं जाहि न हाट बाजार,
मधुमालति मिरगावता पोथी दोइ उदार
ते बांचहि रतनी समै आवहिं नर दस बीस,
गावहिं अरु बातें करहिं नित उठि देहिं असीस

—पृ० ३३५, अर्धकथानक, प्रकाशक, हिन्दी ग्रन्थ रत्नाकर (प्राइवेट) लिमिटेड बम्बई, १९५७ ई०

२. पृ० ५६, हिन्दी के सूफ़ी प्रेमाख्यान पर उल्लिखित, प्रका० वही, १९६४।

३. पृ० ९४, हिन्दी साहित्य का इतिहास, पं० रामचन्द्र शुक्ल, नवाँ संस्करण।
पृ० २६४, हिन्दी साहित्य, डॉ० हजारीप्रसाद द्विवेदी, प्रथम संस्करण।
पृ० ८९, भारतीय प्रेमाख्यान की परम्परा, पं० परशुराम चतुर्वेदी, १९५६।
पृ० १३९, जायसी के परवर्ती सूफी कवि और काव्य, डॉ० सरला शुक्ल सं० २०१३ वि०, इत्यादि।

आर्कियोलाजिकल विभाग के अधिकारी श्री देसाई से प्राप्त हुई। इस प्रति में ६० पृष्ठ सुरक्षित हैं और प्रत्येक पृष्ठ में १७-१८ पंक्तियाँ हैं। प्रति का प्रथम पृष्ठ अप्राप्य है। इस प्रति का रचनाकाल भी अज्ञात है। किन्तु देखने में वह प्राचीन ज्ञात होती है। प्रति नस्तालीक लिपि में लिखी गई है।[1] प्रो० अस्करी ने तद्विषयक अपने लेख में कृति, कवि, उसके आश्रयदाता का विशद् विवेचन किया और काव्य का उद्धरणबहुल सार भी प्रस्तुत कर दिया है जिससे काव्य का स्पष्ट स्वरूप प्रकट हो जाता है।[2]

४६. रचनाकाल

कवि ने रचनाकाल का उल्लेख कर दिया है जिससे यह निश्चित रूप से ज्ञात हो जाता है कि मिरगावत की रचना ९०९ हि० (१५०३-४ ई०) में हुई।[3] कुतबन के अनुसार यह रचना पहले से जनता में प्रचलित थी। उन्होंने इसे संयोग श्रृंगार वीर रस से युक्त करके और इसका अर्थ खोलकर लोगों के सम्मुख सम्वत् १५६० में रखा। काव्य भादों महीने के कृष्ण पक्ष षष्ठी तिथि को समाप्त हुआ।[4] काव्य के एक प्रारम्भि छन्द के अनुसार ग्रंथ की रचना में कुल दो महीने दस दिन लगे थे।[5]

४७. कवि और उसके गुरु

मिरगावत के प्रारम्भ में कवि ने अपने गुरु का स्मरण किया है। इसी प्रसंग में कवि ने गुरु का नामोल्लेख भी किया है। शेख बुढ़न जगत् में सच्चे पीर हैं। उनका स्मरण करते ही शरीर शुद्ध हो जाता है या शरीर में सुधि आ जाती है। कुतबन ने उनके चरण धरे। सुहरावर्दी दोनों जगत् में निर्मल हैं। शेख बुढ़न के सम्पर्क से कुतबन के पुराने और नये दोनों पाप धुल गए। उनका पीर

---

१. दे० कुतबन्स मृगावत—ए यूनीक मैनुस्क्रिप्ट इन परशियन स्क्रिप्ट : द जर्नल ऑफ दि बिहार रिसर्च सोसाइटी, खंड ४, १९५५ ई०।

२. वही।

३. इन्ह के राज यहरे हम कहे, जौसे नौ जो संवत अहे। १० मिर०

४. लोहि···कथा अही आगे सिंगार वीर रस कही।
पुनि हम खोलि अरथ सब कहा लधु दीरघ कौतुक नहीं रहा।
जहिय हुवे पन्द्रा सै साठी, तहिया यह जो चौपई गाँठी। ४४३ मिर०

५. दुइ रे मास दिन दस मंह जोरत यह ओरातेउ जाइ।
एक-एक बोल मोंति जस पिरोवा वकता चित मन लाइ। १० मिर०

सबसे बड़ा है। इसने जिसको रास्ता दिखाया वह गन्तव्य एक निमिष में पा गया।[1] इसमें कोई सन्देह नहीं कि ऐसी स्तुति केवल गुरु की ही की जा सकती थी।

ये शेख़ बुढ़न कौन थे इस विषय में मतभेद है। पं० रामचन्द्र शुक्ल ने कुतबन के गुरू के विषय में लिखा है कि 'ये चिश्तीवंश के शेख़ बुरहान के शिष्य थे और जौनपुर के बादशाह हुसेनशाह के आश्रित थे।[2] डॉ० सुकुमार सेन ने बांगला साहित्येर इतिहास में कुतुबन के गुरु का नाम बुरहान और उन्हें चिश्ती वंश का बताया है।[3] किंतु शुक्ल और सेन में से किसी ने अपनी सूचना के आधार का उल्लेख नहीं किया है। अपने गुरु का जो उल्लेख कुतबन ने किया है उसमें सुहरावर्दी उल्लिखित है।[4] श्री अस्करी कुतबन के गुरु को सुहरावर्दी सम्प्रदाय से सम्बद्ध मानते हैं।[5] श्री अस्करी के अनुसार कुतबन के गुरु शेख़ बुढ़न (?) जौनपुर के प्रसिद्ध संत मुहम्मद ईसा 'ताज' के योग्यतम आध्यात्मिक शिष्य और उत्तराधिकारी थे। संत मुहम्मद ईसा 'ताज' के भाई अहमद ईसा 'ताज' की समाधि बिहार शरीफ़ के मैंसापुर मुहल्ले में स्थित है। शेख बुढ़न उत्तर प्रदेश के अजौली नामक कस्बे के रहने वाले थे और वहीं उनकी समाधि बनी हुई है। उनके मृत्युकाल के विषय में कोई जानकारी नहीं है।[6]

शेख़ बुढ़न शत्तारी नामक एक व्यक्ति का उल्लेख आइने अकबरी में भी हुआ है।[7] उनके विषय में कहा गया है कि वे अब्दुल शत्तारी के वंशज थे और सिकन्दर लोदी के समकालीन थे। पं० परशुराम चतुर्वेदी का विचार

---

१. शेख़ बुढ़न जग साँचा भीरू, नाउँ लेत सुध होइ सरीरू।
कुतबन नाउँ लै रे पा धरे सुहरवर्दी दुहूँ जग निरभरे।
पछिले पाप धोइ सब गए जो रे पुरानें औ सब नए।
नौ के आजु भएउ अवतारा सब सेउँ बड़ा जो पीर हमारा।
जेहि कहँ बाट दिखाई होई एक निमिख मँह पहुँचे जाई। ५ मिर०

२. पृ० ६४, हिन्दी साहित्य का इतिहास, नवाँ संस्करण, नागरी प्र० स० काशी, सं० २००६।

३. पृ० ५६३, बांगला साहित्येर इतिहास, सन् १६५० ई०।

४. दे० सन्दर्भ, क्रमांक १।

५. दे० पृ० ६, कुतबन्स मृगावत...पर्शियन स्क्रिप्ट।

६. पृ० ७, वही।

७. दे० पृ० ४७, हिन्दी के सूफी प्रेमाख्यान।

है कि 'आइने अकबरी' के शेख़ बुढ़न का वास्तविक नाम 'शेख़ बोधन' है क्योंकि 'अख़बारुलअसाफ़िया' एवं 'अख़बारुलअख़्यार' में शेख़ बोधन नाम आया है।[१] इसके अतिरिक्त 'आइने अकबरी में उल्लिखित शेख़ बुढ़न शत्तारी थे जबकि कुतबन ने अपने गुरु को सुहरावर्दी शाखा से सम्बद्ध बताया है। प्राप्त जानकारी के आधार पर कुतबन के गुरु के विषय में केवल यही कहा जा सकता है कि उनका नाम शेख़ बूढ़न या बोधन था और वे सुहरावर्दी थे।

४८. शाहेवक्त

कुतबन ने शाहेवक्त की प्रशंसा खुलकर की है। शाह हुसेन बहुत बड़ा राजा है। छत्र सिंहासन उसी पर छाजता है। वह बहुत बड़ा पंडित बुद्धिमान और सयाना है, पोथे बाँचता है और सारे अर्थ जानता है। वह युधिष्ठिर के समान धर्मवान् है। हम तो परछाईं मात्र हैं, जगत् का प्राण तो वही राजा है। वह बहुत दान देता है। दान देने में उसकी समानता बलि और कर्ण भी नहीं कर सकते। जहाँ तक गंधर्व राज्य करते हैं, वहाँ तक के लोग उसके द्वारा की ओर ताका करते हैं। ऐसा धार्मिक सुजान कहीं नहीं देखा गया इत्यादि।[२]

कवि के समसामयिक हुसेनशाह नामक दो शासक हुए हैं। जौनपुर का हुसेनशाह शर्की जो १४५८ ई० के आसपास गद्दी पर बैठा[३] और १४९४ ई० में सिकन्दर लोदी द्वारा पराजित होकर अपना राज्य खो बैठा।[४] दूसरे हुसेनशाह का पूरा नाम अलाउद्दीन हुसेनशाह था जिसने बंगाल में १४९३ ई० से १५१९ ई० तक राज्य किया।[५] संयोग से ये दोनों हुसेनशाह एक-दूसरे से सम्बद्ध थे।[६] कुतबन ने मिरगावत का रचनाकाल ९०९ हि० अर्थात् १५०३-४ ई० बताया है। जौनपुर का शासक हुसेनशाह इससे कई वर्ष पूर्व अपना राज्य गँवा चुका था और अपने नामराशि सम्बन्धी बंगाल के शासक की शरण में चला गया था।[७] कुतबन ने शाहेवक्त की प्रशंसा जिस ढंग से की है उससे यह नहीं प्रकट

---

१. वही।

२. पृ० ४७, हिन्दी के सूफी प्रेमाख्यान

३. वही, पृ० ४६।

४. पृ० ७, कुतबन्स मृगावत···पर्शियन स्क्रिप्ट

५. वही।

६. पृ० ९, वही।

७. साहि हुसेन आहि बड़ राजा, छात सिंघासन इन्ह पै छाजा
पंडित ओ बुधिवंत सयानाँ पोथा बाँचि अरथ सब जाना

होता कि वे पराजित आश्रयदाता की प्रशंसा कर रहे हैं। पं० परशुराम चतुर्वेदी का अनुमान है कि कुतबन ने शाहेवक्त के रूप बंबाल के शासक की प्रमंसा की है।[१]

चतुर्वेदी जी ने लिखा है कि हुसेनशाह शर्की की मृत्यु कहलगाँव में सन् १५०० ई० में हो गई थी।[२] उन्होंने इस सूचना का आधार नहीं बताया। श्री अस्करी ने कुतबन सम्बन्धी अपने लेख में बताया है कि सन् १४९४ ई० में पराजित हो जाने पर भी हुसेनशाह शर्की लगभग १६ वर्षों तक और जीवित रहा क्योंकि सन् १५०४ ई० तक उसके सिक्के मिलते हैं।[३] यही नहीं, इस बीच में उसने अपने समधी की सहायता से अपना खोया राज्य प्राप्त करने का प्रयत्न भी किया था।[४] इसके अतिरिक्त यह भी स्मरणीय है कि हार जाने पर भी वह अपने सम्बन्धी का सम्मानित अतिथि था।[५] और उसका राजकीय वैभव बना था। ऐसी स्थिति में शाहेवक्त के रूप में कवि द्वारा उसका वर्णित होना असम्भव नहीं है। अस्तु

४९. जो हो, काव्य का रचनाकाल ९०९ हि० १५०३ ई० निश्चित है और इसीलिये रचना से प्राप्त अंश की भाषा का विवेचन हमने इस प्रबन्ध में किया है। इस काव्य की भाषा का अध्ययन हमने डॉ० माताप्रसाद गुप्त द्वारा सम्पादित किंतु अप्रकाशित उस अंश के आधार पर, जिसका उपयोग करने की अनुमति उन्होंने मुझे दे दी थी, तथा डॉ० शिवगोपाल मिश्र द्वारा सम्पादित (मिर० शिव) के आधार पर किया है। डॉ० मिश्र का सम्पादित संस्करण हिन्दी साहित्य सम्मेलन प्रयाग शक संवत् १८८५ में प्रकाशित हुआ है।

धरम दुदिष्टल इन्ह कहँ छाजा हम परछान्हि जीउ जग राजा
दान देइ बहु गिनति न आवा, बलि और करन न सरवरि पावा
राज जहाँ लगि गंधरप अहहीं सेवा करहिं बार सब यहहीं
चतुर सुजान भास सब जानाँ अइस न देखेउँ कोइ।
सभा विनव सब काम दे पुनि देखा तो सोइ। ६ मिर०

१. दे० पृ० १९०-१९१, द डेलही सलंटनट, भारतीय विद्या भवन बांबे, १९६० ई०।
२. पृ० ९ कुतबन्स मृगावत…पर्शियन स्क्रिप्ट
३. पृ० २१५, द डेलही सलंटनट
४. दे० पृ० ९ कुतबन्स मृगावत…पर्शियन स्क्रिप्ट
५. पृ० ७ और ९, वही।

हरिचरित (ह० च०)

५० प्राप्त जानकारी के अनुसार लालचदास और उनके 'भागवत के अनुवाद' की सूचना सर्वप्रथम गिलक्राइस्ट ने अपने हिन्दुस्तानी व्याकरण में दी थी।[1] इसके बाद गार्सां द तासी ने हिन्दुई साहित्य का इतिहास में उसका संक्षिप्त परिचय दिया। इस परिचय में लालचदास को भागवत के रचयिता या उचित रूप में भागवत पुराण जिसके बारह स्कन्धों का एक हिन्दी अनुवाद मिलता है, दशम स्कन्ध के रूपान्तर या अनुवाद के रचयिता' बताया गया है।[2]

'शिवसिंह सरोज' में इनका नाम 'लालनदास' दिया गया है। और इनके विषय में यह सूचना दी गई है कि 'लालनदास ब्राह्मण डलमऊ वाले सं० १६५२ में उत्पन्न हुए। ये महाराज बड़े महात्मा हो गुज़रे हैं। इनके कवित्त शान्त रस में हैं और हजारा में भी कालिदास ने इनका नाम लिखा है।' सरोज में एक दोहा इस प्रकार मिलता है—

दालिब रिषि को दलमऊ सुरसरि तीर निवास
तहाँ दास लालन बसे करि अकाश की आस

जिससे ज्ञात होता है कि ये डलमऊ के रहने वाले थे।[3]

---

१. तासी ने 'लालचदास हलवाई को गिलक्राइस्ट द्वारा 'हिन्दुस्तानी व्याकरण' पृ० ३३५ पर उल्लिखित हिन्दुई कवि कहा है। दे० पृ० २७१-७३। डा० लक्ष्मीसागर वार्ष्णेय द्वारा अनूदित 'हिन्दुई साहित्य का इतिहास', हिन्दुस्तानी एकादमी, इलाहाबाद, १९५३।

२. वही।

३. पृ० ४४५ शिवसिंह सरोज, चतुर्थ संस्करण।

❀ हरिचरित : सम्पादक आचार्य नलिन विलोचन शर्मा, सहायक सम्पादक श्री रामनारायण शास्त्री—बिहार राष्ट्रभाषा परिषद्, १९६३।

गियर्सन ने 'द माडर्न वर्नाक्युलर लिटरेचर ऑफ हिन्दुस्तान' में सम्भवतः 'सरोज' की सूचना के आधार पर यह सूचना दी है—

लालनदास डलमऊ जिला रायबरेली के ब्राह्मण जन्म १५६५ ई० हजारा शान्तरस के कवि।[१]

उपर्युक्त उल्लेखों के अतिरिक्त हिन्दी साहित्य के कई विद्वानों ने लालचदास और उनकी रचनाओं का न्यूनाधिक परिचय दिया है।[२] नागरी प्रचारिणी सभा काशी और बिहार राष्ट्र भाषा परिषद् पटना की खोज रिपोर्टों तथा यत्र तत्र कई व्यक्तियों के पास इनकी 'रचना हरिचरित' के हस्तलेखों की सूचना मिली है।[३] इनकी एक अन्य रचना 'विष्णु पुराण' की भी सूचना मिली है।[४]

---

१. पृ० ११३, द माडर्न वर्नाक्यूलर लिटरेचर ऑफ हिन्दुस्तान का हिन्दी अनुवाद, अनुवादक किशोरीलाल गुप्त।

२. (क) पृ० २२४, कवि संख्या, १४६, मिश्रबन्धु विनोद २०१३ वि०
   (ख) पृ० १६८ हिन्दी साहित्य का इतिहास, २००७ वि० पं० रामचंद्र शुक्ल।
   (ग) पृ० ८४१, हिन्दी साहित्य का आलोचनात्मक इतिहास : १६४८ ई० लेखक डा० रामकुमार वर्मा।
   (घ) पृ० १६६ हिन्दी साहित्य, २००६ वि० डॉ० हजारी प्रसाद द्विवेदी।
   (ङ) पृ० २०-२२ अष्टछाप और वल्लभ सम्प्रदाय : डॉ० दीनदयाल गुप्त।
   (च) पृ० ११३, १६ वीं शती के हिंदी और बंगाली वैष्णव कवि : १६५६ ई०, डॉ० रत्नकुमारी।

३, देखिए—(क) हस्तलिखित हिन्दी पुस्तकों का संक्षिप्त विवरण : काशी नागरी प्रचारिणी सभा की खोज रिपोर्ट १६०६-८, ग्रंथ सं० १८६।

४. (ख) वही, खोज रिपोर्ट १६२३-२६ पृ० ६४४।
   (ग) वही, भयोदश त्रैवार्षिक विवरण १६२६-२८, ग्रं० सं० ४०१-२।
   (घ) प्राचीन हस्तलिखित पोथियों का विवरण (पहला खंड) बिहार रा० भाषा परिषद् ग्रंथ सं० १८२।

   हरिचरित्र की हस्तलिखित प्रतियाँ नागरी प्रचारणी काशी और हिन्दी सा० स० प्रयाग के पुस्तकालयों में सुरक्षित हैं। मैंने ह० च० की एक हस्तलिखित प्रति श्री गोविन्द जी ६८, रामबाग, प्रयाग के पास देखी है।

   विष्णु पुराण की सूचना के लिए देखिए—

५१. कवि : नाम

कवि का नाम सर्वत्र लालचदास मिलता है। शिवसिंह सरोज में अवश्य 'लालनदास' का उल्लेख आता है। किन्तु लालनदास लालचदास से भिन्न कोई अन्य कवि हैं जिनका नाम इनके साथ मिल गया है।[१] शिवसिंह सेंगर और ग्रियर्सन ने उनकी जाति हलवाई को उनका उपनाम समझा था और लालचदास को ब्राह्मण बताया था। किन्तु उनकी जाति के विषय में संदेह का अवकाश नहीं है क्योंकि उन्होंने अपने को स्पष्ट रूप से 'हलवाई' कहा है।[२]

५२. रचनाएँ

विभिन्न सूचनाओं के अनुसार इनके नाम से निम्नलिखित ग्रन्थ मिलते हैं— (१) भागवत दशम स्कन्ध। तासी ने इन्हें भागवत के रचयिता या उचित रूप में 'भागवत पुराण' जिसके बारह स्कन्धों का एक हिन्दी अनुवाद मिलता है, के दशम स्कन्ध के रूपान्तर या अनुवाद के रचयिता कहा है।[3] तासी ने हरिचरित का उल्लेख नहीं किया है।

मिश्रबन्धुओं ने लालनदास के दो ग्रन्थों का उल्लेख किया। उनका दिया हुआ विवरण इस प्रकार है—

कवि संख्या : १४६ नाम लालचदास हलवाई, राय बरेली, ग्रंथ (१) भागवत दशम स्कन्ध की भाष, १५८७ (२) हरिचरित्र (१५८५)[४]

हिन्दी साहित्य के अधिकांश परवर्ती इतिहासकारों और विद्वानों ने मिश्र-

(१) पृ० १४-१५, साहित्य ६ (त्रैमासिक) अक्टूबर, १९५८, प्रो० नलिन विलोचन शर्मा का लेख, 'लालचदास का हरिचरित'

(२) प्राचीन हस्तलिखित पोथियों का विवरण (दूसरा खण्ड)

१. ग्रियर्सन की लालनदास विषयक सूचना (दे० सन्दर्भ क्रमांक १, पृ० ६४) पर उनके अनुवादक श्री किशोरीलाल गुप्त ने यह टिप्पणी जोड़ दी है कि लालचदास हलवाई थे ब्राह्मण नहीं। इसका जन्म १५९५ ई० में कदापि नहीं हो सकता। ये लालनदास, बरेली निवासी, तथा अवन विलास और भरत की बारह-मासी रचनाकाल क्रमशः १६४३ ई०, १६३३ ई० के लेखक लाल दास से अभिन्न होते हैं। दे० ना० प्र० पत्रिका, काशी की त्रयोदश खोज वित्र० (१९२६-२८ ई० ग्रं० सं० २६२।

२. विपिन हरन संतन्ह सुखदाई, चरन गहे लालच हलुआई। १ ह० च०

३. दे० सन्दर्भ क्रमांक २, पृष्ठ ६३।

४. पृ० २२४ कवि संख्या १४६, मिश्रबन्धु विनोद २०१३ वि०

बन्धुओं की इस सूचना के आधार पर लालचदास के दो काव्यों 'भागवत दशम स्कन्ध की भाषा' और हरिचरित्र का उल्लेख किया है।[1] इन्होंने भागवत दशम स्कन्ध भाषा और हरिचरित्र को भिन्न काव्य माना है। इस विषय में महत्त्वपूर्ण सूचना डॉ० दीनदयालु गुप्त ने 'अष्टछाप और वल्लभ सम्प्रदाय' में दी। वे भागवत भाषा' और 'हरिचरित्र' की हस्तलिखित प्रतियों की जाँच करने के बाद इस निष्कर्ष पर पहुँचे कि ये दो समझे जाने वाले काव्य वस्तुतः एक ही हैं। उन्होंने लिखा कि 'लालचदास हलवाई कृत 'भागवत भाषा' की जो हस्तलिखित प्रतियाँ लेखक ने देखी हैं उनमें ग्रन्थ का नाम 'भागवत भाषा हरिचरित्र' भी दिया हुआ है।'[2]

यह ध्यान देने की बात है कि अध्यायों की समाप्ति पर 'हरि चरित्र' भागवत महापुरान 'दशम स्कन्ध' प्रायः तीनों शब्द दे दिए जाते हैं। जैसे प्रथम अध्याय की समाप्ति पर यह पुष्पिका दी गई है—'इति श्री हरिचरित्रे दसम स्कंधे स्री भागवते महापुराणे खटबालक नाम बीमोछनो नाम प्रथमो अध्याय'।[3] कवि ने रचना में भी 'चरित्र', 'हरिचरित्र', भागवत दसम स्कन्ध शब्दों का प्रयोग किया है।[4] ज्ञात होता है कि जनसमाज में इस रचना के दो नाम प्रचलित हो गए थे—भागवत दशम स्कन्ध भाषा और हरिचरित। इसीलिए विद्वानों ने दो नामों वाले इस ग्रन्थ को दो ग्रन्थ समझा।

५३. ब्रजविलास

'हरिचरित्र' की संपादकीय भूमिका में स्वर्गीय श्री नलिन विलोचन शर्मा ने सूचना दी थी कि हरिचरित्र की एक प्रति उनके पास है जो भारत के पश्चिमी प्रान्तों की 'पच्छिम देश की भाखा' कही जाने वाली बोली में लिखी गई है। शर्मा जी के अनुसार इस रचना की प्रति कलकत्ता की एशियाटिक सोसाइटी के

---

१. दे० सन्दर्भ क्र० २, पृ० ६४ (ङ को छोड़कर)

२. पृ० २०-२२ अष्टछाप और वल्लभ सम्प्रदाय, डॉ० दीनदयालु गुप्त

३. पृ० २२, हरिचरित, बिहार राष्ट्रभाषा परिषद्, १९६३।

४. गुण भागवत भग्नि अनुसारी ।३।
सो चरित्र सब भाखा गावो ।३।
अमृत कथा भागवत प्रगटित राहि संसार ।४।
नव असंकध कहा नृप आगे, अब रिखि दसम सुनावन लागे ।७। ह० च०

पुस्तकालय में है। शीर्षक है—ब्रजविलास-ब्रज भाखा'। उनके अनुसार 'यह वही पोथी है जो 'ब्रजविलास' शीर्षक के अन्तर्गत उद्धृत हुई है, और जो कलकत्ता की एशियाटिक सोसाइटी के भारतीय मुद्रित ग्रंथों के सूचीपत्र में गलती से बाबूराम द्वारा रचित बताई गई है किन्तु जो हिन्दी की अनेक रचनाओं की भाँति इसके केवल सम्पादक हैं।[१] शर्माजी ने इस हस्तलिखित प्रति के विषय में आगे लिखा है कि मेरी प्रति में हाथ का लिखा हुआ एक नोट है जिसमें कहा गया है कि इस रचना के रचयिता का नाम लालच भी दिया जाता है। श्री शर्मा ने अनुमान किया था कि सम्भवतः लालचदास का वास्तविक नाम ब्रजवासीदास था और 'लालच' उनका उपनाम या तखल्लुस था।[२]

ज़ाहिर है कि स्वर्गीय शर्मा का यह कथन अस्पष्ट है। 'ब्रज विलास' का 'हरिचरित' होना अत्यन्त संदिग्ध है क्योंकि वह भारत के पश्चिमी प्रान्तों की 'पच्छिम देस की भाखा' कही जाने वाली बोली में लिखी गई है। वस्तुतः ये ब्रजवासीदास खोज रिपोर्ट १९४१-४३ में उल्लिखित ब्रजवासीदास से अभिन्न प्रतीत होते हैं।[३]

५४. विष्णु पुराण

लालचदास द्वारा लिखित एक अन्य काव्य विष्णु पुराण की सूचना बिहार राष्ट्रभाषा परिषद् के 'प्राचीन हस्तलिखित पोथियों का विवरण' (दूसरा खण्ड) में दी गई है। श्री नलिन विलोचन शर्मा ने लिखा है कि 'परिषद् संग्रहालय' में इसके दो हस्तलेख सुरक्षित हैं।[४] विवरण के अनुसार इसमें विष्णु पुराण के आधार पर कृष्ण लीला वर्णन किया गया है तथा कृष्ण जीवन के विभिन्न अंगों पर प्रकाश डाला गया है। परिषद् संग्रहालय की एक प्रति के पृष्ठ खंडित हैं और इसमें रचनाकाल या लिपिकाल के विषय में कुछ नहीं ज्ञात होता है। हाँ दूसरी प्रति में रचनाकाल १५८५ दिया गया है।[५] रचनाकाल विषयक पंक्तियाँ इस प्रकार हैं—

---

१. पृ० २, ह० च० भूमिका।
२. वही।
३. ग्र० सं० १९४१-४३।
४. पृ० ७, हरि चरित भूमिका।
५. वही।

पन्द्रह सौ पचासी जहाना, कथा आरम्भ किन्ह तहाना
मास अषाढ़ कथा अनुसारी, हरिवासर व्रत उजिआरी

मुझे प्रयाग विश्वविद्यालय के शोध छात्र श्री गोविन्दजी के पास सुरक्षित 'हरिचरित' को जो प्रति देखने को मिली है, उसमें भी रचनाकाल विषयक पंक्तियाँ लगभग इसी तरह हैं—

समत पन्दरह सै सतासी जहिआ
कथा अरंभन कीन्हा तहिआ
मास अषाढ़ कथा अनुसारा
हरी वासर रंजनी उजिआरा

विष्णु पुराण के विषय में इससे अधिक सूचना नहीं प्राप्त हो सकी है।

५५. रचनाकाल

तासी ने लालचदास का परिचय देते हुए 'भागवत' का रचनाकाल नहीं दिया था। शिवसिंह सरोज में उनका जन्म संवत् १६५२ दिया हुआ है।[१] ग्रियर्सन ने भी उनका यही जन्म काल बताया है।[२] लेकिन शिवसिंह और ग्रियर्सन को इस सूचना का आधार क्या है यह अज्ञात है।

मिश्र बंधुओं ने भागवत दशम स्कन्ध भाषा का रचनाकाल संवत् १५८५ और हरिचरित को रचना का सम्वत १५८५ माना है। उनकी सूचना का आधार लाला भगवानदीन की प्रति थी। अपने विवरण में उन्होंने जो अंश उद्धृत किया है, उसमें पन्द्रह सौ सतासी पाठ है।[3] हरिचरित के रचनाकाल की सूचना उन्हें कहाँ मिली, यह नहीं मिलता। पं० रामचन्द्र शुक्ल, डॉ० रामकुमार वर्मा, डॉ० हजारीप्रसाद द्विवेदो, सुश्री रतनकुमारी आदि ने लालचदास की कृतियों का रचनाकाल १५८५ वि० और १५८७ वि० माना है।[४]

कई प्रतियों में हरिचरित का रचनाकाल सं० १५२७ वि० मिलता है। हरिचरित को सम्पादकीय भूमिका में उद्धृत एक पत्र के अनुसार डॉ० वासुदेव शरण अग्रवाल ने हरिचरित का रचनाकाल यही (संवत १५२७ वि०) माना है।[५]

---

१. दे० संदर्भ, क्रमांक ३, पृ० ६३।
२. दे० संदर्भ, क्रमांक १, पृ० ६४।
३. पृ० ३, भूमिका, हरिचरित पर उद्धृत।
४. दे० संदर्भ, क्रमांक २, पृ० ६४।
५. पृ० १ भूमिका ह० च०।

श्री नलिन विलोचन शर्मा ने लालचदास की मृत्यु के उपरांत हरिचरित को पूरा करने वाले कवि 'आसानन्द' की निम्नलिखित पंक्तियों से काव्य के रचनाकाल का निर्णय करने का प्रयास किया है—

अति प्रजंत कथा जब भएउ, संकट प्रान लालच कर भएउ
भगिन करस प्रभु कह लो लाएसि, सुरसरि निकट अरप जल पाएसि
बोए मन अस्तुति प्रभु लग ठावाँ क्रिस्न चरित्र भाखा बहु गावा
दसम सकंध भागवत होई कंसवध लहि गाएसि सोई
इहे सोच रहा जिव मोहीं समस्त कथा करौं पै सोई
एहि विधि विनवो भगवंता क्रिस्न चरित्र लौलीन्ह तुरंता
संवत कैतिक बीति जब गएउ शोडस सत एकोत्तर भएउ
विस्नु-कथा उपजावहु भाऊ हरिपद लीन्ह आसानन्द नाऊ।[1]

इन पंक्तियों की व्याख्या करते हुए श्री शर्मा ने लिखा है कि 'आसानन्द का रचनाकाल सं० १६७१ वि० है। रचनाकाल के प्रसंग में यह पंक्ति—'संवत् कैतिक बीति जब गएउ' शोडस सत एकोत्तर भएउ' यह भी सिद्ध करती कि है कि यही लालचदास का निर्वाण काल था। संवत् १५२७ वि० में लालचदास ने जिस ग्रंथ की रचना प्रारम्भ की थी उसे संवत १६७१ तक पूरा नहीं कर पाए और १४४ वर्षों तक लिखते रहे। यह स्पष्टतः अविश्वसनीय है। १५८७ को रचनाकाल मान लेने पर यह निष्कर्ष निकलता है कि लालचदास प्रायः ८४ वर्षों तक जीवनपर्यन्त हरिचरित को रचना में लगे रहे। कवि की दूसरी रचना 'विष्णु पुराण' के रचनाकाल के सम्बन्ध में १५८५ वि० भी सिद्ध करता है कि हरिचरित में १५२७ वि० अशुद्ध पाठ है'।[2]

'संवत् कैतिक बीत जब गएऊ' का अर्थ होना चाहिए जब कई संवत् बीत गए अर्थात् लालचदास की मृत्यु के कई वर्षों के पश्चात् आसानन्द ने उनके छोड़े हुए काम में हाथ लगाया। इस पंक्ति से यह अर्थ लेना कि लालचदास की मृत्यु भी उसी संवत् में हुई थी गलत मालूम पड़ता है। आश्चर्य कि शर्माजी ने 'शोडस सत एकोत्तर' से १६०० और १ अर्थात् सम्वत् १६०१ अर्थ न लेकर १६७१ अर्थ लिया।

५६. मेरे विचार से 'हरिचरित' के रचनाकाल का संधान हम हरिचरित की 'समै बिलंब नाम भो तबहो' पंक्ति से लगा सकते हैं। 'विलम्ब' नामक संवत्सर

---

१. पृ० ८, भूमिका ह० च० पर उद्धृत।
२. पृ० ८, भूमिका ह० च०।

६० वर्षों में एक बार आता है। गणना के अनुसार उसे सं० १५८२ में पड़ना चाहिए। पुरानी कैथी लिपि में 'वय्यासो' का पच्चासी पढ़ लिया जाना असंभव नहीं है। 'सत्ताइस' और 'सतासी' पाठ लिपिकारों के प्रमाद से आ गए होंगे। लालचदास ने हरिचरित की रचना संवत् १५८२ में प्रारम्भ की और कंसवध लिखने के पश्चात् उनकी मृत्यु हो गयी और कई वर्षों के उपरांत संवत् १६०१ में आसानन्द ने लालचदास द्वारा छोड़े गए कार्य को आगे बढ़ाना प्रारम्भ किया।

हरिचरित का रचनाकाल संवत् १५२७ से लेकर संवत् १५८७ के बीच कभी हो उसका रचनाकाल पद्मावत के पूर्व है, अतः प्रस्तुत अध्ययन में इसे सम्मिलित किया गया है।

खोज रिपोर्टों द्वारा सूचित अन्य रचनाएँ

५७. प्राचीन अवधी की कुछ रचनाओं की सूचना खोज रिपोर्टों में उपलब्ध होती है। ये रचनाएँ न अभी प्रकाशित हुई हैं और न इनके विषय में कहीं विस्तृत सूचना मिलती है। नीचे खोज रिपोर्टों में दिए गए विवरणों के आधार पर उनका परिचय दिया जा रहा है :—

५८. (१) लखनसेनी का हरिचरित-विराट पर्व

ईश्वरदास की रचना 'स्वर्गरोहिणी कथा' पर विचार करते समय हमने देखा है कि लखनसेनि ईश्वरदास द्वारा स्मृत कवियों में से हैं।[१] नागरी प्रचारिणी पत्रिका की खोज रिपोर्टें देखते हुए मुझे लखनसेनी नामक कवि और उनकी रचना 'हरिचरित विराट् पर्व' की सूचना मिली।[२] लखनसेनी की सूचना का जितना अंश खोज रिपोर्ट में उद्धृत किया गया है उससे उनकी रचना का काल, कतिपय पूर्ववर्ती और समसामयिक कवियों तथा सामाजिक परिस्थिति इन सब-का थोड़ा बहुत परिचय प्राप्त हो जाता है। कवि ने जौनपुर नरेश इब्राहिम के शासनकाल में काव्य की रचना सं० १४८१ में की।

बादिशाहि जे बीराहिम साही, राज करहि महि मंडल माही
आपुन महाबली पुहमी धावै, जउनपुर मह छत्र चलावे
संवत चौदह सइ एकासी, लषनसेनी कवि कथा प्रग (?) सी।[३]

जौनपुर के इतिहास से ज्ञात होता है कि सन् १४०२ ई० में मुबारक शाह की मृत्यु हुई और अमीरों ने इब्राहिम शाह को सिंहासन पर बैठाया। इब्राहिम

---

१. लखनसेनि पंडित कवि कीन्हा। ४, स्वर्गा०

२. पृ० ५१, नागरी प्रचारिणी पत्रिका काशी, वर्ष ५६, सं० २००८।

३. देखिए, परिशिष्ट

शाह ने १४०२ ई० से १४४० ई० तक शासन किया।[1] लखनसेनी ने उसी के शासनकाल संवत् १४८१ (सन् १४२४ ई०) में अपने काव्य की रचना की। खोज विवरण में उद्धृत अंश का प्रारम्भिक भाग थोड़ा अस्पष्ट है। विवरण का सारांश इस प्रकार है—

५६. बादशाह इब्राहिम शाह जो महिमंडल पर राज्य करता है स्वयं महाबली है और पृथ्वी पर विचरण करता है। जौनपुर में अपना छत्र चलाता है। संवत् १४८१ में लखनसेनी कवि ने कथा प्रकाशित की। सभी गुणी समाप्त हो गए तो बैजलदास राजा के पास गए। बैजलदास प्रसन्न हुए और उनका जी वहीं रम गया। लखनसेनि ने भाषाबद्ध किया कथा को (इसकी कुछ पंक्तियों का अर्थ नहीं खुलता वे संभवतः काव्य की प्रशंसा में लिखी गयी है) डीलेस्वर अनुकाराम जो तेजराशि हैं और राजाओं के कुल धर्म को निभाने वाले हैं, लखनकुमार उन्हीं का पुत्र है। वह दुर्जन रूपी हाथियों के लिये सिंह के समान है।

कंठ में सरस्वती बसें और हृदय में गणेश। लखनसेनि उस देश में नहीं बसते हैं। वह देश धन्य है (व्यंग्य)। लखनसेनि कवियों के बीच आए तो बड़े-बड़े कवि लज्जित हो गए। धर्म और सतजुग के राजा गए। बलि के कार्य के लिए देवीपुर गए (?) कृतीनरेश धनसेनि गए। देव गणेस भोजपुर गए। जयदेव स्वर्ग की राह चले और घघ सुरपति के भाट (होकर) गए। नगर के नरेन्द्र उनारी गए और विद्यापति की लचारी गई। जो नगर में अमृत कुंड की थाह लेते थे वे अब निर्धनता के कुंड में नहाते हैं। उन पापियों का स्थान खोजता है जिन्होंने जन्म भर (भगवान का) नाम नहीं लिया। उन पापियों को जिन्होंने हरिनाम नहीं लिया। धर्म का प्रतिदिन ह्रास हो रहा है। जन परिजन ने वह देश छोड़ दिया जहाँ उपभवन (?) नरेश बसता है। भोदूँ महंथ जो कान के पास लगे रहते थे (कान फूंकते थे (?) वे काज नहीं अकाज ही जानते थे। सभी धर्मात्मा कपटी हो गए। खोटे वैद्य रोग नहीं चीन्ह पाते। बँधा हुआ कुंजर भूखों मरता है और गधे को आदरपूर्वक सेवित करके चराया जाता है। चंदन काट कर करील लगाए जाते हैं और आम काट करके बबूल उगाए जाते हैं। कोकिल, हंस, मंजार (मंजोर ?) मारे जाते हैं और कौवे यत्नपूर्वक पाले जाते हैं। संसार सारिका के पंख उखाड़कर मुर्गे पालता है। लखनसेनि वहाँ नहीं बसता चाहे उधार माँग कर भोजन करना पड़े।

चौसा नगर जगत में प्रसिद्ध है। वहाँ गोरखसिद्ध का रामराज है। वे जय-

---

१. पृ० १८७-१८८ द डेलही सल्टनेट, भारतीय विद्या भवन, बम्बई।

जय कह कर जब विग्रह चढ़ाते हैं तो शेष काँपते हैं और धरनी लड़खड़ाने लगती है। वहाँ राजा बड़नंदन राज करते हैं जो दूसरे राम बनकर उत्पन्न हुए हैं। चारों खान और चौरासी मीरों को उन्होंने गंगा के तीर मारा। उनके पुत्र पूरनमल है जो शत्रु के हृदय को सालने में महाबली हैं। पूरनमल के ठाट में से चरती हुई साठ गायों को बाँधा। कवि ने कौतुकवश विराट की विविधतापूर्ण कथा को सुरस काव्य में बाँधा।[1]

ज्ञात होता है कि कवि ने अपनी जन्मभूमि की दुर्दशा से तंग आकर वह स्थान छोड़ दिया था और काव्य चौसा नगर में लिखा था। उद्धृत अंश में कई आश्रय दाताओं (?) का उल्लेख है। डोलेस्वर अनुकाराय, उनके पुत्र लखन कुमार तथा चौसा के राजा बडनंदन तथा उनके पुत्र पूरनमल का उल्लेख कवि ने किया है।

रचना की भाषा अवधी है। कवि जौनपुर राज्य का निवासी था। अतः अवधी में रचना करना उसके लिये अस्वाभाविक नहीं था। लिपिकाल संवत् १८८७ है।

६०. हिन्दी साहित्य सम्मेलन प्रयाग के संग्रहालय में लखनसेनि नामक कवि द्वारा रचित 'विराज पर्व' नामक काव्य सुरक्षित है।[2] किन्तु उसमें कवि की आत्मपरिचयात्मक पंक्तियाँ नहीं हैं। शाहेवक्त का भी कोई उल्लेख नहीं है। हो सकता है कि किसी लिपिकार ने प्रारंभिक पंक्तियों को कथा की दृष्टि से अनावश्यक समझ कर छोड़ दिया हो। किंतु इस विषय में बलपूर्वक कुछ कहना तभी सम्भव होगा जब सभा और सम्मेलन की प्रतियों का मिलान कर लिया जाए।

६१. (२) भीमकवि का डंगवे पुराण—

नागरी प्रचारिणी पत्रिका के एक अंक में 'डंगवे पुराण' और उसके रचयिता भीम की सूचना दी गई है।[3] यहाँ उसी विवरण के आधार पर रचना का परिचय दिया जा रहा है।

जब संवत् १५५० हुआ और दुर्मुख नामक सम्वत् बीत गया और श्रावण शुक्ला सप्तमी आई तब भीम ने डंगवै की कथा सुनाई। उनका (कवि का) कौन सा ठाँव है। कौन सा उनका देश है ? और कौन सा गाँव है जहाँ ये कवि कवीश्वर विचरण करते हैं ? वहाँ कौन भूपाल बसता है ? पृथ्वी के धर्म का प्राण स्वरूप

---

१. दे० परिशिष्ट...लखनसेनी का हरिचरित्र विराट्पर्व

२. ग्रन्थ सं० २१२८, वेष्टन संख्या १३५०।

३. पृष्ठ ५१, नागरी प्रचारिणी पत्रिका काशी, वर्ष ५६, सं० २००८।

एक देश है जहाँ निर्मल रेह ?) बसते हैं। कवि नष्ट हो जाए कौन उसे दोष दे ? यदि वह नाम न उल्लिखित करे ? कविता को वहाँ उत्पत्ति हुई। उनका कौन नगर है उसकी क्या जाति है ? उसे सब अमरपुर कहते हैं। उसे वसुक इन्द्रदेव ने प्राप्त किया ? वहाँ जाति के कायस्थ करन कुबेरु ? थे जो कलि में नेम आचार का पालन करते थे। उनके वखोर पुत्र नौरतन हुए जो अत्यन्त प्रचण्ड और सुन्दर शरीर के थे। वीर ने मत मतंग को पृथ्वी पर पछाड़ दिया। तब सबने उसको गवरह (गौरव) लिया। उसी कुल में वरियार भीम उत्पन्न हुए वे कुछ कथा कहना चाहते हैं। भारत की डंगवै कथा का गायन करना चाहते हैं।[१]...

पत्रिका में विवरणकार ने लिखा है कि जान पड़ता है कि रचयिता अमर नगर के निवासीऔर वसुक इन्द्रदेव कायस्थ के पुत्र नौरतन के कुल में उत्पन्न हुए थे।

उद्धृत अंश की भाषा अवधी है।

६२. (३) पुरुषोत्तमदास का जैमिनी पुराण—

नागरी प्रचारिणी पत्रिका काशी के हिन्दी ग्रन्थों के तेरहवें त्रैवार्षिक विवरण (१६२६-२८) में पुरुषोत्तमदास के जैमिनी पुराण की यह सूचना दी गयी है—

संख्या ३६३ जैमिनी पुराण रचयिता— पुरुषोत्तमदास (दादा) कागज देशी, पत्र २६७ आकार १५ ६ इंच, पंक्ति (प्रति पृष्ठ ११, परिमाण (अनुष्टुय)— ४८००, पूर्ण रूप-अत्यन्त जीर्ण पद्य लिपि नागरी रचनाकाल, सं० १८५२, १७९५ ई० लिपिकाल सं० १८५८-१८०१ ई० प्राप्ति स्थान श्रीकृष्ण बिहारी मिश्र माडल हाउस लखनऊ।

उपर्युक्त विवरण के अनुसार इस ग्रन्थ का रचनाकाल संवत् १८५२ वि० है। विवरणकार ने ग्रन्थ का यह रचनाकाल 'अन्त' में उद्धृत इस वाक्य के आधार पर दिया है—'इति श्री महाभारत अस्वमेध के पवनि राजा जन्य संपूर्ण वरणन नाम षट भाव सभो ध्याय: ४६ इति श्री जयमुनि कथा समाप्तम संवत् १८५२ चैत्रमासे कृश्न चतुर्थी चन्द्रवासरे लेषनीर्थी पितंबर भाट अस्थान विरनाउ'।

६३. वस्तुत: विवरणकार ने लिपिकाल को रचनाकाल समझ लिया है। लिपिकार ने अपना नाम पितंबर भाट बताया है और अपना स्थान 'विरनाउ'

---

८. दे० परिशिष्ट भीम कवि का डंगवैपुराण।

बताया है। सौभाग्यवश हमारे अनुमान की पुष्टि चौदहवें त्रैवार्षिक विवरण (सन् १९२९-३१ ई०) से हो जाती है। इसमें ग्रन्थ का विवरण इस प्रकार दिया गया है—

संख्या २७४ जैमुनी पुराण रचयिता पुरुषोत्तमदास (दादरपुर) पत्र-१६०, आकार १०½ × ४¾ इंच पंक्ति प्रति पृष्ठ ८ परिमाण (अनुष्टुप) ३८४०, खंडित रूप बहुत पुराना, लिपि नागरी, रचनाकाल सं० १५५८-१५०१ ई० प्राप्ति स्थान पं० कैलाशपतिजी तैनगुरिया पुरोहित ग्राम बिजौली डाकघर बाह जिला आगरा।

ग्रन्थ का प्रारम्भ दोनों हस्तलेखों में समान है, अतः कोई सन्देह नहीं रह जाता कि दोनों हस्तलेख एक ही ग्रन्थ के हैं। द्वितीय प्रति (१४वें त्रैवार्षिक की) खंडित है और उसमें लिपिकाल नहीं दिया हुआ है। इस प्रति का विवरण अत्यन्त सावधानी से दिया गया है। ग्रंथ में से ढूँढ़ कर रचनाकाल सम्बन्धी और कवि परिचयात्मक पंक्तियाँ अलग दे दी गयी हैं। इस ग्रन्थ का रचनाकाल संवत् १५५८ है न कि तेरहवें त्रैवार्षिक विवरण में दिया हुआ संवत् १८५२। कवि ने रचनाकाल का उल्लेख इस प्रकार किया है—

संवत् पन्द्रह से अट्ठावन, निर्मल चैत माल (स) का आवन
शुक्ल पक्ष प्रतिपक्षा सुहावन श्री गोविन्द कथा गुन गावन
उत्तम दिवस चन्द्रकर वारा, मेषक सुर्ज वसंत प्रगासा
हरिप्रसाद पुरुषोत्तम दासा, अश्वमेध करि कीन्ह प्रगासा[1]

यही नहीं कवि ने अपने निवास स्थान, शासक (सम्भवतः आश्रयदाता) और उसका भी परिचय दिया है। परिचय यहाँ विवरण में उद्धृत रचनांश के आधार पर दिया जा रहा है—

६४. जम्बू द्वीप भरत खंड में कान्यकुब्ज की प्रचण्ड परिपाटी है। वहाँ सप्तपुरी नामक महास्थान है, कोशल देश को सब कोई जानता है। इस देश में निर्मल नीर वाली सरयू के तीर रामपुरी अयोध्या है। अयोध्या में पापों का नाश करने वाला 'सर्गाद्वार' नामक स्थान है जहाँ रामचन्द्र का आसन है। वहाँ से चार योजन दक्षिण, पापहारिणी आदि गोमती बहती है। वहाँ नारायणपुर नामक सुन्दर देश (इलाका या गाँव ?) है। जहाँ 'विकार' नरेश बसते हैं। उनके राजकुमार ब्रह्म दधीच सुजान हैं। उनकी समानता करने वाला कोई अन्य राजा अन्य नहीं है। उस इलाके में दादर नामक नगर है जहाँ यतियों और

१. दे० परिशिष्ट, पुरुषोत्तमदास का जैमिनी पुराण।

सतियों का बहुत आदर होता है। उस नगर के राजा रूपमल्ल हैं (जिनका वंश लेश्य है। वे नित्य धर्म की उन्नति चाहते हैं। उसी दादर ग्राम में रामभक्त पुरुषोत्तम निवास करते हैं। पुरुषोत्तम की प्रति वंश की विभूति अपने पिता क्षेमानन्द में बहुत है। क्षेमानन्द के पुत्र पुरुषोत्तम हैं। वे पहले जगन्नाथ गये। वहाँ जाकर उन्होंने कमल नयन भगवान् की प्रदक्षिणा की। फिर अम्बकपुरी में जाकर गुरु किया। उन्होंने अपने गुरु रघुनाथ का चरण मनाया जिन्होंने उन्हें व्याकरण और निक्षुन (?) पढ़ाया।[१]

खोज रिपोर्ट में दिए गये अंश को परिशिष्ट में उद्धृत कर दिया गया है।

इतने प्राचीन कवियों का इतना स्पष्ट परिचय कम मिलता है। पुरुषोत्तम कवि अवध प्रदेश के थे, उनकी रचना की भाषा अवधी है, जो उनकी मातृभाषा रही होगी।

---

१. दे० परिशिष्ट।

ध्वनि विचार

ध्वनि विचार

व्यंजन

६५. प्रारम्भिक अवधी में प्राप्त व्यंजन नीचे दिए जा रहे हैं—

क्‌ - ख्‌ ग्‌ घ्‌
च्‌ छ्‌ ज्‌ झ्‌
ट्‌ ठ्‌ ड्‌ ढ्‌ ड़्‌ ढ़्‌
त्‌ थ्‌ द्‌ ध्‌
प्‌ फ्‌ ब्‌ भ्‌
र्‌ ल्‌ श्‌ (विरल) स्‌
ह्‌

अर्द्ध स्वर य्‌ व्‌

अनुनासिक ङ्‌ ञ्‌ ण्‌ न्‌ न्ह्‌ म्‌ म्ह्‌
ं (अनुस्वार)

६६. **विभाजन**

प्रारम्भिक अवधी की रचनाओं में प्राप्त व्यंजनों की वास्तविक स्थिति क्या थी इसे ठीक-ठीक प्रामाणिकतापूर्वक आज नहीं बताया जा सकता है। केवल तर्कसंगत अनुमान लगाया जा सकता है। यह अनुमान मुख्यतः दो आधारों पर लगाया जा सकता है, ध्वनि-सम्बन्धी ऐसे प्राचीन उल्लेखों, जिनसे व्यञ्जनों की स्थिति पर प्रकाश पड़ता हो तथा आधुनिक अवधी के व्यञ्जनों की स्थिति के आधार पर।

प्राप्त ग्रीक और भारतीय अभिलेखों तथा प्राकृत वैयाकरणों की सूचनाओं के आधार पर डा० सुनीतिकुमार चटर्जी ने यह विचार प्रकट किया है कि म० भा० आ० के उत्तर काल तक तालव्य-स्पर्श व्यञ्जन सर्वत्र स्पर्श-संघर्षी हो गए थे (दे० १३२ ओ० डी० बी० एल)। ग्रीक अभिलेखों में च्‌ के लिए स्‌, त्स, त, और ज्‌ के लिये ज़्‌, द्‌ ध्वनियों का प्रयोग हुआ है (दे० १३२ ओ० डी० बी०

एल)। इसके अतिरिक्त वररुचि से लेकर मार्कण्डेय तक के प्राकृत वैयाकरणों ने चवर्ग ध्वनियों के द्विविध उच्चारण का संकेत या उल्लेख किया है। मार्कण्डेय ने लिखा है कि मागधी में च् ज् के पूर्व य् होता है। (च, ज योरुपरि य स् स्यात्) चटर्जी के अनुसार संयुक्ताक्षर य्च्, य्ज् निश्चित ही संघर्षी श्रुति के साथ स्पष्ट तालव्य स्पर्श-संघर्षी उच्चारण का द्योतक है (दे० १३२ ओ० डी० बी० एल)

डॉ० बाबूराम सक्सेना ने दिखाया है कि आधुनिक अवधी में च् छ् ज् झ् का उच्चारण स्पर्श संघर्षी है (दे० १२ ए० अ)। इसलिये इस बात की पूरो सम्भावना है कि विवेच्यकाल में इनका उच्चारण स्पर्श संघर्षी था।

६७. स्वर-मध्यस्थ ड् और ढ् ध्वनियाँ म० भा० आ० में ड़् और ढ़् में परिवर्तित हो गई थीं (दे० १३३ ओ० डी० बी० एल)। प्रारम्भिक अवधी की रचनाओं में ड् और ट् से विकसित र ध्वनि मिलती है दारिउं। २८ चं० (प) <दाड़िम, कुरिल <कुटिल। ट् और ड् ध्वनियों का ड़् हुए बिना र् में विकसित होना सम्भव नहीं प्रतीत होता। जहाँ तक 'ढ़' का सम्बन्ध है वह फारसी लिपि में स्पष्ट है। उदाहरण के लिए 'दुगम गढ़। ४ मिर० मनेर खानकाह की प्रति में گڑہ लिखा है। इससे स्पष्ट है कि यहाँ دوگم گڑہ 'गढ़' के लिये है 'गढ' के लिए नहीं। इसलिये प्रारम्भिक अवधी में ड़् और ढ़् ध्वनियों का होना निश्चित है।

६८. यद्यपि प्रारम्भिक अवधी की विवेच्य रचनाओं में य् और व् के प्रचुर उदाहरण मिलते हैं किन्तु इनका वास्तविक उचारण क्या था और इनकी स्थिति क्या थी यह बताना दुष्कर है। डॉ० बाबूराम सक्सेना के अनुसार आधुनिक अवधी में इनका उच्चारण बहुत कुछ इ और उ की भाँति होता है (दे० ६८, ६९ ए० अ)

डॉ० चटर्जी ने लिखा है कि ई० पू० की तीसरी शताब्दी तक 'य' का उच्चारण संघर्षी हो गया था और फिर यह म० भा० आ० के उत्तर काल तक स्पर्श संघर्षी होकर मूल ज् से अभिन्न हो गया (दे० १३३ ओ० डी० बी० एल)।

अवधी में शब्दों में प्रारम्भिक व प्रायः 'ब' हो गया है। ज्ञात होता है कि प्रारम्भिक अवधी में आधुनिक अवधी की ही भाँति 'व' का उचारण 'उ' से मिलता जुलता था और उससे किञ्चित मात्र ही भिन्न था। संभवतः इसी उच्चारण को प्रकट करने के लिये प्रारम्भिक अवधी के हस्तलेखों में कहीं-कहीं 'व' को 'उव' लिखा मिलता है।

६९. ऊष्म ध्वनियों में प्रारम्भिक अवधी में साधारणतः दन्त्य (संभवतः

वर्त्स्य) संघर्षी स् ही मिलता है। यद्यपि कभी कमार 'श्' मिल जाता है। 'श्' रा० ज० जैसी धार्मिक रचना में बहुतायत से मिलता है। किन्तु श् अवधी की प्रकृति का उच्चारण नहीं है। 'ष्' का प्राचीन उच्चारण प्रारम्भिक अवधी में नहीं रहा होगा। यद्यपि यह वर्ण मिलता है। लिपि चिह्न 'ष्' 'ख्' ध्वनि को प्रकट करता है।

शेष व्यंजनों के विषय में कुछ विशेष विचारणीय नहीं है।

अनुनासिक

७० अनुनासिकों में ङ् ञ् अपने वर्ग के स्पर्श के पूर्व शब्दों के मध्य में ही मिलते हैं। जैसे—'लङ्क' (लिखित रूप लंक)।२ लो० क० पञ्च (लिखित रूप पंच)। २८ मै० स०

'ण्' शब्दों मध्य में और अपने वर्ग के स्पर्श के पूर्व प्रयुक्त होता है—(क) भै हरण (भय हरण)। २।१० ह० च०। किन्तु 'ण्' का इस प्रकार का प्रयोग विरल है। (ख) कुंडर (५२ लो० क० रुंड। ११ स० क०।)

न् और म् आदि मध्य दोनों स्थितियों में मिलते हैं—

नरवै। २६ चं०, नरिन्दन। १ मै० स०

अकुतान। ६ रा० ज० दूनहु। ५ रा० ज०

मूरुख। २७ लो० क० मोती। १ स० क०

परम। ४६ लो० क० रामहि। ४६ लो० क०

अनुस्वार (ं) जिस स्पर्श के पूर्व प्रयुक्त होता है उस वर्ग के अनुनासिक (पंचम वर्ण) का प्रतिनिधित्व करता है—

लंक। २ लो० क०, पंच। २८ मै० स०

कुंडर। ५२ लो० क०, बंधन।३।१० ह० च०

खंभ। १० च०

म् कहीं-कहीं वं, म्व या ब में परिवर्तित दिखाई पड़ता है—

कवँल। ४५ मिर० (शि), अंब्रित। ४२ स० क०

दारिब। ३५ मिर० (शि)

एक स्थान पर 'म्व' का परिवर्तन 'म्म' में दिखलाई पड़ता है—

अंमर। २५२ मिर० (शि०) <अम्बर=बादल

म्ह और न्ह प्रारम्भिक अवधी में सदैव शब्दों के मध्य में प्रयुक्त होते हैं। म्ह् बहुत कम मिलता है—

तिन्ह। २ लो० क०, लीन्ह। २ मै० स०

दीन्ह । ५ स० क०, सम्हा । २५ प०
तुम्ह । ४ मै० स०, तुम्ह । १७ मिर०

७१. प्रारम्भिक अवधी में प्राप्त व्यंजनों का रूप सम्भवत: इस प्रकार था—

	स्वरयंत्र मुखी	कंठ्य	कठोरतालव्य या मूर्धन्य	तालव्य	वर्त्स्य	दंत्य	ओष्ठ्य
स्पर्श		क् ग्	ट् ड्			त् द्	प् ब्
महाप्राण		ख् घ्	ठ् ढ्			थ् ध्	फ् भ्
स्पर्श संघर्षी				च् ज्			
महाप्राण				छ् झ्			
पार्श्विक				ल्			
महाप्राण				ल्ह			
लुंठित					र्		
उत्क्षिप्त			ड़्				
महाप्राण			ढ़्				
संघर्षी	ह			श् (?)	स्		
अनुनासिक		ङ्	ण्	ञ्	न्		म्
महाप्राण					न्ह्		म्ह्
अर्द्धस्वर					य्		व्

७२. प्रारम्भिक अवधी की विवेचना करते समय मुझे कोई ऐसा उदाहरण नहीं मिला है जिसके आधार पर महाप्राण युक्त र् (रह्) के अस्तित्व की सूचना मिले । न्ह्, म्ह और ल्ह् सम्भवत: एक व्यंजन की तरह शब्दों के मध्य में प्रयुक्त होते थे ।

जैसा पहले कहा गया है श् अवधी का अपना व्यंजन नहीं है, प्रारम्भिक अवधी में भी वह बहुत कम प्रयुक्त हुआ है। उसे 'इचुयशानां तालु' के अनुसार तालव्य ही मान लिया गया है। यों बंगाली में श् को चटर्जी ने तालव्य-वर्त्स्य ठहराया है (दे० १४० ओ० डी० बी० एल)।

७३. ङ्, ढ़्, ल्ह् को छोड़कर सभी निरनुनासिक व्यंजन शब्द के आदि और मध्य में प्रयुक्त होते हैं हैं ड्, ढ़, ल्ह् शब्द के आदि में नहीं प्रयुक्त होते।

क्—कचोर। २ लो० क०
किरपन। १ मै० सत, — कारन। १।८ ह० च०
रकत। ४ लो० क० — लोरिक।१३ मै० सत०
अंधकाल। २४ स० क०

ख्—खोंपा। २ लो० क० — खेलहि। २ प० प० १ ह० च०
खाइ। १६ स० क०
लेखें। ५ लो० क० — मांख।१७ मै० सत०
राखा। २ रा० ज०

ग्—गोवार। ५ चं० — गावहि। १।८ ह० च०
गनि। १ मिर० — सोहाग। ३ चं०
भुगुत। ७ मै० सत — जग। ५ मिर०

घ्—घेरेसि। २ लो० क० — भात। २।८ ह० च०
घट। ३ स० क० — मेघ। २।८ ह० च०
सिंघ। ३२ स० क० — सिंघासन। ६ मिर०

च्—चाँद। १६ चं० — चीन्हा। १ मै० सत
चित। १ स० क० — बकुचौ। १७ चं०
पंच। २८ मै० सत — खैंची। १२ रा० ज०

छ्—छाडेउँ। ३ लो० क० — छुधावंत। १।८ ह० च०
छाँडि। ४२ स० क० — बिछवाई। २ लो० क०
पाछें। २१ मै० सत० — किछु। १५ मिर०

ज्—जुगत। १३ चं० — जीवन। २१ मै० सत
जन्म। २ रा० ज० — खजहजा। १२ चं०
काज। २।८ ह० च० — दुरजोधन। ८ स० क०

झ्—झनकारा। १२ लो० क० — झूठ। २।८ च०

झारी । ३२ स० क०	जुझी । २।८ ह० च०
साँझ । २१ स० क०	माँझ । २१ मिर०
ट्—टूट । २३ चं	टोना । २ मै० सत
टेका । ४५ स० क०	बाट । ८ चं
कपट । मै० सत	भाट । १७ स० क०
ठ्—ठेला । १६ चं०	ठरकाई । १।८ ह० च०
ठाढ़ा । ६ रा० ज०	रीठा । १७ कं०
झूठ । १।८ ह० च०	उठि । ५ रा० ज०
ड्—डराउ । १३ लो० क०	डहकावा । ११ मै० सत
डबर । मिर०	लाडू । १ लो०
हिंडोला । ८ मै० सत	कुण्ड । ३५ स० क०
ड़्—छाड़ेंउ । ४८ लो० क०	गड़न्त् । ५ मै० सत बड़ । ४।८ ह० च०
ढ्—ढूँढ़ि । १० चं०	ढुकइ । ३ मै० सत
ढाका । ३४ स० क०	गढ़ । १ लो० क०
बढ़ावा । ३।८ ह० च०	चढ़े । २३ स० क०
ढ़्—गढ़ । १ लो० क०	बढ़ावा ।३। ८ ह० च० चढ़े । २३स०क०
त्—तेहिं । ५ लो० क०	तरुनी । १२ मै० सत०
तन । ३१ स० क०	उतर । १ लो० क०
नित । ११ मै० स०	जोति । २ मिर०
थ्—थोरा । ३ लो० क०	थीती । ११।मै० सत
थेंघत । ३१ स० क०	हाथ । १४ चं०
पृथिमी । १५ मै० सत	अरथ । १२ मिर०
द्—दइय । १६ लो० क०	दरब । मै० स०
दुसरे । ४ मिर०	चाँद । १ लो० क०
जदुनाथ । ३।८ ह० च०	बदला । १० स० क०
ध्—धीय । ५ चं०	धरतहि । ४।८ ह० च०
धोखे । ४ रा० ज०	बुधि । ३ लो० क०
धुधावंत । १।८ ह० च०	दगधि । ३१ स० क०
प्—पावउ । १ लो० क०	परा । ४।८ ह० च०

पंखी । २८ मिर (श)	दिपहिं । २ लो० क०
उपरहि । २।८ हु० च०	अलप । २ स० क०
फ्—फिर । ३ लो० क०	फेरेसि । २ मै० सत
फुनि । ६ मिर०	बिहफइ । ७ लो० क०
बिंफारि । मै० सत	मंडफ । ४६ स० क०
ब्—बसीठ । १ लो० क०	बहुरि । ४ प० प० १ हु० च०
बेद । ४ स० क०,	अब । ४ लो० क०
जबहि । २।८ हु० च०	कवि । ५ स० क०
भ्—भा । १ लो० क०	भुइ । २।८ हु० च०
भौ । ३१ स० क०	अभरन । ७ लो० क०
सभ । ४ मै० सत	ब्राभन । २८ स० क०
य्—यहिं । ५ लो० क०	यहु । २५ मै० स०
येहिं । २६ स० क०	पाइय । १ लो० क०
हरियर । ८ मै० सत	दाया । ६ रा० ज०
र्—राय । १ चं०	रचि । ५ रा० ज०
रूख । २६ स० क०	हंकारा । १ चं०
भारि । ५ रा० ज०	सरीरा । २७ स० क०
ल्—लाज । १७ लो० क०	लीन्ह २ मै० सत
लेहु । ११ मिर०	निरमल । १७ लो० क०
मालिन । २ मै० सत	अकेल । १ मिर०
ल्ह—हुल्हसै । १ प०	कुल्हारी । २।६ हु० च०
काल्हि । ४२४ मिर०	
व्—वाहु । १८ चं०	बा । ४।८ हु० च०
वोहि । ४२४ मिर०	खावा । १ लो० क०
आवत । १ मै० सत	पँवरि । ४ मिर०
श्—श्रबन । ४ रा० ज०	स्वामी । १ स० क०
रीखेशर । ४ रा० ज०	दोश । ८ मै० स०
स्—सरग । १ लो० क०	सामी । ७ रा० ज०
सकति । ३ मिर०	संदेस । ४ लो० क०
तपसी । ५ रा० ज०	देसी । १० मिर०

ह्—हाथन्ह । ७ लो० क० हकराई । २ मै० सत
हम । ५ रा० ज० नहुँ । ७ लो० क०
चीन्हा । १ मै० सत करहु । ७ रा० ज०

स्वर—

७४. प्रारम्भिक अवधी के मूल स्वर इस प्रकार हैं—

अ, आ, इ, ई, उ, ऊ, एँ, ए ओँ, ओ

प्रारम्भिक अवधी में 'ऋ' स्वतन्त्र या किसी व्यंजन से संयुक्त रूप में नहीं मिलता है। 'ऋ' का स्थान 'रि' ने ले लिया है जैसे—रिखि। ४९ स० क० ईश्वरदास की रचना 'स्वर्गारोहिणी-कथा' में इसका प्रयोग शब्द के मध्य (कृस्न। ४ स्वर्गा०) में मिलता है किंतु इसका उच्चारण प्राचीन भारोपीय न हो कर क्रिस्न रहा होगा। जहाँ तक अन्त्य स्वर—अ का प्रश्न है, डॉ० बाबूराम सक्सेना ने इसकी स्थिति प्रारम्भिक अवधी में स्वीकार की है (दे० ए० अ० ८९)। उ० व्य० की विवेचना करते समय डॉ० चटर्जी ने भी इसकी स्थिति निस्संदिग्ध रूप से मानी है (दे० ७० ५० उ० व्य०)।

मूल स्वरों के उदाहरण

७५. ये स्वर शब्द के आदि मध्य, अन्त में मिलते हैं—

अ—अमोल। ५ लो० क० रकत। ४ लो० क०
मनुक्ख। १५ लो० क०

आ—आज। १ लो० क० अयानी। ३ लो० क०
सौंपा। २ लो० क०

इ—इक १ मै० स० मालिन। २ मै० स०
बिभारि १ मै० स०

ई—ई। ५४ स० क० दीन्ह ५ स० क०
मोती। ४ स० क०

उ—उपर। २।८ ह० च० जनुआन। ३।८ ह० च०
अरु। ३।८ ह० च०

ऊ—ऊबट। १४ लो० क० मूंड। १ लो० क०
लाड्डू। १ लो० क०

एँ—एँहि। १७ रा० ज० अएँहु। १८ रा० ज०
आएँ। १७ रा० ज०

ए—एक । ५ मिर० देखि । २ मिर०
भुलाने । ३ मिर०

ओॅ—ओॅडन । १२ लो० क० कोॅउ । ८ लो० क०
जोॅ । ३ लो० क०

औ—ओढ़न । ४३ स० क० रोवै । ३२ स० क०
तो । ३९ स० क०

७६. अनुनासिक स्वरों के उदाहरण—

इन स्वरों के अनुनासिक रूप भी मिलते हैं—

अं अंधियारा । ५ लो० क०
आँ झाँझर । १९ मै० स०
इं दिपहिं । २ लो० क०
ईं गोसाईं । २।९ ह० च०
उँ आएहुँ । १९ रा० ज०
ऊँ— ढूँढइ । २१ मिर०
एँ (ह्रस्व)— जेँहि । ९ लो० क०
एं— मेंटेसि । ३६ स० क०
ओं (ह्रस्व)—कोँहार । ३ स० क०
ओं—झोंटा । २९ मै० स०

अनुनासिक व्यञ्जन के निकटवर्ती स्वरों का भी उच्चारण कभी-कभी अनुनासिक होता था जैसा कि निम्नलिखित उदाहरणों से प्रकट होता है—

महं । २८ चं० मैनाँ । २ मैस० बिनाँ । १३ मैस०
माँटी । १५ मै० स० भाँय । ४२ स० क०

स्वर संयोग

७७. प्रारम्भिक अवधी की रचनाओं में प्राप्त स्वर-संयोग नीचे दिये जा रहे हैं—

अइ— बहुतइ । १ लो० क०
अइउ— भइउँ । ६ लो० क०
अई— भई । ७ लो० क०
अउ— समउ । ४ लो० क०
अऊ— गऊ । १० चं०

आइ—	नाइ। १ लो० क०
आई—	जाई। २ लो० क०
आउ—	बइसाउ। ७ स० क०
आऊ—	राऊ। ६ स० क०
आएँ—	जाएँ १।८ ह० च०
आएँउ—	लाएँउ। ८० लो० क०
आए—	आए। ८० मिर० (शि)
इअ—	पिअहि। ४ रा० ज०
इआ—	दुनिआ। २।६ ह० च०
इउ—	रहिउ। ३४६ मिर० (शि)
इएँउ—	किएँउ। ७ लो० क०
इए—	दिए। ८।१ ह० च०
ईऊ—	सीऊ। ८२ मिर० (शि)
उअ—	गरुअ। १६ मे० स०
उअउ—	दुऔ। २।७ ह० च० (उच्चारण दुअउं)
उआ—	भुआर। ६ स० क०
उइ—	दुइ। २१ स० क०
उई—	गरुई। ३६४ मिर० (शि)
उए—	मुए। ५४ लो० क०
एँइ—	केई। ३३ चं०
एई—	लेई। ८२ मिर० (शि)
एँउ—	भएँउ। २।६ ह० च०
एउ—	देउ। ५ लो० क०
एऊ—	लेऊं। २६ चं०
एएँउ—	खेएँउ। २५ लो० क०
ओँइ—	कोँइ। ४६ लो० क०
ओइ—	होइ। ५ मिर०
ओई—	कोई। १ मिर०
ओँउ—	कोउँ। ३६ च०
ओउ—	कोउ। ४६ लो० क०
ओऊ—	कोऊ। ४४ चं०

ध्वनि परिवर्तन :—

७८. प्रारम्भिक अवधी में मिलने वाली ध्वनि-परिवर्तन की प्रमुख प्रवृत्तियाँ निम्नलिखित हैं :—

(१) क्षतिपूरक दीर्घीकरण—

ऊतर । १७६ चं० (प) < उतर,
गांग । १० लो० क० < गङ्ग
चीत । १९४ चं० (प) < चित्त

(२) क्षतिपूरक अनुनासिकीकरण—

चिंत । ९ स०क० < चित्त,
मिंत । ४८ लो० क० < मित्त (?) < मित्र

(३) कहीं कहीं द्वित्व रूप सुरक्षित मिलते हैं—

हृथ्थ । २६० मिर० (शि)
कथ्थ । २ मिर०

(४) कहीं कहीं शब्द के आद्य अक्षर में स्वर की मात्रा में परिवर्तन दिखलाई पड़ता है । यह परिवर्तन दीर्घ से ह्रस्व की ओर है—

दिवारी । ५ लो० क० < दीपावली,
अभरण । ७ लो० क० < आभरण,
अनंदा । ५ स०क० < आनन्द,
अरंभ । ५ स० क० < आरम्भ,

(५) आद्य और अनादि अक्षर में स्वर के गुण में परिवर्तन—

देँवस । २५३ चं० (प) < दिवस,
वेँरास । ७ लो० क० < विलास,
सौंरत । ३२ चं० < शोणित,
बिहून । ३०३ मिर० (शि) < बिहीन,
लिलार । ३२ मिर० (शि) < ललाट

(६) ए और इ का परस्पर विनिमय—

वेराँस । ८ लो० क० < विलास,
देवस । २५३ चं० (प) < दिवस,
खेड़ा । २० रा० ज० < क्रीड़ा,
पिरम । ६७ चं० (प) < प्रेम

(७) 'उ' का 'ओ' में परिवर्तन—

कोंडर। २०७ मिर० (श) < कुंडल,
गोफा। ३७ मिर (शि) < गुफा

(८) शब्दों (विशेषतः क्रिया रूपों) के मध्य स्वर 'अ' का कभी क्षतिपूरक और कभी अकारण दीर्घीकरण—

भगान। १३ चं० (प) < भाग्,
मंगाहु। १४८ मिर (शि) < माँग्,
डेराउं। १४७ मिर० (शि) < डर्
सत्यावती। १५ स० क० सत्यवती

(९) अन्त्य 'अ' का दीर्घीकरण—

बाछा। १४ स० क० < वत्स,
मता। १८ मिर० (शि) < मत,
म्रिगा। २२ मिर० (शि) < मृग

(१०) शब्द के आदि में 'अ' और 'इ' का आगम—

अस्तुति। ५।१ ह० च०
अकलंकित (कलंकित के अर्थ में)। ४ स० क०
अस्थान। ५५ स० क०
इस्त्री। २।२३ ह० च०

(११) उद्धृत 'अ' की 'य' श्रुति—

लोयन। २१ मिर० (शि)
सायर। ७३ मिर० (शि)

(१२) स्वरभक्ति—

परकारा। १७ र-० ज० < प्रकार,
सासतर। २२१ मिर (शि) < शास्त्र

(१३) आ का 'ह' में परिवर्तन—

सारस < सहरस। ४।१८ ह० च०

(१४) मूल 'य' का 'ज' में परिवर्तन—

जउ। ५ लो० क० < यदि,
अजगुत। ३२ स० क० < अयुक्त
मजूर। २५१ मिर० (शि) < मयूर

(१५) 'ज्' और 'द्' का परस्पर विनिमय—अधिकांश उदाहरण ज् < द् के ही मिले हैं—

दुदिश्टिल । २१ स० क० < जु—युधिष्ठिर

अपदस । २७६ मिर० (शि) < अपजस < अपयश

जलमेदव । २३० मिर (शि) < जनमेजय

सावज । ३५ स० क० < श्वापद

(१६) मध्यवर्ती ट्, ड्, ड़् का 'र' में परिवर्तन—

कुरिल । ३४ मिर० (शि) < कुटिल,

खरग । ३५४ चं० (प) < खड्ग

दारिउं । १८ चं० (प) < दाड़िम

(१७) ड़्, 'र्' में परिवर्तित होकर कभी-कभी 'ल्' बन जाता था—

तालुका । रा० ज० <तारुका (?) <ताड़का

(१८) स० क० में एक स्थान पर 'उद्धार' के स्थान पर 'उद्घाट' मिलता है। 'तस भये उद्घाट' । १४ स० क०, यह या तो लिपिकार का प्रमाद है या जिस प्रकार ट्>ड्>र् क ध्वनि परिवर्तन हुआ है, सम्भवतः उसी प्रकार र्> ड़्>ट् का भी विकास हुआ होगा ।

(१९) र् और ल् का परस्पर-विनिमय—

'र्' और 'ल्' का परस्पर विनिमय प्राचीन काल से होता रहा है। प्रारम्भिक अवधी में अधिकांश उदाहरण र<ल के हैं। यह परिवर्तन अनादि अक्षरों में ही दिखलाई पड़ता है—

बेरास । ८ लो० क० <विलास

दर । १३८ चं० (प) <दल

सकर । १९३ चं० (प) <सकल

मंदिल । ५७ सक क० <मंदिर,

दुदिस्टिल । ५० मिर (शि) <युधिष्ठिर

(२०) 'न' का 'ल' और 'र' में परिवर्तन—

जलमेदव । २३० मिर० (शि) <जनमेजय

जरम । ३५३ प० <जन्म

सम्भवतः 'न्' 'र्' में परिवर्तित होने के पूर्व 'ल्' हुआ होगा—

(२१) 'परग' । ५० लो० क०

पग में 'र्' का आगम सम्भवतः किसी शब्द के सादृश्य पर हुआ होगा ।

(२२) 'विरोग' ५ लो० क० <बियोग अथवा विवोग । किंतु य, अथवा 'व्' का 'र्' में परिवर्तित होना संभव नहीं प्रतीत होता । इस शब्द का प्रयोग आज भी अवधी में होता है (लेखक स्वयंसूचक) इसलिए यह लिपिकार का प्रमाद भी

नहीं है। ज्ञात होता है कि वियोग में रोदिन का भी भाव जोड़ने के लिये इस शब्द का निर्माण लोक में हुआ था। वियोग + रोदन = विरोग ऐसी दशा में इसे स्वतंत्र शब्द माना जाना चाहिए।

(२३) अल्पप्राण व्यंजनों का महाप्राणीकरण—

सभ। ३१४ चं० (प) ∠ सब

खेड़ा। २० रा० ज० ∠ क्रीड़ा

भभीछन। २७ स० क० ∠ वि०··· ∠ विभीषण,

मंडफ। ३६० मिर० (शि) ∠ मंडप

(२४) असंयुक्त व्यंजनों का अवशिष्ट महाप्राणत्व—

लिहा। २७ मिर० (शि) ∠ लिख

रुहिर। ३३ मिर० (शि) ∠ रुधिर

(२५) दाऊद की रचना में एक स्थान पर 'स' का परिवर्तन 'क' में दिखलाई पड़ता है—

कराप। ४५ लो० क० ∠ सराप ∠ शाप

सम्भवतः इस परिवर्तन का क्रम इस प्रकार रहा होगा—

शाप 7 श्राप 7 सराप 7 चराप 7 कराप क्योंकि

(२६) 'श्' का 'च्' में परिवर्तन भी दिखलाई पड़ता है—

चतुरगुन। १४ रा० ज० ∠ शत्रुघ्न

(२७) स् छ् का परस्पर-विनिमय—

अपछरा। ३१ मिर० (शि) ∠ अप्सरा

परछेव। १८४ मिर० (शि) ∠ परछेव के अर्थ में

(जेहि लगि परसेव गंध्रप देव)

(२८) 'म्' का म्ब, बं, व् या उँ में परिवर्तन—

अंब्रित। ४२ त० क० ∠ अमृत

अंबरित। ८८ चं० (प) ∠ अमृत

चंबेली। १६५ मिर० (शि) ∠ चमेली

आंव। ११८ मिर (शि) ∠ आम्र

हेवन्त। २८० चं० (प) ∠ हेमन्त

दारिउँ। १८ चं० (प) ∠ दाड़िम

कभी-कभी 'म्ब' का परिवर्तन 'म्म' में दिखलाई पड़ता है—

अंमर। २५२ मिर० (शि) अम्बर

(२९) य का व में परिवर्तन—

विवोग । ७८ मिर० (शि) ∠ वियोग

कन्वा । ३ । ४ ह० च० ∠ कन्या

अतिवंत । २४१ मिर० (शि) ∠ अत्यन्त

(३०) मूल 'व्' का ब में परिवर्तन—

मूल 'व्' का 'ब' में परिवर्तन अवधी की प्रमुख ध्वनिगत विशेषता है।

बेरास । ८ लो० क० ∠ विलास,

बरख । ६ स० क० ∠ वर्ष

कबि । ५६ स० क० ∠ कवि

बंस । ९७ मिर० (शि) ∠ वंश

सुबास । ११३ मिर० (श) ∠ सुवास

(३१) 'ज्ञ' का ग्य में परिवर्तन—

ग्यानी । स० क० ∠ ज्ञानी

जग्य । १ । २३ ह० च० ∠ यज्ञ

(३२) 'ज्' का ग् में परिवर्तन—

खागा । ५० स० क० ∠ खंज

(३३) प्रारम्भिक अवधी में 'क्ष' का विकास क्, छ्, ख् तीनों व्यंजनों में हुआ दिखलाई पड़ता है—

राकस । ३ । १६ ह० च० ∠ राक्षस,

परतछ । २ । २० ह० च० ∠ प्रत्यक्ष

भखहिं । ८० मिर० (शि) ∠ भक्ष्

□□

रूप विचार

रूप विचार

रचनात्मक प्रत्यय

७९. प्रारम्भिक अवधी की विवेचित रचनाओं में जो रचनात्मक प्रत्यय मिले हैं वे इस प्रकार हैं—

(१)—आ, स्वार्थक, लघ्ववर्धक
पंका । २७२ चं० (प)
बाछा । १४ स० क०

(२)—आई, भाव वाचक संज्ञा बनाने का प्रत्यय
महराई । ३५५ चं० (प)
चतुराई । १।६ ह० च०
पहुनाई । १३६ मिर० (शि)

(३)—आई सम्बन्ध वाचक (पुल्लिग-आवा)
पराई । १०० मिर० (शि)
परावा । १० मै० स०

(४)—आउ,—आऊ 'करने वाला' अर्थबोधक प्रत्यय
पैराउ । १४२ चं० (प)
पैराऊ । २४ चं० (प)
बटाऊ । ३७ लो० क०

(५)—आउ,—आव—भाववाचक संज्ञा बनाने का प्रत्यय
मिराउ । २६४ चं० (प)
मिरावा । १७० चं० (प)

(६)—आत —भाववाचक संज्ञा बनाने का प्रत्यय
(केवल 'कुसल' के साथ प्राप्त)

कुसलात । १६१ मिर० (शि)

(७)—आन —क्रियार्थक संज्ञा का प्रत्यय

मकान । १३ चं० (प)

मिलान । ३१२ मिर० (शि)

(८)—आनी —'वाला' के अर्थ विशेषण का प्रत्यय

गवानी । ४८ चं० (प)

(गंवारिन के अर्थ में)

बिनानी । २५ मिर० (शि)

(विज्ञानी पंडित के अर्थ में)

(९)—आर, यार—भाववाचक संज्ञा बनाने का प्रत्यय

जैउनार । ३२ चं० (प)

चमकारा । १ चं० (प)

अंधियारा । ११ लो० क०

पतियार । ५३ लो० क०

बढ़ियार । १० स० क०

(१०)—आर, आरी—वाला बोधक प्रत्यय

जुझारा । ३९ चं० (प)

धनुकार । ९७ चं० (प)

रतनार । ७९ चं० (प)

छतनारी । ३३ चं०

(११)—आल—युक्त बोधक प्रत्यय (स्त्रीलिंग–इली)

रसाल । ७८ मिर० (शि)

रसाली । ६२ मिर० (शि)

(११)—इया—करने वाला और लध्वर्थक प्रत्यय

पखरिया । १३७ प०,

रसिया । ७ मै० स०

रोगिया । ३० मिर० (शि)

(१२)—इल –सम्बन्ध वाछक विशेषण का प्रत्यय

बनइल । १५२ चं० (प)

अभरैल । २६० चं० (प)

आगिल । ७।१ हृ० च०

(१३)—ई —भाववाचक संज्ञा का प्रत्यय

कुरबानी । २।११ हृ० च०

नटबाजी । ३।१८ हृ० च०

(१४)—उ अ, उ आ—स्वार्थक प्रत्यय

गरुअ । ३३७ मिर० (शि)

गरुआ । १२ स० क०

अगुआ । ५३ मिर० (शि)

(१५)—उना, —लध्वर्थक

मधोना । ७४ लो० क०

(१६)—ऊ, —स्वार्थक, लध्वर्थक

धीरू, हरखू । १३५ चं० (प)

गरु । २३९ चं० (प)

(१७)—एरा —'करने वाला' बोधक

कुदेरा, चितेरा । २५ मिर० (शि)

(१८)—क, —'करने वाला' बोधक

धानुक, पायक । ५१ चं० (प)

विधवासक । ४२० चं० (प)

(१९)—कार —करने वाला बोधक

गुनिताकार । ३९ चं० (प)

धनुकारा । ११४ चं० (प)

(२०)—गुना—गुनी—(स्त्रीलिंग) आवर्तमूलक प्रत्यय

चउगुना । २२ मै० स०

दसगुनी । ११८ मिर० (शि)

(२१)—न —क्रियार्थक संज्ञा का प्रत्यय

गवन । ८ लो० क०

बाजन । १७ स० क०

(२२)—न —करने वाला बाधक प्रत्यय

मंगन । ८ लो० क०

बनमांडन । ४२९ मिर०

धावन । १९ मिर० (शि)

(२३)—प —भाववाचक संज्ञा का प्रत्यय
सयानप । ७१ मिर० (शि)

(२४)—ब क्रियार्थक संज्ञा का प्रत्यय
कहब । १८ मै० स०

(२५)—यर विशेषण का प्रत्यय
हरियर । २४ चं० (प)
अंधियर । ६ मै० स०

(२६)—यार 'युक्त' बोधक प्रत्यय
अनियारा । ५० लो० क० (अनीवाला, तेज)
बरियार । १६ चं० (प)
गुनियारे । ५६ लो० क०

(२७)—र स्वार्थक प्रत्यय
पियर । ६२ मै० स०
आंधर । १५२ मिर० (शि)

(२८)—रा लघ्वर्थक और स्वार्थक
लुबुधरा । ४०६ चं० (प)
जियरा । १५ मै० स०

(२९)—रु लघ्वर्थक, स्वार्थक
बछरु । २।१४ ह० च०

(३०)—वा लघ्वर्थक प्रत्यय
बेटवा । १० रा० ज०

(३१)— वाती, —वारी, 'वाली', 'वंतो' बोधक
पतिवाती । ४६ चं० (प)
पियावारी । २५८ चं० (प)

(३२)—सर —क्रम एवं आवर्त बोधक प्रत्यय
दोसर । ४ लो० क०
चौसर । ९२ मिर० (शि)

उपसर्ग

८०. प्रारम्भिक अवधी की रचनाओं में जो तद्भव या अर्ध तत्सम शब्दों के साथ प्रयुक्त संस्कृत के उपसर्ग मिले हैं उन्हें नीचे दिया जा रहा है—

(१) अ— श्रेष्ठ-सुन्दर के अर्थ में
अरुपइ । २ लो० क० अपरूप के अर्थ में

(२) अ— निषेधार्थक
अमोला । ८८ चं० (प)
अयानी । ३, लो० क०

(३) अउ — अपकर्ष सूचक
औगुन । १० लो० क०
अवगुन । ५१ मिर (शि)

(४) अन— निषेधार्थक
अनजानत । ४।२ ह० च०
अनचिन ही । ३ मै० स०
अनरितु । २८ मै० स०

(५) अप— अपकर्ष सूचक
अपजस । २४७ चं० (प)
अपमंगल । ५६ मिर० (शि)

(६) कु— 'बुरे' के अर्थ में
कुमारग । २४३ प०
कुदिन । ४५ लो० क०
कुबुधि । ५।१ ह० च०

(७) नि— निषेधार्थक
निगुनयहि । ६ लो० क०
निलज । १७ लो० क०
नीकलंक । ३।२ ह० च०

(८) निर— निषेधार्थक
निरमलि । ५ लो० क०
निरगुन । ४।१ ह० च०

(९) पर — अन्यार्थक
परपुरुख । २५७ चं० (प)
परनाती । ८ रा० ज०

(१०) पर— 'विशेष रूप से' के अर्थ में प्रयुक्त
परजरा । ७६ लो० क०

(११) परि— अर्धतत्सम शब्दों के शब्द प्रयुक्त
परिहंस । १७ मै० स०
परिहरि । ३।२ ह० च०

(१२) प्रति— अर्धतत्सम पार्, पाल् के साथ प्रयुक्त
प्रतिपारहु । ४७ मिर० (शि)
प्रतिपाली १८९ मिर० (शि)

(१३) बि— 'विशेष रूप से' के अर्थ में प्रयुक्त
बिहंसत । ८ लो० क०
बिमोहा । १९ लो० क०
बिमोहेब । ३१ मिर० शि०

(१४) वि— निषेधार्थक
विरस । २४१ प०
विक़रारी । ४ रा० ज० (फारफी बेकरार)

(१५) स— सहित के अर्थ में
सपूरन । ७ लो० क०
सयानी । १९ लो० क०
सभागी । २१ मिर० (शि)

(१६) सु— सुन्दर या अच्छे के अर्थ में
सुवानी । १२ लो० क०
सुरूपा । १९ लो० क०
सुरस । १।१ ह० च०

संज्ञा

८१. प्रातिपदिक शब्द—

प्रारम्भिक अवधी की विवेचित रचनाओं में प्राप्त प्रतिपादिकों के अन्त्य

स्वर नीचे दिए जा रहे हैं। डॉ० सक्सेना ने प्रारम्भिक अवधी के शब्दों में अन्त्य—अ की स्थिथि स्वीकार की है (दे० १६५ ए० अ०)।

—अ.

नग ।२, बिरा।१, बसीठ ।१ लो० क०
कपट ।६२, नारद ।२, मालिन ।२ मै० स०
ब्राभन ।२, बिधिन ।१, होम ।२ रा० ज०
मन ।१, घर ।९ जाप ।४४ स० क०
पावक ।३, चरित ।२, कोह ।२ मिर०
पुरुख ।४।१ बोदर ।१।१, बैस ।७।१ ह० च०

—आ.

मनसा ।५, राजा ।१, बीरा ।७ लो० क०
रतना ।२, बुलबुला ।१, हिंडोला ।८ मै० स०
संझा ।३, राजा ।४, अजोधा ।३ रा० ज०
चरचा ।१३, बाछा ।१४ हीरा ।९,स० क०
रसना ।३, सबेरा ।२, पोथा ।६ मिर०
बचा ।७।१, दाआ ।२।१ भिखा ।५।१ ह० च०

—इ.

बिहफल ।८, आगि ।६, रैनि ।९ लो० क०
मालति ।३, दूतिनि ।३, सउति ।५ मै० स०
पाशनि ।१५, ध्रति ।१७, सैमि ।१७ रा० ज०
नारि ।३०, मुक्रुति ।३३, कीरति ।४५ स० क०
सकति ।३, दिष्टि ।२, जोति ।१ मिर०
भगति ।४।१, आखि ।४।१, रीखि ।५।१ ह० च०

—ई.

हियारी ।६, अगुरी ।४५ (चं०), प्रिथिमी ।४५ लो० क०
पृथमी ।१, कुटनी ।४, कौड़ी ।१ मै० स०
काँवरो ।४, गोसाइँ ।१०, लछिमी ।३० रा० ज०
आरती । १७ धनुही ।३०, नेगी, जोगी ।३५, स० क०
पानी ।२, तिरी ।१, जोतिखी ।१५ मिर०
प्रिथिमी ।४।१, पुहमी ।५।१, सामी ।१। ह० च०

—उ.

समउ ।४,	नाउ, १८,	रितु ।५ लो० क०
चाउ ।२१,	रितु ।६,	पीउ ।१२ मै० स०
धनु ।२१,	सुभाउ ।१३,	राउ ।३ रा० ज०
राउ ।३६,	जिउ ।४२,	पांउ ।४५ स० क०
पसाउ ।१५,	जीउ ।६,	आंसु । २१ मिर०
बपु ।३।१,	राउ ।५।१,	कुबेरु ।३।११, ह० च०

—ऊ.

बटाऊ ।३७,	भाऊ ।३०,	गोरू ; १५ लो० क०
गुरू ।१,	नगदू	पलटू ।८ स्वर्गा०
आसू ।२१,	मिर०	
भ्रीतू ।१।१२,	राहू ।३।११ ह० च०	

—ए.

पांडे ।३८ चं० (प) केवल इसी शब्द में

टिप्पणी—

विवेचित रचनाओं में प्राप्त संज्ञा शब्दों का छंदानुरोध से दीर्घ स्वर ह्रस्व और ह्रस्व दीर्घ होता रहता है।

जैसे—

इन्ह गुन कतहुँ न देखेउं नारी। १२ लो० क०
आभरन बहुत सो नारि सुरूपा। १६ लो० क०
बात कहै अभि के सांसा। ३६ स० क०
तो सौ एक कहौं निजु बाता। ३६ स० क०
तुम्ह तो बचन राउ के पेला। ३६ स० क०
हस्तिनापुर बसै सो राऊ। ११ स्वर्गा०

८२. विवेचित रचनाओं में साधारणतः संज्ञा शब्दों के लघु और दीर्घ रूप मिले हैं। दीर्घतर रूप बहुत कम मिले हैं। अकारान्त पुल्लिग रूप को अकारान्त करके दीर्घ रूप बनाया जाता है जैसे—

अति रे स्याम गोबरीरा भवर कि सरवरि होइ। ७ मै० स०
भवँरा पुनि उंड छाडन कहां। ५७ लो० क०

आकारान्त लघुरूपों (पुल्लिंग) में अन्त्य 'आ' को 'अ' करके और वा जोड़

कर उसका दीर्घ रूप बनाया जाता है जैसे—

बेटा—लघुरूप का दीर्घ रूप बेटवा जो इस पंक्ति में दिखाई पड़ता है—

त्रिभुअन सुन्दर बेछवा सो जग जनमिहि आइ। १० रा० ज०

ईकारान्त स्त्रीलिंग लघुरूपों के अन्त्य' ई को 'इ' करके और 'या' जोड़कर उसे दीर्घ बनाते हैं, जैसे—

तुहि जस तिरी कुवां घसि लेई। २४ लो० क०

तिरिया एक अकेली अहा। १८ लो० क०

ईकारान्त पुल्लिग शब्दों के दीर्घ रूप स्त्रीलिंग रूपों की ही भाँति बनते हैं जैसे— 'भाइ' पुल्लिग लघुरूप का दीर्घ रूप 'भइया'—

मै लोरिक भैया (भइया) सुधि देती। ८ चं०

इसी तरह मधौना। ७४ लो० क०—उना लगा कर बना है।

प्रारम्भिक अवधी में दीर्घतर रूपों के उदाहरण मिले हैं वे राकारान्त हैं।

हियरा। ४२ लो० क०

जियरा। १५ मै० स०

हियरा (दीर्घतर), हिया (दीर्घ), हिय (लघु)

जियरा (दीर्घ तर), जिया (दीर्घ), जिय (लघु)

लिंग विचार

८३ प्रारम्भिक अवधी में संज्ञा शब्द या तो पुल्लिग होते हैं या स्त्रीलिंग। साधारणत: अकारान्त और आकारान्त शब्द पुल्लिग होते हैं और इकारान्त तथा ईकारान्त स्त्रीलिंग, जैसे—

कुंअर। ५ चं० राजा। ४ चं० पुल्लिग

कुवरि। २० लो०क० कटारी। १३ चं०

किन्तु इसके अपवादों की भी कमी नहीं है। भाई ६ चं० बिनानी। ४३७ मिर० खलिरी। २० लो०क० जैसे शब्द पुल्लिग हैं और तिरिया। २० लो० क० चांद। ६६ चं० (प) कया। ६६ चं० (प) जैसे शब्द स्त्रीलिंग हैं।

अकारान्त और ईकारान्त शब्दों में अन्त्य स्वर के स्थान पर इनि या इन रखकर उन्हें स्त्रीलिंग बनाया जाता है—

कुरंग से कुरंगिनि। १६ मिर० या सिंघ से सिंघिनि। ४२६ मिर० माली से मालिन। लो० क० पापी से पापिनि। २४ लो० क०

लिंग विशेषता सम्बन्ध वाचक परसर्गों और भूतकालिक कृदन्ती क्रियाओं में बनी रहती है—

जस अकलंकित चौथ क चन्दा । ४ स० क०

राम कीस्न के बाल संघाती । ३ । १२ ह० च०

गावत ही बुधि जग की माता । २ । ह० च०

केरे कुदिन में पाइत धरा । ३६ चं०

नाग मेस होइ केई धन हरी । ३७ चं०

जड़ वस्तुओं में लिंग-निर्धारण आकार प्रकार की विशालता और लघुता के आधार पर होता है जैसे—

लोआ ले के नीर कह धाई । ४ रा० ज०

लोआ लौकी, बड़ी लौकी, कमण्डल

लौकी ममकि उठी गो तबही । ४ रा० ज०

वचन

८४. द्विवचन का प्रयोग भारतीय आर्य भाषाओं में बहुत पहले समाप्त हो गया था। प्रारम्भिक अवधी में (१) एक वचन और बहुवचन मिलते हैं। एक-वचन वस्तु के एक होने तथा बहुवचन उसके एकाधिक होने का आशय प्रकट करते हैं। एक वचन और बहु वचन के रूप कारक विवेचन में मिल जाएँगे। इसलिए यहाँ उनका उदाहरण नहीं दिया जा रहा है।

आदरार्थ बहुवचन का उदाहरण—

भयाह करहु तउ रहाहु । ३७ लो० क०

(राव करिंगा लोरिक के प्रति) मया (कृपा) कीजिए तो रहिए

सुरुज अस्त भए । ७ लो० क०

समूह वाचक शब्द : लोग, पंच

हिरदें आहि (हिं) हमारेउ लोगू । ३८ लो० क०

लोग पंच कई होति न कानी । २८ मै० स०

कारक

८५. प्रारम्भिक अवधी में संज्ञा के दो कारक रूप—अविकारी और विकारी मिलते हैं।

अविकारी रूप का प्रयोग साधारणतः कर्ता और सम्बोधन कारकों में होता है। अविकारी रूप एकवचन और बहुवचन दोनों के लिये प्रयुक्त होते हैं—

८६. अविकारी रूप—कर्ता एक वचन—

सुनि राजा अस उत्तर दीन्हा। २९ चं०
मालिन पान दूत कर लीन्हा। २ मै० स०
प्रथम पितामह स्रिस्टि उपाई। १।१ ह० च०
बाहर भीतर राउ न जाई। १५ रा० ज०
जस कोंहार घर बानवे फोरे राजकुमार।३ स० क०
चेरी सुनि के फुनि फुरि आई। ४३९ मिर०

संबोधन—

अस चांदा! तुम्ह लाज गवाई। १७ लो० क०
अस आँखर तें बोलिसि धाई! ७ मै० स०
एकामिनि! सुन बोल हमारी। २६ मे० स०
आरे अधम! कवन ते आहि। ५ रा० ज०
अब तें कहसि रे कन्या! कैसे मोछ होइ हमार। ३२ स० क०
ऐ करतार! काह यह भया। ४३६ मिर०
बेगि चलहु रे भाई! नृपति कंस के आन। १। ४ ह० च०

टिप्पणी—संबोधन चिह्न मैंने लगाए हैं।

अविकारी रूप कर्ता बहुवचन—

मिरगा पंथ लाघि जो जाहीं। ५१ चं०
दादुर पपिहा कुहकहिं मोरा। १० मै० स०
वन मों ब्रामन होते सुखी। १९ रा० ज०
तहवां कन्या करहिं थमारी। २५ स० क०
चेरी सब धाईं। ४३९ मिर०
चकित चित्त सखी सब धाई (ईं)। २।६ ह० च०

अविकारी रूप कर्ता कारक में ही नहीं अन्य कारकों में भी प्रयुक्त मिलते हैं—

कर्म—

साथ काटि कीन्हा मुख कारा। ३३ लो० क०
तेहि रतना मालिन हकाई। मै० स०

सुनहु रिखे अश बचन हमारी । ६ रा० ज०
प्रनवों गनपति मन चित लाई । १ स० क०
चित्र देखि के खोजु चितेरा । २ मिर०
गनपत को मे चरन मनावो । १।१ ह० च०

करण—

जि (गि) यहि खांउ हनि । ५४ लौ० क०
सहरस सबद हियर फाटउ । १४ मै० स०
गुर उपदेश गोसाइं आए तोहरे पास । १० रा० ज०
तोहरे बल मैं करउँ अनंदा । १ स० क०
सवंन नहिं सुने । २८ मिर० (शि)
गुरु प्रसाद कछु कहौं बिचारी ।३।१ ह० च०

अपादान—

नाक काटि तुहि देसनिसारउं । २४ लो० क०

सम्बन्ध—

पाकर रूख देखि छतनारी । ३३ चं०
भांटी भेद न मैनां जानसि । १६ मै० स०
गए वंश वैवहार । ७ रा० ज०
विधि परिपंच जानि नहिं जाई । ३३ स० क०
राजा मंदिर पूत औतरा । १४ मिर०
ब्राभन बचन होए परमाना । ५।१ ह० च०

अधिकरण—

नगर सोर जब अथवा । ३६ लो० क०
बरइ आग तन मोहि । ३ मै० स०
चली त्रीप लौका ले पानी । ५ रा० ज०
कंठ बैठि जो कहइ भवानी । ३ स० क०
जो रसना ओ हि नाउँ न आवा । ३ मिर०
जननी गरम होत हम जहिया । ६।१ ह० च०

टिप्पणी

प्रारम्भिक अवधी में कुछ ऐसे शब्द मिले हैं जो हकारान्त हैं और अविकारो रूप की भाँति कर्ताकारक में होते हैं—

जाकर पियह परदेसइ आवई । ९ मै० स० (जिसका पिउ परदेस से आता है)

जिउं जिउं मनह तवांन । १ मै० स०

(जैसे-जैसे मन संतप्त हुआ)

लोगह कर हुतें लीन्ह कटारा । ४३६ मिर०

(लोगों ने हाथ से कटार छीन ली)

अवधी में आज भी शब्द के अन्त में ह जोड़ देने की प्रवृत्ति पाई जाती है, जैसे—

राजह गत्रा सनाका खाय ।

(जिला गोण्डा में गाये जाने वाले आल्हा का एक टुकड़ा। लेखक—स्वयंसूचक)

अवधी में कहीं-कहीं शब्दों का आकारान्त रूप पाया जाता है, जिसका कोई स्पष्ट कारण नहीं दिखाई पड़ता, जैसे प्रारम्भिक अवधी में है—

का लोगा तुह घरहुँ पियारू । १ मै० स०

बालक बाछा कपिला गाई । १४ स० क०

'लोगा' पाद पूत्यर्थक प्रयोग हो सकता है लेकिन 'बाछा' आज भी जनता में प्रचलित है । इसी तरह से 'मना' 'मन' के लिए बोला जाता है—चाहे जउन मना होए जाय : (चाहे जो मन हो जाए, मन चाहे जिसकी इच्छा कर ले) लेखक : स्वयं सूचक ।

अनुमानतः प्रारम्भिक अवधी में प्राप्त 'मनह' लोगह रूप 'मना' और 'लोगा' के पूर्व रूप के सूचक हैं । 'पियह' भी बहुप्रयुक्त 'पिया' का ही पूर्व रूप प्रतीत होता है ।

नीचे प्रारम्भिक अवधी की रचनाओं में प्राप्त संज्ञा शब्दों के विकारी रूप दिए जा रहे हैं—

८७. विकारी रूप—एक वचन

(१) इ, हि, एं, इं, एं, – (केवल अनुनासिक)

कहा नाव परदेसइ जादू । १९

लेन न देइ सुखहि सों साँसा । ५

परगट मारि कटारइ मरउं । २५

का होइ कुवरू दूतें तोरें । १६

सरगहि चाद उतर जनु देखि लोर बिहसान । ५५

अभरन पहिरा अउ गियं हारू। ७
खोपां गियइं बैठि लहराई। २
सुरुज सेज अधियारें लावसि। १७
घरहि माँझ होइ उजियारा। २८
परम आंच जेहि हियरे लागइ। ४६
—लो० क०

(२) पुनि का लोरहि मुख दरसाऊँ। १७
जाकर पियह परदेसइ आवइ। ६
कुटनी कइ बोलहि पतियानी। ४
में बारइं तोहि अस्थन दीन्हा। ३
संबरह (हु) सपने सेज अनवन भाँति सवारिए। १७
—मै० स०

(३) सो नर सदा बैकुण्ठहि जाई। १४
एक दिन राजा अहेरहि जाई। ३—रा० ज०

(४) कपट रूप पर त्रियहि देखे। २६
एते रूप में सीतहिं देखी। २६
नंगी नारि जो देखै सो नर नर्कहि जाइ। ३०
हिदैं भई सुग्यान कै जोती। १
नयन नरायन मुखहिं मुरारी। १—स० क०

(५) कुँअरहि तजि के आगे धावा। ४३६
कुअरहि परत पारधी धावा। ४३२
हिएं समान हुई जनो तागा। ४२८
सारंग वान फोंक लै हाथहि। १८—मिर०

(६) अबहीं कंस न देवकिहि मारो। ७।१
दाते (तें) चापि जीभि अनुसारो। २।११
चरनोदक ले सिरहि चढ़ावा। १।६ ह० च०

टिप्पणी

१—ऊपर दिए गए विकारी रूप के उदाहरणों में से ऐसा कोई नहीं है, जिसे निस्संदिग्ध रूप से सम्बन्ध कारक का रूप कहा जा सके।

सरगहिं चाँद। ५५ लो० क०, सीतहिं। २६ स० क०, कुअरहि परत।

४३२ मिर० में विकारी रूपों को सम्बन्ध कारक का रूप कहा जा सकता था किन्तु इन्हें अपादान (सरगहिं चाँद उतर जनु), कर्म (एते रूप में सोतहिं देखी), भावे सप्तमी (कुग्ररहि परत पारुधी धाया) के रूप मानना अधिक उचित लगता है ।

२—सम्भवतः सम्बन्ध कारक के ए० व० रूपों में परसर्ग युक्त विकारी रूपों का ही प्रचलन प्रारम्भिक अवधी में अधिक था। उक्तिव्यक्ति प्रकरण में भी सामान्यतः इस कारक में 'कर' परसर्ग युक्त रूपों का प्रयोग होता था।[1]

साधन के मैनासत में सम्बन्ध कारक एक वचन में—अह प्रत्ययान्त रूप का प्रयोग मिलता है—

पियह भोग बिन रहइ न कोई। १२

(प्रिय के भोग के बिना कोई नहीं रहता)

नरकह कुण्ड आन सो मेलसि। २

(नर्क के कुण्ड में लाकर डालती है (तू) ।

पियह पीत न छांडियइ। १०

(प्रिय की प्रीति न छोड़िए)

विकारी रूप : बहुवचन—

(१) हिं, इं, नि, आं, न, न्ह

खिन खिन राज दुवारहिं जाई। २२ चं०
सुनि बातइं खुइलिन तस रोवा। ४ लो० क०
ले गई चाँदा बातनि ताही। ४ लो० क०
सोरह कराँ सपूरन भई। ७ लो क०

---

1. Commonly the genitive is formed by compounding the bose with the adjectival aiffix 'Kara.'

—पृ० ३५, स्टंडी उ० व्य० प्र०

—हिं, हिं, प्रत्यय उ० व्य० प्र० में प्रधानतः कर्म, सम्प्रदान और अधिकरण तथा करण कारक रूपों में प्रयुक्त होते थे।

दे०... It indicates the acccusative and dative, generally and at the locative instrumental as well...

—पृ० ३७, स्टंडो, उ० व्य० प्र०

जेहि बाटन गा लोरक साईं । ५३ जं०
सरग तराइन माझि बसावउं । २६ लो० क०
हाथन्ह मिंहदो किएउ सिंगार । ७ लो० क०

(२) यहि वातनि तें ओखर पावसि । ६
नयनन्ह हँस मुख रोइ । ४
नयन गंग कोसन्ह भरे । ६

(३) कैसे खाउ अतीयहीं बाँची । १२
बेटवन्हि दोन्हि जनेउ अस बोले मतिमान । १५
तिन्हि रिखि अन्ह के दाआ सुफल भए सब काम । १८

—रा० ज०

(४) बात कहा भाइन्ह समुझाई । १५ स्वर्गा०
गिरिहिं सहित चलै त्रिपुरारी । ४८ स० क०
सभा पुरी तहँ वैसे भाइन सहित । ५६ स० क०
पाट कै घोतिन्ह मांडौ छावा । ५२ स० क०
दर्ब दान विप्रन्ह कह दीन्हा । ३६ स० क०
कहै रिषिन के राज । १३ स्वर्गा०
कहु स्वामी रिखन्ह के नाहा । २१ स० क०
हाथन्ह फूलन्ह कै गेहुआ । ५ स० क०

(५) राजैं धायन्हि आएस दीन्हा । १६
राजैं पंडितन्ह कहा बोलाई । १६
सोरठा चापाइन्ह कै सजा । १०
पुरखन्ह भहि पुरषारथ हारौं । ४२६
हाथिन्ह ऊपर परी अंबारी । ४३४ —मिर०

(६) बिधिन हरन संतन्ह सुखदाई । १ । १
नैनन्हि छूट रकत कै धारा । २ । ८
केस छोरि कै चरनन्ह लागै । ५ । ४ —ह० च०

८८. विकृत रूपों का प्रयोग कृदन्ती भूतकालिक क्रियाओं के साथ कर्ता के अर्थ में भी होता है—

एक वचन—

चाँदहि आछर मनहि लजाई । २० चं०
मैनइ मालिन धरि झकझोरी । २८ मै० स०

अपरित राजै उजगुत कीएउ । ५ । १ ह० च०

तबहि रिखै अस कहा बखानो । ५ रा० ज०

पुरबिल लिखा बिधाते (तै) केदहु मेटनहार । ६ स० क०

महथे (थै) नगर सुनी यह बाता । २०५ मिर० (शि०)

बहु वचन—

महरें मंदिर सब ज्योति बुझाई । ११ चं०

तोर पितइं धाइ मोहि कीन्हा । ३ मै० स०

इक छत राज नरिन्दन कीन्हा । १ मै० स०

रसिकन्ह जाइ कही अस वाता । १ । ८ ह० च०

विप्रन्ह वेद पढ़े मन लावा । १७ रा० ज०

सभ रानिंन्ह कीन्ह पौधारी । १७ स० क०

देवतन्ह आएस इन्ह कर मानाँ । ८ मिर०

विभक्तियाँ

८९. अकारान्त अविकारी शब्द कभी कभी उकारान्त हो जाते हैं : जैसे रजायसु । १४०, बीजु । १, बजीरु । १७ चं० (प) बुधवारु, आ औतारु । १ । १३, भातु ३ । १३ ह० च०, फलु । ५७ स० क०, चितु । ३, परागु । २ स्वर्गा० ये उकारान्त रूप प्रयोग की दृष्टि से अधिकारी शब्दों से अभिन्न हैं ।

जैसा कि ऊपर देखा जा चुका है अधिकारी शब्द एक वचन, बहुवचन तथा कर्ता और अन्य कारकों के लिये भी प्रयुक्त होते हैं ।

अवधी में अकारान्त तथा आकारान्त पुल्लिग अविकारी शब्द बहुवचन में कभी कभी एकारान्त हो जाते हैं (दे० एवोल्यूशन ऑफ अवधी १९०) प्रारम्भिक अवधी में इस रूप के उदाहरण विरल हैं । दाऊद और कुतबन की रचनाओं में ऐसे एकाध उदाहरण ढूँढ़े जा सकते हैं—

बहुरुपिये बहु भेस बनावा । २९ चं० (प)

सेवा करहिं राउ औ रानें । ७ मिर०

अविकारी के अतिरिक्त—अइ, ए, एं,—(केवल अनुनासिक)—हि, हिं प्रत्ययान्त विकृत रूप ए० व० में प्रयुक्त होते हैं ।

विकृत रूप बहु० व० में—हिं, न, न्ह, नि, न्हि, आँ प्रत्ययान्त रूप प्रयुक्त होतें हैं ।

आकारन्त और ईकारान्त शब्दों का अन्त्य दीर्घ स्वर विकृत होने पर ह्रस्व हो जाता है जैसे—

पिता का पितइं । ३ मै० स०, और चाँदा का चाँदहि । ५८ लो० क०

विशेषरण

९०. सामान्यतः विशेषण के लिंग, वचन विशेष्य का अनुसरण करते हैं जैसे—

पुल्लिग रूप—ए० व०

कंत अमोल । ५ लो० क०

मैल चीर । ४ मै० स०

बड़ अपराध । ६ रा० ज०

सत्र (त्रु) बड़ा । १६ स्वर्गा०

दुग्गम गढ़ । ४ मिर०

दुस्ट बड़ । ४ । ८ हृ० च०

पुल्लिग रूप—बहु० व०

दिन ओछे । ५ मै० स०

जो रे पुरानें और सब नए । ५ मिर०

(विशेष्य पाप)

स्त्री लिंग—ए० व०

लंक झीनि हइ । १२ लो० क०

बारी बैस । ५ मै० स०

रजनी उजियारी । ३ । १ हृ० च०

सत्यावती सो अति सकुआरी । १५ स० क०

एक बात अब कहौं रसोली । १२ मिर०

स्त्रीलिंग बहुवचन के उदाहरण अत्यन्त विरल हैं—एक उदाहरण इस प्रकार है—

मरै सौध के दोऊ नारीं भीभर मोरीं जोबन बारीं । २७१ चं० (प)

किन्तु विशेषण रूपों में विशेष्य के लिंग का अनुसरण सर्वत्र नहीं मिलता—

कारी नाग । ६२ चं०

एह बुबुधि राजैं बड़ कीन्हा । ५ । १ हृ० च०

छुधावंत मृगा बेकरारी । ४ रा० ज०

विशेषण के विकृत रूप सामान्यतः एकारान्त होते हैं—

बचन बिस मरे सुनावा । १ लो० क०

बिसरे जन कहँ । ५७ स० क०

ईश्वरदास की सत्यवती कथा में एक स्थान पर विशेषण का विकृत रूप एहि

प्रत्ययान्त भी मिलता है—

नीकेहि सुंदर कै नहि सेवौं

सर्वनाम मूलक विशेषण रूपों का संकेत सर्वनाम प्रकरण में यथास्थान कर दिया गया है। दे० १०६

संख्यावाचक विशेषण

९१. प्रारम्भिक अवधी की विवेचित रचनाओं में कई प्रकार के संख्यावाचक विशेषण मिले हैं : १—गणनात्मक संख्या वाचक, २—क्रम-संख्या वाचक, ३—अपूर्ण संख्या वाचक और ४—आवृत्तिमूलक संख्या वाचक।

९२. १—गणनात्मक संख्या वाचक—

एक। १० लो० क०
दुइ। ४४ चं० दोइ। ४२ चं० (प)
तीनि। २ रा० ज०
चारि। ५९ लो० क०
पाँच। ६४ चं०
खट। ८। १ ह० च०
सात। ४० लो० क०
आठ। ८। १ ह० च०
नौ। ११ लो० क०
दस। १० लो० क०, दह। ९ स० क०
बारह। १७ लो० क०
चतुर्दस। २। ८ ह० च०
पंद्रह। ६४ चं०
सोरह। ७ लो० क०
अठारह। ४ स्वर्गा०
बीस। ३१ चं०
सत्ताइस। ३। १ ह० च०
तीस। २५ चं० (प)
बतीस। १४ स० क०
तैंतिस। ४३ स० क०
छतीस (ी) ३५ चं० (प)
चालिस। ४३१ मिर०
पचास। २४ चं० (प)

सत्तावन । ६ स्वर्गा०

साठ । २५ चं० (प)

अरसठ । ५४ स० क०

असी । ४२ चं० (प)

इक्यासी । १७ चं० (प)

चौरासी । १२ चं०

सौ । ४७ चं०, से । १३ चं०

लाख । ३७ लो० क०, लक्ष । ५४ स० क०

सहस । ७२ लो० क०

कडोर । १ मै० स०, कोटि । १५ रा० ज०

(९३) २—क्रमात्मक संख्या वाचक

परथम । ११ लो० क० पहलैं । ५८ चं०, पहलैं । १ मै० स०

दुतिआ । २ । ९ हृ० च०, दोसर । ५ लो० क०, दुसरे । ५८ चं०

तीसर । १४ लो० क०, तीज । ४६ स० क०

चौथें । ३७ चं० (प)

पचवें । ७ स० क०

छठएँ । ७ स० क०, छठी । ३५ चं०

अठएँ । ७ स० क०, अठउं । ५७ लो० क०

नवमी (तिथि) । १४ रा० ज०

दसम । ७ ।१ हृ० च०

बरहें । ३६ चं० (प)

चौदह । ३३ चं० (प)

(९४) अपूर्ण संख्यावाचक—

आधि राति । १० लो० क०

(९५) आवृत्तिमूलक

चवगुना । ११ मै० स०

टिप्पणी—

दोनों अर्थ में 'विवि' का प्रयोग मिर० और हृ० च० में मिलता है ।

विविकर । १४९ मिर० (श), बीबीकुच । १ । ६ हृ० च०

सर्वनाम

(६६) प्रारम्भिक अवधी में प्राप्त सर्वनामों के रूपों का विवरण नीचे दिया जा रहा है :—

उत्तम पुरुष	एक वचन	बहुवचन
अविकारी रूप	हउं	हम
	भइं	
विकृत रूप	मुहि, मोहि	हम
	मौं, मो	हमहिं, हमैं (विरल)
सम्बन्ध वाचक विशेषण	मोर	हमारा
	मोरें	हमरें
स्त्रीलिंग रूप	मोरी,	हमारी

टिप्पणी—

१—दाउद और कुतबन की रचनाओं में कुछ स्थलों पर 'हउं' का प्रयोग कर्मकारक ए० व० में हुआ है :—

आखि काढ़ि के तोंता धावा, लोर कहा हउं एइँ पइ खावा ६४ लो० क० (तोंता जोगी आँखें निकाल करके दौड़ा। लोरिक ने कहा कि यह मुझे खा लेगा (इसने तो मुझे खाया)

सेख जैन दीं हौं पथि लावा। ६ चं० (प)
(शेख जैनुद्दीन मुझे रास्ते पर लाए)
तेहि हौं गा बेसंभार। ३१ मिर० (शि)
(बह मुझे बेहोश कर गई)

२—मिर० में 'हम का विकृत रूप 'हमाह' दो स्थलों पर मिलता है—
काहे तजिसि हमाह। १२८ मिर० (शि)
करवट सीस देइ जो कोई वैसन्ह जाय हमाह। २६१ मिर० (शि)

सम्भवत: रूप हमह, या हमहि रहा होगा। शब्दों के मध्यवर्ती 'अ' को दीर्घ करने की प्रवृत्ति प्रारम्भिक अवधी में मिलती है (दे० ७६ क्रमांक ८)।

(६७) अविकारी रूप : एक वचन

हउं अस बोलिउँ चतुर सयानी। ३ लो क०
सुरुज कहा भइं चाँदा बुलाउब। १० लो० क०

अब हउँ सती लोर घर आनी । २७ मै० स०
भइं बारइं तोहि अस्थन दीन्हा । ३ मै० स०
पशु धोखे में कीन्ह जो घाउ । ५ रा० ज०
जेहि सुमिरत में मति गति पाई । १ स० क०
सवन सुनहु चित लाइ करि कहों बात हौं एक । ६ मिर०
हँसी कुवरि मैं तबही जाना । १६१ मिर० (शि)
गनपत को मैं चरन मनावों । १ । १ ह० च०

रा० ज० और स० क० तथा स्वर्गा० और ह० च० में 'हउं' के उदाहरण नहीं मिले हैं ।

अविकारी रूप : बहु बचन—

हम जीते मन महं जनि हारहि । ३५ लो० क०
त्रिखा बहुत हम दूनहु प्रानी । ५ रा० ज०
हम गौनव द्वारिका दिन दस लागिहि जात । १० स्वर्गा०
इन्ह के राज यह रे हम कहे । १० मिर०
भननी गरभ होत हम जहिया । ६।१ ह० च०

मै० स० में अविकारी 'हम' का कोई उदाहरण नहीं मिला है ।

विकृत रूप : एक बचन—

भुहि तजि सुरुज चाद लै भागा ! । ४ लो० क०
राजा भया मोह कइ हिरदइं पठवहु मोहि । ३६ लो० क०
पायँ लागि के सुरजन भों पति जाइ मनाइ । ५ लो० क०
तोर पितरं थाइ मोहि कीन्हा । ३ मै० स०
अब मोपहं कत मैना जाइ । ४ मै० स०
जिन्ह मोहि निरमल ग्यान सिखाऊ । १ रा० ज०
करु मोकह जस परे बिचारा । ६ रा० ज०
सो श्वामी मोहि कहहु बुझाई । ६ स० क०
गरुअ स्राप तें मोकह दीन्हा । ३२ स० क०
सेज बैठि अब बिरसहु मोहों । मिर० (शि)
होइ मो मन सांति । ५९ मिर० (शि)
करो क्रिया मोहि देहु मुरारी । ३।१ ह० च०
मो कह भए ब्रह्म बरबानी । ७।१ ह० च०

विकृत रूप : बहुवचन—

काह भया हम कहं चित चढ़ी । ९ लो० क०
हम हुक किछु कीजै दाया । २ हृ० च०
हम कहृ विधि ऐसी रचि राखा । । ५ रा० ज०
गरुअ कस्ट विधि हम कहँ दीन्हा । ४५ स० क०
क्रिस्न पास हमैं जान देहू । १९ स्र्वा०
वह रे चोर हम जो उ चोरावा । १८३ मि० (श)
हमहूँ कहं आहै यह पंथा । ४३२ मिर०
हमहि बिछोह सखी सों कीन्हा । ४२ मिर० (शि)

मै० स० में उत्तम पुरुष सर्वनाम के विकृत बहुवचन का कोई उदाहरण नहीं मिला है ।

सम्बन्ध वाचक विशेषण : एक वचन—

नाँह मोर हौं बारि बियाही । ४ लो० क०
लावइ आगि बीच मोरैं । ६ लो० क०
अब बुधि देउं सुनहु तुम मोरी । ८ चं०
पिता मोर अनु काहं न राजा । ५ मै० स०
पिता राज मोरे कउने काजा । ५ मै० स०
सुरज दास कवि बरनों प्राननाथ···मोर । १ रा० ज०
दीन्ह तोरि जो मोरि गति आई । ६ रा० ज०
कौन पाप है पुरबिल मोरा । १३ स० क०
हिर्दै मोरे लेहु निवास । २ स० क०
देस देस मोरि चर्चा होई । १३ स० क०
(भरमि) पाउ मोर सूध न परइ । ४२४ मिर०
उठहु चलहु पर साथ होइ मोरे । २२ मिर० (शि०)
कस न मोर मुख देखहु आई । ८।९ हृ० च०
जस वोह की गति तैसो मोरी । १।१५ हृ० च०

सम्बन्ध वाचक विशेषण : बहु वचन—

भाई हमार जो आहि बटाऊ । ३७ लो० क०
मलिक नथन सुनु बोल हमारे । ५६ लो० क०
नगरहु केर जो हमरे आए । १ चं०
एक मांस सुन बोल हमारा । २५ मै० स०

एकामिनि सुन बोल हमारी । २६ मै० स०
पिअहि नीर रहे प्रान हमारा । ४ रा० ज०
हठ ना रहि हैं हमरे आगे । २१ रा० ज०
कहै राजा अब सुदिन हमारो । १८ रा० ज०
ईसरदास कवि प्रनवों हरखित चित हमार। २ स० क०
गरू हमारे भाग । ८ स० क०
पर पुरुख तहँ कीर्त हमारी । ७ स्वर्गा०
सबसेउँ बड़ा जो पीर हमारा । ५ मिर०
हमरौं कहें कहाँ कहि जाई । ६ मिर०
जो तैं बात सुनि (न) सि हमारी । ४६ मिर० (शि)
धिक जीवन धिक जन्म हमारा ।५।४ ह० च०
हमरे कहत बहुत दिन लागहि । १।५ ह० च०
सुनु राजा तै विनय हमारी । ७।१ ह० च०

९८. मध्यम पुरुष

प्रारम्भिक अवधी की रचनाओं में प्राप्त मध्यम पुरुष सर्वनाम के विविध रूप नीचे दिये जा रहे हैं—

	एक वचन	बहु वचन
अविकारी रूप :	तू, तूँ	तुम, तुम्ह, तुम्हं
	तैं, तै	तुहि, तुह,तुह्व,तोह
विकृत रूप :	तुहि, तोहि, तोह,	(हँ)
	तो	तुम्ह, तुम, तुह (?)
		तुम्हइ, तुम्हहिं
		तुम्हहि, तोर्हहिं (विरल)
सम्बन्ध वाचक विशेषण :	तोर, तोहार,	तुम्हार
	तोहरे, तोरे	तुम्हरे
स्त्रीलिंग रूप :	तोरी, तोहारि	

अविकारी रूप : एक वचन

तू रबि जो कीन्हा हम पासू । ६ लो० क०
बारह मंदिर रैनि तूँ धावसि । १७ लो० क०
यहि मारग तैं देखी कोई । २० लो० क०
अस औखर तैं बोलिसि धाई । ७ मै० स०

आरे अधम कवन तै आही। ५ रा० ज०
भौ सहाय तैं जालपा कथा कीन्ह अनुसार। २ स० क०
अब राजा तै तपसा जीता। १२ स० क०
तूँ चढ़ रघु देखु अस कहा। ५२६ मिर०
पूछिसि को रे कौन तैं नाउ तोर का आहि। १८८ मिर० (शि)
तोह तो उन्ह संग गइसि बिलाई। ४३ मिर० (शि)
सुनु राजा तै विनय हमारी। ७।१ ह० च०

अविकारी रूप : बहुवचन

मोर गनित तुम लोरिक जानहु। १० लो० क०
कहउँ बोल सबही तुम्ह मानहु। १० लो० क०
कहेसि लोर तुम्हँ भला न किया। १५ लो० क०
मइ करि जउ तुहिं (तुहँ) इहवाँ रहहू। ३७ लो० क०

मालिन बचन सुनहु तुम जनम कि नित नित होइ। मै० स०
मैल चीर तौर देखउँ कि तुम्हँ दहुँ एहि जोग। ४ मै० स०
का लोगा तुह घरहु पियारू। १ मै० स०

कहै श्रवन तुम तुरित सिधावहु। ५ रा० ज०
राम रूप तुम्ह भलि गति जानी। १ रा० ज०

कहाँ चले तुम पांडौ कहहु आपन सतिभाउ। ७ स० क०
बनखंड जो व्याधी तहवाँ तुम्ह जाव। ३८ स० क०
समै देवता तुहु बाटौ क्रिति एक जस लेहु। ४६ स० क०

पूछिसि कौन रहहु तुम कहाँ। १३५ मिर (शि)
तुम्ह सब एहि कहँ गुन सिखरावहु। १६ मिर०
जैहि सरवर तोह गइहु नहाई। १५५ मिर० (शि)

देवी गति तुम्ह कंस न जानी। ७।१ ह० च०
खेम कुसल घरहि सिधावहु। २।५ ह० च०
तुह तो कंस करी लरिकाई। ८।१ ह० च०

विकृत रूप : एकवचन

नाक काटि तुहि देस निसारउँ। २४ लो० क०
चाँद लेउं तोहि सरग चलावउं। २६ लो० क०
तौ कहं बरहि न आवइ काऊ। ४० चं० (प)

तोहि मालिन चूंदर पहराऊं। २ मै० स०
तो कहँ मैनां बहुत बिचारू। १४ मै० स०
एक पुत्र जो तोहि सो पावों। १० रा० ज०
कहु रिखि इन्ह के राजा पूछत हौं सौ तोहिं। ६ स० क०
तौ कह प्रसन भये नरनाहा। १२ स० क०
हौं पुनि तोहि लागि हौं आई। ४४ मिर० (शि)
मैं रस बात कही रस तो सौं जो रस कीजे बात। ४७ मिर० (शि)
तच्छक जाइं उसे नृप तोही। ५।१ ह० च०

विकृत रूप बहुवचन—

दिन दस तुम्हं कहं पंथ चलावइ। १० लो० क०
तुम ते वेद ब्रह्मा अनुसारा। २।१ ह० च०
तुम्ह ते बुधि जन करहि के वारा। २।१ ह० च०
तुम्ह गति स्वामी जानि न जाई। १६ स० क०
तुम्हं देखे मन हरख हमारा। ८ स० क० (ऋषि के प्रति)
बरख साठि में तुम्हें मन लावा। १६ स० क०
से उपकार कहौं तुम सेती जिहि घट रहै परान। २३ मिर० (शि)
कै मिसु ताहहिं साथ लै गई। १५५ मिर० (शि)
तुह ते नारदादि गुन गावहि। २।१ ह० च० (ईश्वर के प्रति)
जो सरूप हम तुम्हही (हि) देखावा। ३।३ ह० च०
शरवन तुम कह नीर पठावा। ६ रा० ज०

सम्बन्ध वाचक विशेष : एक वचन

कहसि चेर तोर होइ अकसरि। २६ लो० क०
तूँ (तौ) हर पून्यौ चाँद सपूनी। ३८ चं०
का होइ कुंवरू दूतें तोरें। १६ लो० क०
तौर पितइ धाइ मोहि कीन्हा। ३ मै० स०
एह प्रसाद प्रभु दीजै दरसन देखो तोर। १।११ ह० च०
मैं मारा तोर श्रवन पूता। ६ रा० ज०
जनम जनम तोहार गुन गावों। १० रा० ज०
तोर जोय आपन कै जानौं। ४८ मिर० (शि)
तोरे पिता नाव है काहा। ६४ मिर० (शि)
कहे तोहारे जोग उतारौं। १०६ मिर० (शि)

मर्म तोहार का जान गवारी। ६।८ ह० च०
सब तजि तोहरे संगहि लागी। ५।१६ ह० च०

सम्बन्ध वाचक विशेषण : बहुवचन

लोर लागि चित बांधेउं कुवरू भाइ तुम्हार। १६ लो० क०
तुम्हरे देस यह तोंता जोगी रहा होइ बट पार। ६९ लो० क०
कहब तुम्हार न फाबहि मैना। १८ मै० स०
कहत डेराउ पास तुम्हरे वैसे। २१ स० क०
कहा तुम्हार न अहै भला। १९ मिर० (शि)
काल्हि कहहु जो जोय तुम्हारे। १३४ मिर० (शि)
सो राजा छै करै तुम्हारा। ७।१ ह० च०
जो तुम्हरे लघु बालक आही। २।१६ ह० च०

९९. अन्य पुरुष और दूरवर्ती संकेत वाचक

अन्य पुरुष तथा दूरवर्ती संकेत वाचक:—अन्य पुरुष वाचक सर्वनाम दूरवर्ती संकेतवाचक सर्वनाम के रूप में भी प्रयुक्त होते हैं। नित्य सम्बन्धी सर्वनाम के रूप भी इसी तरह होते हैं। नित्य सम्बन्धी सर्वनाम के रूप सम्बन्ध वाचक सर्वनाम रूपों के साथ दिए जाएँगे। नीचे अन्य पुरुष और दूरवर्ती संकेत वाचक सर्वनाम-रूपों का विवरण दिया जा रहा है—

	एकवचन	बहुवचन
अविकारी रूप :	सो, से, सेइ, इं	ते,
	वह, उह, उवह, ऊ	तिन्ह, तेन्ह, तिन
	ओहि (ओ ?)	उन्ह,
		ओइ, बोइ, बोए, उइ
		तिन्ह,-हिं
		तिन्हहि, तिन्हैं (विरल)
विकृत रूप :	तेहि, तिह, हि	उन्ह, उन
	ओ, ओहि, वोहि	उन्हहिं
	ता, ताहि, तासु	

टिप्पणी—

तेइ, तेइं, (ए० व) और तिन्ह, तेन्ह, तिन, उन्ह (ब० व०) वस्तुत: विकृत रूप हैं जो कर्ता रूप में प्रयुक्त होते हैं।

अविकारी रूप ए० व०—

(क) सो सिंगी पूर मन्त्र सो लावा। ३७४ चं० (प)

अउ सो गारुरि मांगि कइ लीन्हा ।५३ लो० क०
फिरइ भाग दिन ओछे मीत सो बेरी होइ ।५ मे० स०
तबही सो धन लंडावे । १५ रा० ज०
ओ नर सदा बैंकठिहि जाई । १४ रा० अ०
दया धर्म सो सदा अचारा । ९ स० क०
सो नर नर्कहि जाहि । ३० स० क०
वरिस पांच मह भएउ सो आई । १६ मिर०
कहाँ सो हरिचंद है सतवती कत रावन कत राम ।
४३० मिर०
बंधौ बैर ससूझि सो आवा । १।१३ ह० च०
सो नर पार न पावे । ३।२ ह० च०

(ख) से :

स० क०, स्वर्गा और मिर० में 'सो' के साथ 'से' का भी प्रयोग मिलता है, यद्यपि ऐसे प्रयोग विरल हैं—

सेउ न पाबहु सम (सं) कर मर्मा । १६ स० क०
सेउ—वह भी
से उपदेस करब मैं भारी । १८ स्वर्गा०
से हक कहं दे गएउ विवोगा । ७० मिर० (शि)
(राजकुमार)
से उपकार कहीं तुम सेती । २३ मिर० (शि)

(ग) तेइं,—इ

चोर चोर कह मारस छूटेउं
तेइं धान लिएउं (उ) छुड़ाइ । ४७ लो० क०
तेइ नृप प्रान लीन्ह सिरु नाइ । १ । ६ ह० च०
तेइ नहि कीन्हा छनिक विमारा । ६ स० क०

(घ) वह, उवह, उह, ऊ

हउं ओहि कें वह जिय बस मोरें । १६ लो० क०
उहो आह तुम्होरउ भाई । ३८ चं (प)
हौं रे मिरगा उवह पारुघ भई
वह रे गात सब हां किसि टांडा । २९३ मिर० (शि)
उह चलि मिरगावति पहं आई । २२२ मिर० (शि)
उह तो हरिपद सदा वियोगी । ४।१ ह० च०

उहे कथा हरि नारद पाई। ४।१ ह० च०

ऊ फिर चेर न होइ। ३०८ चं० (प)

(ङ) ओहि (ओ ?)

कोहि परान ओहि जीवन मोरा। २१ मै० स०

टिप्पणी

सम्भवतः ओहि में—हि समेतार्थक अव्यय है। ओहि अर्थात् वही। अन्य पुरुष वाचक सर्वनाम शब्द 'ओ' है।

'सो' और 'वह' (वेरल) का प्रयोग अप्राणिवाचक कर्म के रूप में भी होता है—

दइय का लिखा होत सो पाइउं। २३ लो० क०

माखन होत सो अगम न खावा। १।१० ह० च०

सो लेइ राउ चले पुनि कैसे। ११ रा० ज०—सो-प्रसाद

सो कछु कहहु गोसाइँ। ८ स० क०

करौं सोइ रहै अकथ कहानी। ४३९ मिर०

मैं वह माँग चीर तर दोठी। ७५ च० (प)

मिर० एक जगह 'सो' का प्रयोग प्राणिवाचक कर्म के रूप में भी हुआ मिलता है—

एक न पूत रहा घर ओहि के सो विधि सेउँ लिए माँगि। १३ मिर०

अविकारी रूप : बहु वचन

(क) ते : तार बैठि ते लेहिं भर आहें। २१ चं० (प)

धनि ते बोल धनि लेखन हार धनि ते आखर अरथ विचारा। ५६ लो० क०

जेहिं घर कंत तै करहिं बैरासू। ६ मै० स०

सुरजदास कवि बरनो सुन तै राम पुरान। २ रा० ज०

ते पांडौ कत लेहिं निवासा। ६ स० क०

लेत साँस उससहिं ते काना। ५२ मिर० (शि)

ब्रिध भयेउ आवहु पंडर भये ते केस। ३०७ मिर० (शि)

ते बिखभरे परै जल मोंही। १।१७ ह० च०

(वे-पक्षी) विषभर जल में पड़े।

ते हरि जरत उबारेउ तहि आ। ६।१ ह० च०

(ख) तिन्ह, तेन्ह, तिन

जिन्ह देखा तिन्ह गयउ पराना । ११६ चं० (प)
ऐसे सत तिन्ह उघटा रैनि रहै संसार । ४७ स० क०
तिन देखेउ दिखेसुरि समदि राउ बैसाउ । ७ स० क०
पंथी आवहिं तिन्ह पानि पिया बहु । ११६ मिर० (शि)
तेन्ह आप महँ कीन्ह विचारी । ४४२ मिर०
गोखुल जाइ जन्म तिन्ह लीन्हा । २।२ ह० च०

(ग) उन्ह, वोइ, ए, वे, उइं

उन्ह मनुसेकर आरी पावा । ४० मिर० (शि)
वे रे चलहिं यह धावइ मिला कोस दस जाइ । ३०६ चं(प)
गवनि करहिं उइं सबद सुहाई । ३८ मिर० (शि)
नील जलद वोइ दूनौ भाई । ३।१६ ह० च०
वोए गोखुल होए प्रगटे जन लालच के स्वामी । २।४ ह०च०

टिप्पणी

लो० क०, चं०, चं० (प), मै० स०, ह० च०, रा०ज० में 'उन्ह' का अविकारी प्रयोग नहीं प्राप्त हुआ है ।

तिन्ह, तिन, वे, उइं संज्ञा के साथ प्रयुक्त रूप नहीं मिले हैं । 'उन्ह' का ऐसा प्रयोग एक स्थल पर ह० च० में मिला है—

उन्ह विप्रन्ह बड़ अजगुत कीन्हा । १।२२ ह० च०

वोए, वोइ, वे, का भेद केवल लिपिगत प्रतीत होता है । अवधी ध्वनि प्रवृत्ति के अनुसार इन सबका उच्चारण 'वइ' रहा होगा ।

"जे छंद नौखड गावहु आई, ते लोरिक तुम्ह कहवां पाई ।"
२४२ चं० (प)

में ते अप्राणिवाचक कर्म के रूप में प्रयुक्त ज्ञात होता है ।

विकृत रूप : एक वचन

(क) तेहि, तिहि, ह—हं

तेहि पर कामिनि सेज बिछावहिं । ५ लो० क०
तेहि बाटे ले बनिज पसारा । ५३ चं०
तेहि रतना मालिन हकराई । २ मै० स०
तेहि मह तीनि पाट की रानी । ३ रा० ज०
तेहि दिन राम लीन्ह अवतारा । १४ रा० ज०

तेहि पाछे जालपा कै माया । ३ स० क०
तेहि सरवर कर करौं बखाना । २० स० क०
पाछे तेहि क जंता (चिंता) लीन्हा । ३ मिर०
तेहि सम प्रिथिमी और न केऊ । ५।१ ह० च०
तेहि मारग नारद रिषि आए। ३।११ ह० च०
अरु तिहि लाइकै बियाहैं जाई । ३६ चं० (प)
तिई दिन हुत महि (मुहिं) अउर न भावा । १८६ चं० (प)
दूत लखन तिह पास साधन आप सभारि । ४ मै० स०
तिह जोबन सो कउन पिरीती । ११ मै० स०

(ख) आहि, वाहि, ओ, उहि

ओहि कइ हाक न हस्ती सहइ । १५ लो० क०
ओहिकै करत सभै बा दुखी । १९ रा० ज०
जौ रसना ओहि नाउ न आवा । ३ मिर०
मैना धाइ ओकर मुख चहा । ७ मै० स०
हमरे बात उहि सौं अस सुनी । ३६ मिर० (शि)
जदुनाएक वोहि निकट बोलाए । २ । ११ ह० च०

(ग) ता, ताहि, तासु

ताकर धरम दुहूँ जग धारा । ४० चं० (प)
ताकौ बार न वाकियह । ३ मै० स०
ताकर रूप मैं बरनौं काहै । १९ स० क०
सती होई सत ताकर गनिअै । ४३९ मिर०
लै गइ चाँदा बातन ताही । ४ लो० क०
चा (जा) रउँ नार ताहि कर हिया । ७ मै० स०
भते हंकारि न पूहहु ताही । १ । १२ ह० च०
तब राखन अब पूछा ताही । ५ रा० ज०
ताहि देस भल बसइ न कोई । ४ स० क०
दोसर अउर देखावह ताही । ११ मिर०
भगिनी तासु देवकी नाऊ । ७ । १ ह० च०
कहिन्हि काह कस कोजै तासू । १९ मिर० (शि)
प्रथमहिं चरन चीतवौं ताके । १ । १।१ ह० च०

टिप्पणी

दाऊद और साधन ने अन्य पुरुष सर्वनाम के एक व० विकृत रूप में 'तिस' का प्रयोग किया है। प्रयोग विरल है—

निरहत पथरैं तिसके बाँधे। २४ चं० (प)

जुगजुग फूटइ पातक तिन्ह नित तिसको जाइ। १५ मै० स०

ह० च० में अन्य पुरुष एक वचन विकृत रूप में 'वा' का प्रयोग हुआ है—

वाको काल आए निअराना। ४। ८ ह० च०

विकृत रूप : बहु वचन

(क) तिन्ह, — हि, तिन्हहि, तिन्हैं (विरल)

जनु तिन्ह भीतर धरे। २ लो० क०

उन्ह दुख तिन्ह सुख रैन दुहेली। ८ मै० स०

तिन्ह के शोग भले जीव लेई। ६ रा० ज०

तिन्ह के गर्भ रही मन जानी। १८ स० क०

तिन्ह कहं आहि न मोख। ११ मिर०

तिन्ह कर कहा भूठ करि जानहि। १। ८ ह० च०

तिन्हहिं रुचइ जिन पास पियार। २३ मै० स०

तेंतिस कोटि देवता तिन्हहि भौ अंधार। ४७ स० क०

बना सदा फल तिन्हैं बिलासा। ८ स्वार्गा०

तिन्हहिं रोआए दिन्हाँ दुःख भारी। ३। ७ ह० च०

(ख) उन्ह, उन, उन्हहि

बहुत लोग हम उन्ह के मारे। २७ चं०

मुगियाँ सारी उन पहिराई। ५८ चं०

उन्ह दुःख तिन्ह सुख रैन दुहेली। ८ मै० स०

अउर बहुत उन्ह केरि बड़ाई। ६ मिर०

जेसेहु जोउ हुत गात। ४४० मिर०

जो उन्हहिं निकारिन्हि मारि। ३३६ मिर० (शि)

सखि उन्ह देखा जाइ। २। ८ ह० च०

टिप्पणी

१—तिन्ह, तिन्हैं, तिन्हहि, तिन्हहिं का प्रयोग संज्ञा के साथ में नहीं मिला है। 'उन्ह' का ऐसा प्रयोग रा० ज० में एक स्थान पर मिलता है—

उन्ह तपसी कह पानी पिआवहु। ५ रा० ज०

२—मै० स० में एक स्थान पर नित्य सम्बन्धी विशेषण 'तवन' का प्रयोग मिलता है—

तवन नेह नित बेरसम कामिनि यह संसार। १८ मै० स०

३—उन्हहिं केवल मिर० (शि) में एक स्थान पर मिलता है। दे० पृ० १६० (ख के अन्तर्गत दिया गया उदाहरण)

नित्य सम्बन्धी सर्वनाम—

अन्य पुरुष तथा दूरवर्ती संकेतवाचक सर्वनाम तथा नित्य सम्बन्धी सर्वनाम के रूपों में कोई अन्तर नहीं मिला है। इनका प्रयोग सम्बन्ध वाचक सर्वनामों के साथ होता है। सम्बन्ध वाचक सर्वनामों का उदाहरण देते समय इनके उदाहरण भी सामने आ जाएँगे।

१०० सम्बन्ध वाचक सर्वनाम—

प्रारम्भिक अवधी की विवेचित रचनाओं में प्राप्त सम्बन्ध वाचक सर्वनाम के विविध रूप इस प्रकार हैं—

	एक वचन	बहु वचन
अविकारी रूप :	जो, जेइं, जे	जेइ, जे जिन्ह, जिन
विकृत रूप :	जेहिं, जेहि, जेह जिंह, जिह जा	जिन्ह, जिन जेनहिं, जिनहि

टिप्पणी—

जेइं, ए० व० जिन्हव, जिन वस्तुत: विकृत रूप हैं जो कर्त्ता रूप में भूत-कालिक कृदन्ती रूपों के साथ प्रयुक्त होते हैं।

अविकारी रूप : एकवचन—

चाँद कहा सो मूरुख जो अइसहिं पतिपाइ। २७ लो० क०
जेइं रे सुना सो धाहहिं रोवा। ४१ लो० क०
जो आवा सो रहा न कोई। १ मै० स०
कोटि तीरथ जो कीन्हा गहने दीन्हा दान
सुरजदास कवि बरनों सुन ते राम पुरान। २ रा० ज०
सभा लोग जो करइ मंदाई। जनम जनम सो नरकहिं जाई। ४ स० क०
पुंन कथा जे यह सुनै ताकर होइ सिध काज। ५७ स० क०
जीय दान जो चाहै दिन दस सेवा करउ सौ बार। ७ मिर०
जेइं सिरजा तेहू से बंका। ४२६ मिर०

इन्ह के ग्रभ जो होइहि बारा। ७।१ ह० च०

'जो' का प्रयोग अप्राणिवाचक 'कर्म' के रूप में भी होता है—

परम (पेम) कहानी कहो जो बाता। २३ लो० क०

पहलैं पुनि जो दई उपाने। १ मै० स०

जो मागिसि सो पाइसि विधि सेउं। १३ मि०

सो कीछु कहहु जो मनुसहि भावै। ५।६ ह० च०

अविकारी : बहुवचन—

जे रहे मांन सो आगें हारे। १२६ चं० (प)

जेइ आए सो समदि चलाए। ४७ चं०

जिन सिरजा इह देवस बयारा। १ चं (प)

जिन कलि बेलसेउ एह। १ मै० स०

चा (जा) रउँ नार ताहि कर हिया, एक छाँड जिन दोसर किया।

ज ७ मै० स०

सो न कहहि जे जरत उवारब। ४। ११ ह० च०

जिन्ह हरि कौरव सेन संघारा। ६। १ ह० च०

तीन भुवन जे भरिपुर राखा। २ रा० ज०

जिन्ह मोहि निरमल ग्यान सिखाऊँ। १ रा० ज०

कीन्ह धन्य जे बैताल पचीसी। ४ स्वर्गा०

अैसन जिन्ह विधि लिखा होई लिलाट। १४ स० क०

जै जन जिये वियोग के मारे, ते तन कला पंच बस मारे।

६३ मिर (शि)

जिन्ह पावा तिन्ह दारिद भागा। १३ मिर०

टिप्पणी—

'जे' के कुछ ऐसे प्रयोग मिले हैं जो अप्राणिवाचक और प्राणिवाचक कर्म के रूप में प्रयुक्त हुए प्रतीत होते हैं—

जे महरैं जेउनार जिवाये। सगरैं बीरन काजें आये।

११६ चं० (प)

(जिनको महर ने जेउनार जिमपाया था वे सकल वीर काम नहीं आए)

अउर पंखि जे मारे ताकर नाउं को लेहि। १५४ चं० (प)

(और जिन पक्षियों को मारा उनका नाम कौन ले)

जे छद नौखंड गावहु आई, ते लोरिक तुम्ह कहवा पाई।

२४३ चं० (प)

(जिन छंदों को नौखंड में गाते हो ऐ लोरिक ! तुमने उन्हें कहाँ पाया)

छंद-छंद, धोका

विकृत रूप : एक बचन—

(क) जेहिं, जेहि, जिंह, जिह, जिंहिं

जेहिं लगि तजेऊँ सम घर बारू। तेहि बिन कस अब जिवन अधारू।

४१ लो० क०

जेहि कारन हउं जीउ न पारउं देखेउं फल संताप

तेहि सेतें पचि बाहे। ४४ लो० क०

गयी (यउ) सो जान जिह मैला। ६६ चं० (प)

बात कहत जिह बिस चढ़हि। ७६ चं० (प)

जेहि घर कंत ते करहिं वेरासू। ६ मै० स०

जिह राखइ करतार। ताकउ बार न बाकियइ। २ मै० स०

जेहि सुमिरत मैं मति गति पाई। १ स० क०

आपनि दिस्टि जाइ जेहि केरी। २ मिर०

जेहि मारग सिसु आवहि जाही, बदन पसारि बैठ मग ताही।

१।१३ ह० च०

जा—

जा कह कछू हाथ कै देई। ३८ लो० क०

सुन मालिन सावन तेहि भावइ, जाकर पियह परदेसर आवइ।

—६ मै० स०

जाहि देरा ठाकुर मद होई, ताहि देश भल बसइन कोई। ४ स० क०

जा कहँ भौंह होइ चरन मैलो सो रे होइ जरि छार। ७ मिर०

प्रथमहि चरन चीतवो ताके, सरब लोक बोदर बस जाके १।१ ह० च०

टिप्पणी—

कहीं कहीं 'जिससे' के अर्थ ये 'जे' का प्रयोग मिलता है—

सादर कथा कहौं कर जोरी। मैं न कहावों जे मति भोरी।

१ स० क०

(मैं आदरपूर्वक हाथ जोड़ कर कथा कहता हूँ, जिससे मति का भोरा न कहलाऊँ)

सो न कहहु जे मुकुति हमारी। ५। ११

(वह कहो न ! जिससे हमारी मुक्ति हो)

सो उपकार करौ अपने जिय जे पावो वहि याह। ६३ मिर० (शि)

(अपने जी में वह उपकार (?) करूँ जिससे उसकी खबर पाऊँ)

विकृत रूप : बहु वचन

जिन्ह, जिन—

जिन्ह रूपवंतहि यह धन मोही। तेहि के पाँव न बाँधा सोही।
२३ चं०

जिन धी होइ सो नाउ न लिये। १०६ चं० (प)

जिन्ह विधि राखइ सत सौं। २ मै० स०

तिन्हहिं रुचइ जिन पास पियार। २३ मै० स०

जिन देवसन सुरिजन रिपु भये। ३३८ मिर० (शि)

जिन्ह कह स्त्री पति अग्या दीन्हा। ३।११ ह० च०

जैनहिं, जिनहिं—

औरन्ह दीन्ह जैनहि जस जाना। ४७ चं०

जिनहि पंथ दिखराइ दीन्ह है तिन्ह कहैं जरम न भूल।४ मिर०

१०१. निकटवर्ती संकेतवाचक सर्वनाम

निकटवर्ती संकेतवाचक सर्वनाम विशेषण का भी काम करते हैं। प्रारम्भिक अवधी की रचनाओं में प्राप्त निकटवर्ती संकेतवाचक सर्वनामों के विविध रूप इस प्रकार हैं—

	एक वचन	बहु वचन
अविकारी रूप	यह, एह	इन्ह,
	इह,ई	एह, ए
विकृत रूप :	यहि, हिं, इं	इन्ह, इन इन्हहिं
	इहं,ह,हि	इनहिं,
	ए	

टिप्पणी—

'इन्ह' विकृत रूप बहु वचन है जो भूतकालिक कृदन्त के साथ कर्त्ता रूप में प्रयुक्त हुआ है।

अधिकारी रूप : एकवचन

(क) यह, एह—

बइठ तोतइ यह जब तक रहा। ६६ लो० क०
पाछे तो पछताए झूठा यह संसार। २१ मै० स०
एह जग के है एह बेवहारा। ८ रा० ज०
हमहूँ कह आहै यह पंथा। ४३२ मिर०
एह बालक जदुवंस उधारव। २।६ ह० च०

(ख) इह, ई—

लगि जैस इस आहि बुतकारी। ६४ चं० (प)
ई सब लोरि लोरक कै अपकारा। २७ चं० (प)
की इह तपसा की नारी अहई। २६ स० क०
चित अनते धर इह फुसिलावै। १२१ मिर० (शि)
इहै दैत जानेउ जदुराई। ४।८ ह० च०

टिप्पणी—

१—अविकारी रूप ए० व० का प्रयोग अप्राणिवाचक कर्म के रूप में भी होता है—

राहु केतु यह देखत अहा। ४० लो० क०
जिन सिरजा इह देवस बयारा। १ चं० (प)
दयी लिखा जो ई आहा। ३६ चं० (प)
जाता देखउँ यह संसारा। १ मै० स०
तोहि अस सुंदरि यह बन दीन्हा। ३६ स० क०
जाहु तुरत घर आपने ई सभ लेहु गिनाइ। ५४ स० क०
अनि यह रचि कै चरित पसारा। २ मिर०
एह कुबुधि राजे बड़ कीन्हा। ५ ह० च०

२—एह, और यह का अन्तर केवल लिपिगत है।

अविकारी रूप : बहुवचन

इन्ह, इन, ये, एइ—

स्रवन लागि मन्तर इन्ह कहे। ४२ लो० क०
अबाबकर उमर उसमान अली सिंध ये चारि। ७ चं० (प)
इन्ह हमार सब देखु सरीरा। २७ स० क०
उत्तिम जन्म धन्य ऐ (ए) इ लोगा। १६ स्वर्गा०

जो इन्ह पंथ दिखइ दीन्ह है । ५ मिर०
इन न मोह काहू कर माना । १२६ मिर० (शि)
येइ अस कहा कुँवर हाराधा (?) । ११६ मिर० (शि)
ए आपुस महं कहूँ लराई । ३६३ मिर० (शि)

टिप्पणी

(१) 'एइ' और 'येइ' का अन्तर केवल लिपिगत है ।

(२) मै० स० की एक पंक्ति में 'यह' का प्रयोग बहुवचन के रूप में हुआ है—

अब यह बारह मास तुलाने । २७ मै० स०

डॉ० सक्सेना ने 'यह' की बहुवचन के रूप में प्रयुक्त रूप माना है (दे० एवोल्यूशन ऑफ अवधी) ।

विकृत रूप : एक वचन

(क) एहि, हि, इं—

यहि विरोग जउ नाह न आवा । ५ लो० क०
सुनहु कान दइ यदि गुन यारे । ५६ लो० क०
पाँच भूत की हतिया एहि मों । १९ मै० स०
एहि रंग रहे राजा बारह बरख तुलाना । १५ रा० ज०
एहि विधि धर्म निवाहे जाई । १९ स० क०
कहेसि बान हनि का एहि मारौं । १८ मिर०
अम्रित कथा भागवत प्रगटित एहि संसार । ४।१ ह० च०
लोरकहा हउं एहं पइं खावा । ६४ लो० क०
(लोर ने कहा इसने मुझे खाया)

(ख) इहं,-ह,-हि—

इहं कविलास अउर को आवा । १६३ चं० (प)
जो कछु होइ धर्म इह माहा । १६ स० क०
इहि जा जनम न मिलितिउ काऊ । ३६७ मिर० (शि)

(ग) ए—

एकर रूप न जाइ विसेखी । २६ स० क०
अंग भंग कछु एकर करऊ । ३।७ ह० च०

विकृत रूप : बहुवचन

(क) इन्ह, इन—

जउ इन्ह महँ एकउ मरि जाइहि । ७३ लो० क०

मरन सनेह हिये उर इनके रहे न पास । ११३ चं० (स)
प्रीति जाइ इन वार्तनि सरग होइ मुख कार । १३ मैं० स०
इन्ह के कथा कहो रिषि रामा । १३ स्वर्गा०
दुग्गम गढ़ इन्ह सेउँ नहिं रहा । ४ मिर०
आदि अंत इन्ह कह भ (ा) नाहीं । २१६ ह० च०

(ख) इन्हहिं, इनहिं—

क्यों (केव) कोउ इनहिं मारे पारा, १० स्वर्गा०
इन्हहिं देखे बड़ कुसगुन तेली चिकरा मोन । ५६ मिर० (शि)

इन्हहिं का प्रयोग केवल मिर० (शि) और इनहिं का केवल स्वर्गा० में मिला है ।

टिप्पणी

मिर० में एक स्थल पर 'एतिन्ह' का प्रयोग मिलता है—

जे एतिन्ह कर लीन्ह सोभावा । १८३ मिर० (शि)

१०२. प्रश्न वाचक सर्वनाम

प्रारम्भिक अवधी की विवेचित रचनाओं में प्राप्त प्रश्न वाचक सर्वनाम के विविध रूप इस प्रकार हैं—

	एकवचन	बहुवचन
अविकारी रूप :	को	किन्ह, के, किनि
	कउन	
	केइं, के (विरल)	

विकृत रूप : केहि, का (प्राणिवाचक)

का, काह } अप्राणिवाचक
काहे }

विशेषण : कउन

टिप्पणी

किनि और किन्ह बहुवचन विकृत रूप हैं जो कर्तारूप में प्रयुक्त हुए हैं ।

अविकारी रूप : एक वचन

(१) को, कउन

दिष्टि अपार देखि को पारइ । ३४ लो० क०
गिनत न आवइ कउन सो लेखा । ४७ लो० क०
तिन्ह नित को आपन्ह डहकावा । ११ मैं० स०

जिन्ह विधि राखइ सत सों कउन डोलोव पार । २ मै० स०
त्रिप का जग्य अंत को पावा । १७ रा० ज०
आरे अधम कवन तै आही । ५ रा० ज०
अपनी मति को जोरइ पारा । ३ स० क०
को उचाय रस वचन सुनावै । ३० मिर० (शि)
तुरआ सबह गनै को पारा । ७।१ ह० च०

(२) केइं, के—

केइंर (रे) निपूती चादा कोसी । ४५ लो० क०
पुरबिल लिखा विधाते के दहु मेटनहार । ६ स० क०

अविकारी रूप : बहुवचन

के, किनि, किन्ह—

प्रारम्भिक अवथी की विवेचित रचनाओं में इस रूप के केवल तीन उदाहरण मिले हैं । वे नीचे दिए जा रहे हैं—

अंब्रित सोंचे के रे सँवारी । १६ मिर० (शि)
कलजुग माह ऐस किनि किया । ४३६ मिर०
कौआ कैसे मुआ (किन्ह मारा) कर तारा ४।८ ह० च०

(इस पंक्ति में कैसे मुआ और किन्ह मारा दोनों दिए गए हैं । 'किन्ह मारा' का पाठ मान लिया तभी यह उदाहरण संगत है)

विकृत रूप : एक वचन

(१) केहि

अइस न जानउ केहि कह धरा । २७ लो० क०
सो पांडो कहवाँ गे केहि सो छाँड़े राज । १३ स्वर्गा०
कहिसि काह केहि कारन रोवहु । ६१ मिर० (शि)

(ख) का—

काकरि धिय यह कहँवाँ जाई । ६८ लो० क०
काकर धरम पाप कह केरा । २१ मै० स०
काके टीका सारों काके सौपों शहन भंडार । ७ रा० ज०
कहो कासों घर पठवों संदेसा । ३१ स० क०
का कर बाप काहे कर वारा । ४३७ मिर०
सेवक बपुरा काही (हि) पुकारे । २।१७ ह० च०

अप्राणिवाचक रूप

का, काह, काहे—

का होइ कुँवरू दूतें तोरे। १६ लो० क०

काह कहउँ कस ऊतर देऊँ। १६ लो० क०

काहे कह विधि कीन्ह बिछोवा। ६२ लो० क०

पोस मांस का करिहे मोरा। १९ मै० स०

काह भएउ सम भोग। ४ मै० स०

नेह काहे कर पाप पियह कारन सिर दोजियइ

फिरति अहीं मंदिर अपने मह का करिहै करतार। ४३८ मिर०

आंषि के मटक काह दहु होई। ४३५ मिर०

काहे कहँ पिहना मुह दिहा। १३५ मिर०

जूझी जात का करतीउ (करतिउं) भाई। १।८ ह० च०

टिप्पणी

१—'जे प्रानी गुनबौ करै जम का कहा बसाइ। १' स्वर्गा० में 'कहा' 'काह' का ही परिवर्तित रूप और समानार्थक ज्ञात होता है। अर्थ है—जो प्राणी गुनते हैं (भगवान् का नाम) यम का उन पर क्या बस है ?

कर्त्ता रूप में प्रयुक्त रूपों के अतिरिक्त प्रश्नवाचक सर्वनाम के विकृत रूप बहुवचन का कोई उदाहरण प्रारम्भिक अवधी की किसी विवेचित रचना में मुझे नहीं मिला है।

प्रश्न वाचक विशेषण

कउन, कवन—

कउनि नारि कहवाँ हुति आई। १८ लो० क०

कवन मांख जउं सो जिय मारा। १७ मै० स०

कवन बोल तुम बोलन लागे। २१ रा० ज०

कौन मुखं ते भयेउ बिआहा। २१ स० क०

जैहहु कौने बाट पराई। १४५ मिर० (-शि)

कौन देत हरि लीन्ह गोपाला। २।८ ह० च०

१०३. निज वाचक सर्वनाम

प्रारम्भिक अवधी की विवेचित रचनाओं में प्राप्त निजवाचक सर्वनाम के विविध रूप इस प्रकार हैं—

अविकारी रूप : आप, आपु

विकृत रूप : आप, आपु, आपहि
आपुहि
विशेषण : आपुन,
आपन, आपना
अपने, आपने
आपु

अविकारी रूप

आप, आपु—
कै पहिया कै आप जनावै । १८ चं०
(कर्त्ता लोरिक)
आपु लहि (केवलार्थक)
तब धन सर्व आपुही लोई । ४ स० क०; आपु+ही (केवलार्थक)
आपु आप कहं लागि गोहारी । ४३४ मिर०
आपुहि सो प्रभु त्रिभुवन जोगी । १।२३ ह० च०

आपु या आप का प्रयोग प्राणिवाचक कर्म की भाँति भी होता है—

फिर-फिर चाँदा आपु दिखावइ
मोहि देखे मुकु केवट आवइ । १८ लो० क०
दूत लखन तिह पास साधन आप सँभारि । ४ मै० स०
अब नृप आपु सँभारहु कहि अम्बिका जाई । ४।४ ह० च०

विकृत रूप—

जस कीरति आपु कहँ लेई । ३८ लो० क०
तैं आपहि काहे ओडेरसि । १२ मै० स०
तिन्ह नित को आपहिं डहकावा । ११ मै० श०
आप आपु कहँ लागि गोहारी । ४३४ मिर०
या तेहि लगि आपुहि परगटा । ३ मिर०
तेन्ह आप मह कीन्ह बिचारो । ४४२ मिर०
आपुहि अगम अगोचर आपुहि प्रगट देखाव । १।२३ ह० च०

निजवाचक विशेषण—

करिया लोर आपुन कर गहा । १९ लो० क०
बहुरि जाहि घर अपने बावन कहा सुनहि तू मोर । २३ लो० क०
कहाँ चले तुम पांडौ कहहु आपन सतिभाउ । ७ स० क०

जाहु राज घर आपना । १५ स० क०
अपने घर तैं जासि । २९ स० क०
जाहु तुरत घर आपने । ५४ स० क०
आपन आनि दिहिसे एक खीरू । १५६ मिर०
आपुन क्रिस्न करावहि पूजा । १।२३ ह० च०
जिन्ह जाना अपने घर माही । १।२४ ह० च०

टिप्पणी—

१—प्राणिवाचक कर्म (अविकारी) के जो उदाहरण ऊपर दिये गये हैं वे परसर्ग रहित विकृत रूप भी हो सकते हैं ।

२—ह० च० और रा० ज० में 'आपु' के केवल ऐसे उदाहरण मिलते हैं जिनसे प्रतीत होता है कि निजवाचक विशेषण के रूप में 'आपु' का भी प्रयोग होता था ।

आपु परार जो सभ कै देखै । १।२४ ह० च०
(जो सबका अपना और पराया देखे)
आपु परार न चीन्ह भुआरा । २२ रा० ज०
(भूपाल (दशरथ) अपना पराया नहीं पहचानते)

'परार' निश्चित रूप से पर (अन्य) का षष्ठी या सम्बन्धवाची विशेषण रूप है जिससे प्रकट होता है कि इन स्थलों पर प्रयुक्त 'आपु' निजवाचक विशेषण है ।

१०४. अनिश्चय वाचक सर्वनाम

प्रारम्भिक अवधी में प्राप्त अनिश्चयवाचक सर्वनामों की तीन श्रेणियाँ हैं—

१—'अउर' तथा इसके समानार्थक 'पर' तथा 'आन'
२—कोई
३—सब

नीचे इनके विविध रूपों का विवरण दिया जा रहा है—

	एक वचन	बहु वचन
(१) अविकारी रूप :	अउर, अवर आन	औरन्ह
विकृत रूप :	औरहि आन	औरन्ह
विशेषण :	परा, परार पराइहि	

अविकारी रूप—

अवर बचन हर मुखहि न आवै। १८ चं०
यह सिरु देहउं लोरकहिं अउर न देखइ पार। २५ मै० स०
औरो देव चले समझारी। ४८ स० क०
एहि सरि अउर न पूजै कोई। १५ मिर०
तेहि सम प्रिथिमी और न कोऊ। ५।१ ह० च०
आन होइ तउ मरइ लजाई। १७ लो० क०
आन कथा को कहे है भारी। ६ चं०
आन भवर तोह मैखउं। ८ मै० स०
राम छाडि नहिं आन आधारा। १६ रा० ज०
आन की भीच आन ना भरई। ४३६ मिर०

'आन' का प्रयोग अप्राणिवाचक कर्म की भाँति भी होता है—

मैं का करब अब आन। ३४ चं०
आन भवर तोह भेखउँ। ८ मै० स०

अविकारी रूप : बहुवचन (विरल)—

औरन्ह कहा न मारी बहुरि चढ़े तिरकूट। २४६ मिर० (शि)

विकृत रूप : एकवचन

तोह देखत औरहि लइ गयऊ,। १४ मै० स०
आन का सरबस आपु हरि लेई। २८ स० क०
आन की भींच आन ना भरई। ४३६ मिर०

विकृत रूप : बहुवचन (विरल)—

औरन्ह दीन्ह जेनहि जस जाना। ४७ चं०

विशेषण—

परार, परा, पराइहि—
तोर बैर जउ सिर पहुचावउं धीय परारी आनि
आपु परार न चीन्हे मुआरा। २२ रा० ज०
हतिया लागिहि देस पराइहि। ७३ लो० क०
आपु परार जो सभ कै देखै। १।२४ ह० च०
परा धन हरे चोर चलु जैसे। २।१० ह० च०

(२) 'कोइ' वाचक रूप

इसके विविध रूप इस प्रकार हैं—

अविकारी रूप—

कोइ, कोउ, केउ, केहू, काहू

अप्राणिवाचक—

कछु, किछु

विकृत रूप—

काहू—

अविकारी रूप—

दुखी होइ जनि कोइ। ४८ लो० क०
अइस चलहु नहिं सुधि कोउ पावा। ८ लो० क०
दोसर न केउ जौ कर उपकारा। ४६ लो० क०
कइ केहूँ कछु हइ मग लावा। ४५ लो० क०
धूआँ केर धौराहर पृथमी कोइ न रहा निदान। १ मै० स०
सभ कोउ खेलइ परम धमारी। १४ मै० स०
सभ काहू घर बार सँभारेउ। ६ मै० स०
तोहि समतूल पूजै नहिं कोई। १२ स० क०
जानि कोउ जानै जो मति भोरी। ६ स्वर्गा०
सभ केउ लीन्हा सावज गए लोग ग्रिह माह। २३ स० क०
चतुर सुजान भाख सब जानाँ अइस न देखेउं कोइ। ६ मिर०
चेरी चाह वहि केउ न कहाई। १५४ मिर०
दारिब दंत काहु नहि चाखो। ३५ मिर० (शिर)
अंतरगति नाही कोउ दूसर। १।१५ ह० च०
ग्रिह गोपी केहु जानि पावा। ४।८ ह० च०
जन धन कह चीन्हे सभ कोई। ८ रा० ज०

अप्राणिवाचक रूप—

कछु—

कछु, अनिश्चयवाचक सर्वनाम का अप्राणिवाचक रूप है। यह अविकारी और कर्मवत् (अविकारी रूप) प्रयुक्त होता है—

जो कछु अहै हमार सोफिन जान तुम्हार। १ चं०
सपनें बहुतक मैं कछु देखा। ९ चं०
भोग भुगुत मोहि कछु नहि भावइ। १९ मै० स०
आन भँवर तोह मेखउं लेन (लेत) जगत कछु जाब। ७ मै० स०

राम कथा किछु भाखों कहत न लागै खोर। १ रा० ज०
जोग जतन तप किछु नहि होई। १५ स० क०
सो कछु कहहु गोसाईं सुनत ग्यान जेहि जाग। ८ स० क०
औ सब कथा न आहहि भली
किछु रे भली किछु जैसी जैसें जालो। ११ मिर०
रोवइ बहुत आसू पर आसू किछौ न समुझ सरीर। २१ मिर०
गुरु प्रसाद कछु कहौं बिचारो। ३।१ ह० च०

टिप्पणी—

ह० च० में अनिश्चय वाचक सर्वनाम के लिये 'कवनिउ' का भी प्रयोग हुआ है।

कवनिउ राई लोन उतारहि। ३।६ ह० च०
(कोई (गोपी) राई लोन उतारती है)

विकृत रूप :

सुखी न जान दुख काहू केरा। ४६ लो० क०
काहू के ग्रिह पैठहि धाई। ३।६ ह० च०
काहू कहें न रहो सुधि गात। ३८ मिर०

३—सब, सभ

अविकारी रूप : सब

विकृत रूप : सब, सबहिं, सभै

अधिकारी रूप—

अथंवा सुक सुरुज परगासा जानइ सभ संसार। २६ लो० क०
विदवास पंडित सभ आहिं। ३४ लो० क०
अन धन कह चीन्है सभ कोई। ८ रा० ज०
जाहि सुने सब पातक जाहि। ८ स० क०
औ सब कथा न आहहिं भली। मिर० ११
पछिले पाप धोइ सब गए। ५ मिर०
यह सब धन्य जन लालच संग बसत भगवान। १।१५ ह० च०

विकृत रूप—

सबहीं सिधि ओइ पंडित पाई। १० लो० क०
सभै लोग कहँ देतिस पाना। ४७ चं०
सब कह राजा बैसेक दीन्हा। १५ स्वर्गा०

कर उठाइ सभहीं देहु पाना । ५७ स० क०

सब सेउं बड़ा जो पीर हमारा । ५ मिर०

सब कह परोहन बीतिन्ह आनी । १७ मिर०

सब मह व्याप रहे तुम सामी । १।१ ह० च०

विशेषण—

सगरी (स्त्रीलिंग)

सगरिइ रैन खोज महं कीन्हा । ६६ लो० क०

टिप्पणी—

सेब के अतिरिक्त 'सरब' का भी प्रयोग मिलता है—

सरब लोक वोदर बस जाके । १।१ ह० च०

संयुक्त सर्वनाम—

१०५. प्रारम्भिक अवधी में संयुक्त सर्वनाम जो, सो सब, कोउ, कोई, कुछ के संयोग से बने मिलते हैं।

जो कुछ । १ चं०	सब कोई । ५९ चं०
सभ कोई । २१६ चं० (प)	जो कोई । २२६ चं० (प)
सब कोउ । ४४३ चं० (प)	सभ कोई । १४ मै० स०
सभ केहु । ८ मै० स०	सो कछु । ३।८ स० क०
जो कछु । १६ स० क०	सभ केउ । ५४ स० क०
जो किछु । १२ मिर०	जो कोई । ६६ मिर० (शि)
सभ कोई । ८ रा० ज०	सब काहु । २।२ ह० च०
सो कछु । ३।८ ह० च०	

टिप्पणी

'सब' का संयोग सो, ते, तुम्हँ, ई के साथ मिलता है—

सो सब । १६ स० क०

ते सब । ३६ मिर० (शि)

तुम्ह सब । १६ मिर०

ई सम । ५४ स० क०

१०६. सवनाममूलक विशेषण

प्रारम्भिक अवधी की रचनाओं में सर्वनाममूलक विशेषणों के विविध रूप इस प्रकार हैं—

(१) रीति वाचक—

अस तिरिया। १६ लो० क०

अइसी तिरिया। २८ लो० क०

कहि (इ) सन् चाँद। ५७ चं०

कैस (कइस) बेवुहारा। ७४ चं० (प)

तसि सावरि। ६ लो० क०

अस दुख। १ मै० स०

कस पाप। १६ मै० स०

तैस फल। २६ मै० स०

अस ठाकुर। ४। २ ह० च०

जस वोह की गति वैसी मोरी। १। १५ ह० च०

तोहि अस सुंदरि। ३६ स० क०

जस निर्मल मोती। १। स० क०

तस विवेक। ४ स० क०

अइस न देखेउँ कोइ। ६ मिर०

पंडित अस भा। १६ मिर०

ऐसेहिं आगि। १५८ मिर० (शि)

तस बात। १६५ मिर० (शि)

कस नेह। १८७ मिर० (शि)

परिमाण वाचक

एत रूप। १२ लो० क०, अत बड़। ४५ लो० क०

एतनइं बोल। १८ मै० स०

जत भाआ। ४। १४ ह० च०

कतै दुख। ३ स० क०

जत (सम्पत्ति) आहै संसार। १३ स० क०

एतना नीके। ३३ स० क०

एत बोल। १७४ मिर० (शि)

तस पछताव। २३० मिर० (शि)

बुधि जेती। २३३ मिर० (शि)

ऐस (अइस) रूप। २७४ मिर० (शि)

अस सरूप। २७४ मिर० (शि)

जस दिन। ३०३

संख्या वाचक

केते अहि मारउँ। ४३ लो० क०

केतिक दिवस। ८। १ ह० च०

जत बालक। ६। ४ ह० च०

मुनि जेते। ४। २५ ह० च०

जेत अछर। १ स्वर्गा०

परसर्ग

१०७. प्रारम्भिक अवधी की रचनाओं में प्राप्त परसर्ग नीचे दिये जा रहे हैं—

सम्बन्ध वाचक

कै। १३, कइ। २, के। ६, केर। ८०, कर। १५, क। ३, का। २३ लो० क०

केर, कई। २, कौ। २, कर। ६, कै।१३, क। २२ मै० स०

की। १, कै। २, के। ३, को। १४ रा० ज०

कर। ११, कै। ६, कइ। १, क। ४, केर। ४३, कह (इ)। ३ स० क०

क। १, केरी। २, के। ४, की। ४, कै। १०, कर। ११ मिर०

के। १। १, कौं। १। १, की। २। १, कै। ५। १, क। १। ७, कर। ३। ७ ह० च०

कर्म, सम्प्रदान

कहं। ६ लो० क०, कहुँ। ४ चं, किहं। ८४ चं० (प)

कहं। ५ मै० स०

कह। ४, कै। ७ रा० ज०

कह। १८, कहं। ५५, स० क०, कै। १३ स्वर्गा०

कह। ४, कहुं। ४३०, कौ। १३ मिर०

कौ। ३। १, कहु। ७। १, केहु। ७१, क। २। १, कै। ८। १ ह० च०

करण

सेंती। १२, सेतें। ६, सिउँ। २२, सन। २३, लो० क०

सौं। ४६ चं० (प)

सौं। २, सउँ। १७ मै० स०

सो । १० रा० ज०

सें । २८, सै । २८, सौ । १२, सौं । ५३, सै । ५५, तै । २१ स० क०

सौं । २, सेउँ । २, सैं । ४३३, से । ४९ मिर० (शि)

सो । १ । १, सौं । १ । १, ते । ३ । ९ हृ० च०

अपादान

हुतें । १७, हुत । १, हुति । १८, ते । ३, तैं । ५७ लो० क०

से । रा० ज०

ते । १२ स्वर्गा०

सै । ४२६, सेउँ । ४३२, हुतै । ४३६ मिर०

ते । २ । १, हुते । ४ । ४ हृ० च०

अधिकरण

पर । ५, महं । १२, माझ । १३, मांह । ३८ लो० क०

मैं । ३, मंह । १६, मो । १९, मै० स०

माह । २, मह । ३, पर । ९, मा । ११, मो । १९ रा० ज०

माह । ११, माह । २३ स० क०

मह । ५, मांझ । २१, महिं । ४२६ मिर०

ऊपर । ६ । १, मो । ५ । १, मांही । २ । ८, उपरहि । २ । ८

मह । १ । ७, महझारि (झारि) । १ । १२ हृ० च०

परसर्गों की भाँति प्रयुक्त होने वाले कुछ अन्य शब्द—

१०८. उपर्युक्त परसर्गों के अतिरिक्त कुछ अन्य शब्द ऐसे हैं जिनका प्रयोग प्रारम्भिक अवधी में परसर्गों की भाँति हुआ है। नीचे उन्हें दिया जा रहा है—

(१) पइ, पंह ('से' 'द्वारा' के अर्थ में)—

तूं पइ बोल जाइ जस पावसि । २४ लो० क०

तूं पइ—तोपै तुझसे

अब मो पह मैना कत जाइ । ४ मै० स०

मोपह—मुझसे

मापह जाय करहु अस बातैं । ६ । ९ हृ० च०

(२) पहँ (पास, निकट के अर्थ में)—

बिहँसत चाँद लोर पह गई । ८ लो० क०

चलौ भीम नारायन पाहाँ । १८ स्वार्गा०

समुझि सँभारि राइ पहँ आए । ४३७ मिर०

(३) लागि, लगि ('के लिये' के अर्थं में)—

लोर लागि मालिन घर गई। ७ लो० क०

जेहि लगि इहवाँ आइहि। ६ लो० क०

माँटी लागि जिव आप बिछारउँ। १५ मै० स०

तेहि लगि आपुहि परगटा। ३ मिर०

काहे लागि हतसि सुकुमारी। ७। १ ह० च०

(४) लहि, लगि (तक, पर्यन्त के अर्थ में)—

तउ लहि लोरिक कोस दुइ गएऊ। २१ लो० क०

जहिं लगि सबै पिरिथमी सिरी। ६ चं० (प)

जउ लहि लोर न हम घर आवइ। १६ मै० स०

तब लगि अंन नखाइ। १६। स० क०

जब लगि हौं न कुरंगिनि पावौं। २१ मिर०

(५) नित ('के लिये' के अर्थ में)—

तिन्ह (तिहँ) नित को आवन्ह डहुकावा। ११ मै० स०

तिह नित कौन बिटारइ आपू। ११ मै० स०

तिह नित का तैं झुरवसि। १२ मै० स०

(६) लगाँ (पास, निकट के अर्थं में)—

पुरुख लगाँ तिरिया दिखरावा। २० लो० क०

(७) संग ('के साथ' के अर्थं में)—

रुत औ परब लोर संग मानाँ। १५ मै० स०

व्रजकुल संत संग रह। ३। १ ह० च०

(८) पास—

पुरुख एक आइइ वोहि पासा। २८ लो० क०

दूत लखन तह पास। ४ मै० स०

धावन पठइय राजा पासू। १६ मिर० (शि)

(९) समेत

सुरुज समेत बिरस्पति पावा। ८ लो० क०

(१०) तर ('तले, नीचे' के अर्थं में)—

जेहि तर बसे परा मुहि दूखा। ४३ लो० क०

चपर संकट तर लेय बढ़ाए। १। ८ ह० च०

(११) विच—

नैन सवन विच तिल एक परा। ३ जं०

(१२) ओर—

पर ओर धावे । २० चं०

(१३) सम ('समान' के अर्थं में)—

तेहि सम प्रिथिमी और न केऊ । ५ । १ हु० च०

(१४) हेतु--

व्यासदेव सुत हेतु विचारा । ७ । १ हु० च०

(१५) कारन ('के लिये' के अर्थं में)—

गावहि रिखै संत सुख कारन । १ । ८ हु० च०

(१६) उपर, उपरि—

ताहि उपर अति सुवासित ढारी । १७ रा० ज०

कोरे करिहि हम ऊपर छाँहा । २४२ मिर० (शि)

(१७) सहित—

गिरिहिं सहित चले त्रिपुरारी । ४८ स० क०

(१८) सरि (बराबर)—

एन्हि सरि अउर न पूजै कोई । १५ मिर०

एन्हि सरि—इनके बराबर

(१९) पटतर (समान, बराबर के अर्थं में)—

महासवी तौ सीता तेहि पठतर सत तोर । ५० स० क०

टिप्पणी

१—'कै' और 'कइ' का अन्तर केवल लिपिगत प्रतीत होता है। उच्चारण में दोनों 'कइ' रहे होंगे।

२—डॉ० सक्सेना का मत है कि सम्बन्ध कारक का परसगं 'कौ' वस्तुतः 'कउ' रहा होगा। (दे० ए० अ० दे० टिप्पणी २७१) इसी प्रकार अधिकरण कारण का परसगं 'मो' मउ रहा होगा (दे० ए० अ० टिप्पणी २८१)।

□□

क्रिया

क्रिया

१०९. धातु

प्रारम्भिक अवधो की धातुयें अर्थ की दृष्टि से या तो भाव वाच्य हैं या कर्म-वाच्य। कर्मवाच्य धातुयें अकर्मक या सकर्मक होती हैं, जबकि भाववाच्य धातुयें केवल अकर्मक होती हैं। धातुओं के साधारण और प्रेरणार्थक प्रकार होते हैं जैसे 'चलहिं। १३ लो० क० और 'चलाउब'। ८० लो० क०। नामधातुयें अकर्मक होती हैं जैसे खोया गियइं बैठि लहराई। २ लो० क०।

११०. सहायक या अस्तिवाची क्रियायें

प्रारम्भिक अवधी में क्रियाओं के साथ सहायक क्रिया का संयोग अपेक्षाकृत कम मिलता है। सहायक क्रिया का संयोग केवल अपूर्ण कृदन्ती निश्चयार्थक वर्तमान, अपूर्ण कृदन्ती निश्चयार्थक भूत, पूर्ण कृदन्ती निश्चयार्थक वर्तमान तथा पूर्ण कृदन्ती निश्चयार्थक भूत रूपों में ही हुआ है। अन्य स्थानों पर ये अस्तिवाची रूप में ही दिखाई पड़ती है। प्रारम्भिक अवधी की रचनाओं में प्राप्त सहायक या अस्तिवाची क्रियाओं के रूप नीचे दिये जा रहे हैं—

१११. वर्तमान

	एक वचन	बहु वचन
उत्तम पुरुष	अहौं। ५ चं०	हहिं। ६६ लो०क०
	आछौं। २४६ चं० (प)	अहहों (हिं)। १ मै०स०
	हउ। ६ मै० स०	
	हौं। १९ रा० ज०	
मध्यम पुरुष	होसि। ६१ चं०	होहु। ३१ मिर० (शि)
	आहिसि। ५ रा० ज०	आछहु। ३९ स० क०
	आहि। ५ रा० ज०	बाटहु। ४९ स० क०

अन्य पुरुष :	आछे । २६१ चं० (प)	आहिं । ६१ चं०
	हइ । २ लो० क०	आछहिं । १८५ चं० (प)
	आहि । १५ लो० क०	हैं । १० मै० स०
	अहइ । १६ मै० स०	बाटै (टइं?) ७ मै० स०
	अहा (ह) १८ लो० क०	आहहिं । ११ मिर०
	आहहि । ६६ लो० क०	अहहों (हिं) । ६ मिर०
	वाट । ३८ स० क०	हहिं । २ मिर०
	वा । २६ चं० (व)	

टिप्पणी—रा० ज० । ८, स० क० । २८, मिर० । ७० शि० में होखई का प्रयोग वर्तमान निश्चयार्थं और अनुज्ञार्थं में मिलता है।

११२. भूतकाल

	एक वचन	बहु वचन
उत्तम पुरुष :	भइउं । ६ लो० क०	होत (ते?) ६।१ ह० च०
	भएउं । १३ स० क०	
मध्यम पुरुष :	भइस । १४ मै० स०	
अन्य पुरुष :	हुत । १ लो० क०	भएं । ५ लो० क०
	होत । ५५ लो० क०	भए । १४ स० क०
	भवा । ६५ लो० क०	होत । १६ रा० ज०
	भएउ । ६० लो० क०	अहै । १२७ मिर० (शि)
	भवा । ६५ लो० क०	
	अहा । १४ लो० क०	
	भौ । २२ मै० स०	
	भइ । १३ रा० ज०	
	भा । १४ मिर०	

११३. भविष्य

	एकवचन	बहुवचन
उत्तम पुरुष	होइहउं । ५२ लो० क०	
मध्यम पुरुष	होइह । ५ लो० क०	
अन्य पुरुष	होइहि । ५ लो० क०	
	होव । ४० चं०	

११४. अनुज्ञार्थ

	एक वचन	बहु वचन
मध्यम पुरुष	होहि। १४३ मिर० (शि)	होहु।२ स०क०
अन्य पुरुष	होइ। ६ लो० क०	
	हो। १३ लो० क०	
	होहि। ६ रा० ज०	

११५. भूत सम्भावनार्थ

उत्तम पुरुष : एक वचन

चोर होतेउं तोर अभरन लेतेउं। २१० चं० (प)

मध्यम पुरुष : बहुवचन

बारक होतेउ। १६७ चं० (प)

अन्य पुरुष : एकवचन

लोग पंच कइ होति न कानी।
सरसों आजु उतरतेउं पानी। २८ मै० स०

११६. पूर्व कालिक

होइ। २०३ चं० (प)
भै। (मैं बावन भै छरु वलि तहिआ)। ३।२५ ह० च०

टिप्पणी—(क्रिया संयोग)—

प्रारम्भिक अवधी में कुछ ऐसे उदाहरण मिलते हैं जहाँ क्रिया संयोग के लिये अस्तिवाची क्रिया रूप 'हो' का प्रयोग न करके 'भा' रूप का प्रयोग हुआ है। परवर्ती अवधी में ऐसे संयोग नहीं दिखलाई पड़ते—

देस देस मुरि (मोरि) भइ गई लाजा। ४३ लो० क०
चलत चलत जो भै गै साझा। ३३ चं०
तहवां भै कै करहिं पुकारा। २३ स० क०

काल रचना

११७. प्रारम्भिक अवधी में तीन प्रकार दिखलाई पड़ते हैं—(१) निश्चयार्थ (२) अनुज्ञार्थ और (३) सम्भावनार्थ। निश्चयार्थ के रूप तीनों कालों में होते हैं। अनुज्ञार्थ के दो रूप—वर्तमान और भविष्य के मिलते हैं। सम्भावनार्थ का एक ही रूप भूत सम्भावनार्थ मिलता है।

इनके अतिरिक्त कुछ रूप कृदन्तों और सहायक क्रियाओं को मिलाकर बनते

हैं। प्रारम्भिक अवधी में इस प्रकार के रूप निम्नलिखित हैं—

(१) अपूर्ण कृदन्ती वर्तमान निश्चयार्थ :

अपूर्ण कृदन्त + वर्तमान निश्चयार्थ सहायक क्रिया

(२) अपूर्ण कृदन्ती भूत निश्चयार्थ :

अपूर्ण कृदन्त + भूत निश्चयार्थ सहायक क्रिया

(३) पूर्ण कृदन्ती वर्तमान निश्चयार्थ :

पूर्ण कृदन्त + वर्तमान निश्चयार्थ सहायक क्रिया

(४) पूर्ण कृदन्ती भूत निश्चयार्थ :

पूर्ण कृदन्त + भूत निश्चयार्थ सहायक क्रिया

इस प्रकार प्रारम्भिक अवधी की क्रियाओं के काल-भेद निम्नलिखित हैं—

१—वर्तमान निश्चयार्थ

२—भूत निश्चयार्थ

३—भविष्य निश्चयार्थ

४—अनुज्ञार्थ

५—भविष्य अनुज्ञार्थ

६—भूत सम्भावनार्थ

७—अपूर्ण कृदन्ती वर्तमान निश्चयार्थ

८—अपूर्ण कृदन्ती भूत निश्चयार्थ

९—पूर्ण कृदन्ती वर्तमान निश्चयार्थ

१०—पूर्ण कृदन्ती भूत निश्चयार्थ

कृदन्त

११८. अपूर्ण कृदन्त

अपूर्ण कृदन्त तकारान्त होते हैं। स्त्रीलिंग रूपों में वे तिकारान्त हो जाते हैं। अपूर्ण कृदन्त रूप दोनों वचन और तीनों पुरुषों में समान व्यवहृत होते हैं। उनमें परिवर्तन नहीं होता।

उक्त। १ लो० क०

जनियत (कर्मवाच्य)। ४० लो० क०

विलसत। १० मै० स०

कहत। १ रा० ज०

सुमिरत। १ स० क०

देति। २९ स० क०

लखत । १ मिर०

फिरति । ४३८ मिर०

करावति । २।८ ह० च०

कहीं कहीं अपूर्ण कृदन्त वर्तमान निश्चयार्थ का काम करते हैं—

अउ तू कहत चाद मुरि (मेरि) जोई । ६४ लो० क०

दिन दिन चौगुन होत बधाई । १५ रा० ज०

जाहि देस अस बरते जतजत सदा बुधिवान । ४ स० क०

भूत सम्भावनार्थक रूप अपूर्ण कृदन्तों से बनते हैं—

जिउ देतेउं । ५३ लो० क०

११९. पूर्ण कृदन्त

प्रारम्भिक अवधी में पूर्ण कृदन्त के निम्नलिखित रूप प्राप्त हुए हैं। इनमें से १, २, ३ और १५ का प्रयोग कभी कभी विशेषण और साधारणतः भूतकालिक क्रियापदों के रूप में होता है। शेष का केवल क्रियापदों के रूप में।

१—आ, २—ई, ४—ए, ३—ईं, ५—एउं, इउं, ६—एन, ७—एसि, इस, इसि, ८—एहु, इहु, ९—इन, इनि, एन्हि, १० एउ, ११—अउ, १२—ईत, ईता, १३—ईतेसि, ईतिसि, १४—एतेन्हि, ईतिन्ह, १५—अल।

विशेषण रूप में—आ—रूप का प्रयोग पुल्लिग एकवचन संज्ञा के साथ, ई रूप का स्त्रीलिंग एक वचन संज्ञा के साथ, ए रूप का पुल्लिग बहुवचन संज्ञा के साथ होता है—

पूछा केवल परम (पेम) भुलानां । २० लो० क०

नाह मोर हों बारि बियाही । ४ लो० क०

वसिठ वचन बिसभरे सुनावा । लो० क०

अल वस्तुतः पूर्वी भाषाओं का प्रत्यय है। विशेषण रूप में इसका प्रयोग रा० ज० में मिला है—

मंत्र के मारल विखिधर जैसे । २२ रा० ज०

आ, ई और ए प्रत्ययान्त रूपों का प्रयोग सभी पुरुषों के साथ हो सकता है। आ प्रत्ययान्त रूप दोनों वचनों में प्रयुक्त होता है। साधारतः अकर्मक धातु होने पर ये (आ, ई, ए रूप) कर्ता के लिंग वचन का अनुसरण करते हैं और सकर्मक धातु होने पर कर्म के लिंग वचन का—

(१) बसिठ वचन बिसभरे सुनावा । १ लो० क०

आज रात निसहैं तैं गावा । ७२ चं० (प)

चाँद लागि मइ बहु दुख देखा। ४७ लो० क०
बहुरूपिये बहु भेस भरावा। २६ चं० (प)
कहेसि लोर तुम्हं भला न किया। १५ लो० क०
चांद जइस अपनहि तुम पावा। १८५ चं० (प)
हम जाना यह सखी तुम्हारी। २७४ चं० (प)

(२) सोह करा सपूरन भई, लोरि लागि मालिन घर गई।
७ लो० क०
यहि मारग तैं देखी कोई। २० लो० क०
अस चांदा तुम्ह लाज गंवाई। १७ लो० क०
एक ईंछी में पीता। १५० चं० (प)

(३) नहुँ नरवत लखि पाए गरह जो फबै निसंक। ७ लो० क०
तुम्ह भनि नरवई भए आपा (या) ने। ३१ लो० क०
हम जीते मन महं जनि हारहि। ३५ लो० क०

(१) दूती दूत बचन जिवं कहा। ७ मे० स०
जासउं भई आपन जिइ हारा। १७ मै० स०

(२) तेहि रतना मालिन हंकराई। २ मै० स०
लीत दरब मालिन पुनि गई मैनां के बार। २ मै० स०

(३) मूए किरनपन बापुरे। १ मै० स०

(१) बालमीक रामायन भाखा। २ रा० ज०
तइ पापी मोहि मारि गिरावा। ५ रा० ज०
मै मारा तोर श्रवन पूता। ६ रा० ज०
भीखा बहुत हम पावा। ५ रा० ज०

(२) पाछे लागी खाई। १२ रा० ज०
तब नृप दशरथ मनहिं विचारी। ४ रा० ज०
(इसमें 'विचारो' क्रिया का कर्म 'बात' निहित प्रतीत होता है)

(३) तहवां राजा गए भुलाई। ३ रा० ज०
कवन बोल तुम बोलन लागे। २१ रा० ज०
तीनि भुअन फिरि आए कतहु न पूजी आस। १० रा० ज०
(कर्ता हम)

(१) पुत्र लागि राजा भ्रम छाँडा। १० स० क०
अब राजा तै तपसा जीता। १२ स० क०

पुत्र लागि मैं तजा तेज भंडारा। १५ स० क०
तेहि पाछे तिन्ह मंगल गावा। १७ स० क०
बहुत दुख तुम देखा। ५४ स० क०
करि तीरथ केसव मन लावा, अब स्वामी तुह दरसन पावा।
७ स० क०।

(कर्ता : हम)

(२) अस कन्या जग जन्मी। १९ स० क०
तुम मोरी हींछया पुरई आसा। ५५ स० क०
जेहि सुमिरत मैं मति गति पाई। १ स० क०

(३) बसुह पलानि चले त्रिपुरारी। ११ स० क०
कहा चले तुम पांडों कहहु आपन सतिभाउ। ७ स० क०
तो कह परसन भए नर नाहा। १२ स० क०

(कर्ता : हम)

(१) आगे कला दिगंबर आवा। ५६ मिर० (शि)
कैहि कारन तोह तोह जोग सँवारा। ६६ मिर० (शि)
मैं तो उहि लगि बहु दुख देखा। ६४ मिर० (शि)
गति गुन देखा पंडितन्ह। १ मिर०
राजा एक सवन हम सुन। १२ मिर०

(२) कुवर देखि वह गई बैसंभारा। १०० मिर० (शि)
तो हम एक कथा यह कही। ११ मिर०

(३) जे रे मुहम्मद अढ़ए सिखे। ४ मिर०
इन्ह के राज यह रे हम कहैं। १० मिर०

(१) उपजा क्रोध स्राप रिखि दीन्हा। ५। १ ह० च०
अरे अधम ते उह का कीन्हा। ३। ७ ह० च०
जाके कछु प्रभु मैं आएसु पावा। २। २ ह० च०
भगित देखि विप्रन्ह सुष माना। ३। २२ ह० च०
आजु कलेवा हम नहिं खावा। १। २२ ह० च० २

(२) उहे कथा हरि नारद पाई। ४। १ ह० च०
तुह तो कंस करो लरिकाई। ८। १ ह० च०

(३) चरन गहे लालच हलुआई। १ १ ह० च०
हमही तोहरे पास सिधाए। २। २२ ह० च०

टिप्पणी

छंदानुरोध के कारण कहीं-कहीं स्वर दीर्घ या ह्रस्व रूप हो जाते हैं। अवधी में अन्त्य 'व' का उच्चारण प्रायः 'उ' की तरह होता है। जैसे 'समदि राउ बइसाउ'। ७ स० क० में 'बइसाउ' छन्दानुरोध के कारण 'बइसावा' हो सकता था। उद्धृत पंक्ति में 'बइसाउ' भूतकालिक कृदन्त रूप है आज्ञार्थक नहीं।

—ईन,—ईन्ह,—ईनी,—ईन्हीं, — ईने,— ईन्हे,—आना, — आनी,—औने प्रत्ययांत रूप (१), (२), (३) रूपों से अभिन्न हैं। एकारान्त पूर्ण कृदन्ती रूप का प्रयोग मध्यम पुरुष ए० व० पुल्लिङ्ग कर्ता के साथ भी होता है जैसे बिनु अपराधु हते घर नारी। १४ स० क०

(४)—ई—

ई प्रत्ययान्त पूर्ण कृदन्त रूप अन्य पुरुष बहुवचन स्त्रीलिंग कर्ता रूप के साथ मिले हैं। इसके उदाहरण विरल हैं। अनुमानतः इस रूप का प्रयोग उत्तम पुरुष कर्ता के साथ भी होता रहा होगा—

सखी सहेलिन देखन आईं, हस हँस चाँद बहिरि कैं लाइं
। ५२ चं० (प)

चेरी सब धाईं, पवरि बार पूँछे कहुँ आईं। ४३९ मिर०

(५)—एउं, – एहुँ,—इउं—

एउं (कहीं कहीं—एहुँ) प्रत्ययान्त उत्तम पुरुष एक वचन पुल्लिङ्ग के साथ और—इउं प्रत्ययान्त रूप स्त्रीलिंग के साथ प्रयुक्त होते हैं।—एउं रूप कहीं कहीं स्त्रीलिंग कर्ता के साथ भी प्रयुक्त मिलता है—

राउ रूप चंद बाँढा मारेउं। १३ लो० क०

हउ अस बोलिउं चतुर सयानो। ३ लो० क०

भोग भुगत सभ धरेउं उतारी। ९ मै० स०

आएहुँ राजा भेंटन तोही। १९ रा० ज०

पुत्र लागि मैं भयेउ (उं) विवोगी। १३ स० क०

तेहि पंथ में लाइउं व्याधी। ४९ स० क०

अइस न देखेउँ कोई। ६ मिर०

उहि रे मान हों गइउ बिलाई। १५५ मिर० (शि)

मैं कत छोड़उं परम अभागी। २। ८ ह० च०

(६)—एन—

प्रत्ययांत पूर्ण कृदन्त, अन्य पुरुष बहुवचन कर्ता के ही साथ प्रयुक्त प्राप्त

हुआ है। इसका केवल एक ही उदाहरण मुझे मिला है—

तब पांडो उठि बिनती लाएन। २० स्वर्गा०

(७) एसि, इसु, इसि—

ये रूप मध्यमपुरुष एक वचन तथा अन्यपुरुष एक वचन कर्ता के साथ प्रयुक्त होते हैं। मध्यमपुरुष कर्ता के साथ—एसि साधारणतः पुल्लिग के और इसि तथा इस स्त्रीलिंग कर्ता के साथ प्रयुक्त होते हैं। अन्यपुरुष कर्ता के साथ इन रूपों के प्रयोग में ऐसा कोई अन्तर नहीं दिखलाई पड़ता है—

मध्यम पुरुष

वचन तोर मोहि ओषद कहेसि न जीउ हमार। १६ चं०
तों अफरै (?) बोलिसि भँाउ हाई। २१ चं०
अस ओखर तें बोलिसि धाई। ७ मै० स०
तें पइ भइस मांग कै ताती। १४ मै० स०
अरे अरे अधम हतेसि संतापी। ६ रा० ज०
की तै भूलि परेसि बन आई। २६ स० क०
जो तैं बात सुनिसि हमारी। ४३ मिर० (शि)

अन्य पुरुष

कावा (?) तजि नहि बोलेसि बोलू। १२ लो० क०
बूझिसि टांउ कहवां हुत आवा।
सौत किहिस तुह ऊपर तोरी कीत न कानि। १२ मै० स०
तहवाँ देखेसि बन अंधियारा। २४ स० क०
जन रावत संग लिहेसि बुलाई। १७ मिर०
जो भागिसि सो पाइसि विधि सेउ। १८ मिर०
मग मह कहेसि दाव भलि भएउ। ३। ७ ह० च०
कुच बिख लाए पिआएसी पाए सीध निखान। २। ६ ह० च०

(८) एहु, इहु—

एहु, एउ और इहु (स्त्रीलिंग) प्रत्ययान्त पूर्ण कृदन्ती रूप मध्यम पुरुष बहुवचन रूप में प्रयुक्त होते हैं—

भलें लोर आएहु इहवाँ राखेहु चित्त हमार। १ चं०
आग्या कथन गोसाई आएहु कवने काम। १८ रा० ज०
सेवा बहुत किएहु तुह मोरी। १५ स० क०
कहा खाइ के रहेहु मोटाई। १३५ मिर० (शि)

तोह अगमनि धर आइहु हौं डहं परिउं भुलाई।
—१५४ मिर० (शि)

भगती जुगती तुम्ह कीन्हेउ सेवा, मुकुती न मागेहु तुम्ह वसुदेवा।
३। ३ ह० च०

(९) हम, इनि, एन्हि, इन्ह—

ये रूप अन्य पुरुष बहुवचन कर्ता के साथ प्रयुक्त होते हैं। उपलब्ध रूपों में लिंगभेद का कोई आधार नहीं ढूंढा जा सका है। यहाँ उद्धृत पंक्तियों में 'बैठाइन्ह' क्रिया का कर्ता बहुवचन स्त्रीलिंग है। किन्तु इन्ह प्रत्यान्त रूप स्त्रीलिंग कर्ता के साथ ही प्रयुक्त होता था यह नहीं कहा जा सकता।

कै केहू कछु दे मंगराइन भुवंगहि लाग। ३६ च०
नैन नीर देह मोंहि छिरकेन्हि आए लोग जेंहि पास।
६६ चं० (प)

आदर के सुमिमिहि पास बैठाइन्ह आइ। १२ रा० ज०
(कर्ता : कौसल्या कैकेयी)
आदर के सब समदा ले वैसाएन्हि पाट। १७ स० क०
जैदेव किहिनि क्रन चौबीसी। ४ स्वर्गा०
दै रे असीस जोतिसी बहुरै पाएन्हि बहुत पसाउ। १५ मिर०

(१०) एउ—

एक प्रत्ययान्त पूर्ण कृदन्ती रूप अन्य पुरुष एकवचन पुल्लिग कर्ता के साथ प्रयुक्त होता है। इसे—एउ रूप (क्रमांक ८) से भिन्न समझना चाहिए। मध्यम पुरुष बहुवचन कर्ता के साथ प्रयुक्त होने वाला—एउ प्रत्ययान्त रूप वस्तुत: एहु का ही 'हु' का अल्पप्राण बना हुआ रूप है।

जिउ कुंवरू कर एएउ उड़ाई। १५ लो० क०
साधन भए ते सेह पृथमी चीन्हा न रहेउ। १ मै० स०
बन बन फिरत पंथ न पाएउ। ३ रा० ज०
चन्द्र हंस कर लीन्हेउ खांडा। १० स० क०
दुहंरे मांस दिन दस मंह जोरत यह औरानेउ जाइ।
१० मिर०

अपरित राजे अजगुत कीएउ, म्रितक भुअंग कंठ मो दीएउ।
५। १ ह० च०

(११) अउ—

अउ प्रत्ययान्त पूर्ण कृदन्तो रूप अन्य पुरुष ए० व० कर्ता के साथ प्रयुक्त

होता है। यह रूप केवल 'भउ' और 'गउ' क्रियापदों में दिखलाई पड़ता है जो छंदानुरोध से 'भवा' या 'गवा' रूप में बहुप्रयुक्त हुए हैं। 'भउ' का उदाहरण अस्तिवाचक या सहायक क्रिया के प्रकरण में दिया जा चुका है।

लौकी भमकि उठि गौ तबही। ४ रा० ज०
कोस साठि गौ अधिक भुलाना। २४ स० क०

(१२) ईत, ईता—

ये रूप अन्य पुरुष और उत्तम पुरुष ए० व० कर्ता के साथ प्रयुक्त मिले हैं। इनका प्रयोग केवल दाउद की रचना और मिरगावत में मिलता है। असंभव नहीं कि ई या ईता प्रत्ययान्त कृदन्ती रूप का प्रयोग मध्यमपुरुष कर्ता ए० व० के साथ भी होता रहा हो।

उत्तम पुरुष : एक वचन

कहिसि सुरुज धन छाँडिजो मैं कोता दोस। ५८ चं०
भेंट भुगुटि मैं वोहि की कीती। २९५ मिर० (शि)

अन्य पुरुष : एक वचन

भानु सभान न कीत बयारू। कैसें आह सो चाँद दुलारू।
५१ चं० (प)

(१३) एतिस, ईतिसि—

ये पूर्ण कृदन्ती रूप अन्य पुरुष एक वचन कर्ता के साथ प्रयुक्त होते हैं। ये रूप दाऊद की रचना और मिर० में ही मिलते हैं—

सीस नाय कै लोरिक लेतिस
धसि कब (कै) कान एक फुमि देतिस। २ चं०
सत सै धर्म पंथ पगु दीतिसि
सत साथी आगे कै लीतिसि। ७२ मिर० (शि)

(१४) ईतिन्ह—

यह रूप केवल कुतबन की रचना में मिला है। यह अन्य पुरुष बहुवचन कर्ता के साथ प्रयुक्त होता है—

तत षन लै चौडोल तुलोन राजहि ली तिन्ह वाहि। ४३४ मिर०
आपन आपन लीतिन्हि चोरु। ४० मिर० (शि)

(१५) अल—

अल प्रत्ययान्त पूर्ण कृदन्ती रूप वस्तुतः मागधी (भोजपुरी, मैथिली बंगला आदि) भाषाओं के हैं। इसका प्रयोग साधारणतः अन्य पुरुष एक वचन कर्ता के

साथ होता है। स० क० १५ में इसका प्रयोग मध्यम पुरुष आदरार्थक कर्ता के साथ हुआ है। यह विशेषण का भी काम करते हैं। अवधी में यत्र तत्र ऐसे रूप भोजपुरी प्रभाव के कारण दिखलाई पढ़ते हैं। वे मिले भी ऐसी रचनाओं में हैं जिनकी रचना पूर्वी प्रदेशों में हुई थी—

महथै कह मल कहल गोसाईं। ३५ स० क०
(मइथा (मंत्री) ने कहा है गोसाईं आपने भला कहा)
मंत्रक मारल विषधर जैसे। २८ रा० ज०
बदन चाँद जनि उदिनल आहा। ९२ मिर० (शि)

१२०. वर्तमान निश्चयार्थ

वर्तमान निश्चयार्थं के निम्नलिखित रूप प्राप्त हुए हैं—

	एक वचन	बहु वचन
उत्तम पुरुष :	अउँ, औं	अहिं
मध्यम पुरुष :	असि, अहि,	अहु, अउ
अन्य पुरुष :	अइ, अहि, अ	अहिं, अइं

उत्तम पुरुष : एकवचन

एक दुइ काल जइस महँ देखउँ
औगुन होइ पै नाहीं लेखउँ। १० लो० क०
बरनौं गनपति बिघिन विनासा। १ रा० ज०
देउँ असीस भाव सैं में गवनौं के विलास। १५ स० क०
एक बात अब कहौं रसीली
रतन मौति आनौं भरि थाली। ९ मिर०
अब सारद को बंदों पाआ। २। १ ह० च०

उत्तम पुरुष : बहु वचन

उत्तम पुरुष के उदाहरण विरल हैं :
जो हम चाहहिं सौ तुम्हँ कीन्हा। ३६ लो० क०
हम पुनि दिन इक चल चल अहहों। मुख आख समझउं ता कहहीं
१ मै० स०

मध्यम पुरुष : एकवचन

बारह मदिर रैनि तूं धावसि
सुरुज सेज अँधियारे लावसि। १० लो० क०

तजि जिउ सोक न मरहि लजाई । १७ लो० क०
अनचिनही कस बोलसि बैनाँ । ३ मै० म०
मर्मं न जानसि पापी कहसि कौन तै लोग । १७ स० क०
अबहूँ ढीठ बातें तैं कहही । अवग होय कै चुप नहिं रहही ।
१६० मिर० (शि)
काहे लागि हतसि सुकुमारी । ७ । १ ह० च०

मध्यम पुरुष : बहु वचन

सिद्ध कहइ तुम्ह काहे जूझहु
करहु गियान अब मन महँ बूझहु । ६५ लो० क०
नाउँ भरनि कस फिरहु भुलाने । ३ मिर०
कोटि अंड उपराजहू छिन मोकरउ संघार । १ । १ ह० च०
मिया हतउ तुम्ह कौने काना । ७ । १ ह० च०

अन्य पुरुष : एक वचन

पाछें देखइ चाँदा आई । १५ लो० क०
कहहि लोर सुनहु तुम चाँदा अइसन भुहि न डराउ । १३ लो० क०
बीजु लवै घन गरजै निसर न कोऊ बार । १४ लो० क०
हँसि कै पूछइ मैनाँ रानी । ३ मै० स०
रावहि पुरुख सेज चढ़ि नारी । २४ मै० स०
कह दूतिनि सुन मालति मैना । ३ मै० स०
राम कै जनम पढै जो सुनई
सहस होम सो दिन दिन करई । २ रा० ज०
राजा बैठि तब झँखहि साथ लिए धनु बान । ३ रा० ज०
राम रंग रस लावहु सुरजदास कवि भान । १८ रा० ज०
कहै दूत सुनु कन्या राजा अन्न नहिं खाई । ३६ स० क०
तहवा तप सौ करहि भुआरा । १० स० क०
तुह देखे मप हरख हमारा । ८ स० क०
दान देइ बहुत गिनति न आवा । ६ मिर०
रावल चलहि रूहइ पै कंथा । ४३२ मिर०
सिधिनि एकै पूत जन बम झाँउन रन ढीठ । ४२६ मिर०
गँठे सँवारै भँजे सोई । १ । १ ह० च०
चरन सरन जन लालच गावहि गुन विस्तार । ४ । १ ह० च०

बहुरि रिखै राजा सो कहई
दानव एक चरित कस करइ। ४।८ ह० च०
हृदय हरख जन लालच, सुमिरहु सारगपानि। १।८ ह० च०

अन्य पुरुष : बहु वचन

तँहि पर कामिनि सेज बिछावहिं
कंत अमोल भेंटि गियं लावहिं। ५ लो० क०
दादुर पपिहा कुहकहिं भोरा। १३ मै० स०
एहि बिधि लोग करइं जेव नारा। १७ रा० ज०
मसा मखी तन खाहिं पतंगा। ४३ स० क०
जै करतार बड़े करि सिरजै तै रै छपावहि दोख। ११ मिर०
तुम्ह ते नारदादि गुन गावहिं
गन गधरप तुम्ह चरन मनावहिं। २।१ ह० च०

टिप्पणी

१—अवधी में उच्चारण की दृष्टि से कहउं और कहौं (कहीं-कहीं लिखित रूप कहों) तथा कहइ और कहै में अन्तर नहीं होगा। कहौं और कहै का उच्चारण क्रमशः कहउं और कहइ ही होगा। इनमें अन्तर केवल लिपि का है।

२—मिर० में अन्य पुरुष ब० व० कर्ता के लिये एकाध स्थलों पर—अन्ति प्रत्ययान्त प्रयोग मिलते हैं, जैसे रचंति, दगधंति। १७८ मिर० (शि)

१२१. भूत निश्चयार्थ

इसके निम्नलिखित रूप प्राप्त हुए हैं।

	एक वचन	वहुवचन
उत्तम पुरुष :	एउं, एहुँ (पुल्लिग)	
	इउं (स्त्रीलिंग)	
	ईता	
मध्यम पुरुष :	एसि,	एहु, एउ (पुल्लिग)
	इसि (स्त्रीलिंग)	इहु (स्त्रीलिंग)
	इस (स्त्रीलिंग)	
		हनि
अन्य पुरुष :	एसि, इस	एन्हि, इन, एन
	इसि,	ईतिन्ह
	एतिस,	ई (केवल स्त्रीलिंग)

एउ, अउ,

ईत, ईता, ईतिसि

जैसा कि कहा गया है, पूर्ण कृदन्तों के विवेचन में आ, ई, ए, प्रत्ययान्त रूपों का प्रयोग सभी पुरुषों और दोनों वचनों में होता है। पूर्ण कृदन्तों का विवेचन करते समय इनके उदाहरण दे दिए गए हैं। दे० ११९

१२२ भविष्य निश्चयार्थ

निश्चयार्थक भविष्य के जो रूप प्रारम्भिक अवधी में मिले हैं वे इस प्रकार हैं—

	एक वचन	वहु वचन
उत्तम पुरुष :	आउब, अब, आइब, ब इहउं	ब अब, बइ
मध्यम पुरुष :	इहसि, आब	आउब, इहउ, हु अब
अन्य पुरुष :	इहि, इहइ, आउब अब	इहहिं, इहइं आब

उत्तम पुरुष : एक वचन

सुरुज कहा मइ चांदा बुलाउव
सक्र बाज दै पुरुब चलाउब। १० लो० क०
तुम्हहिं तजि जाइब परदेसू। १६ लो० क०
तोरें वचन चांद जउँ पइहउं। ५२ लो० क०
सोरस होई लोसों उतर देब तब काह। १० मै० स०
घरमहि मालिन करिहैंउ चाउ। २१ मै० स०
से उपदेस करब मैं भारी। १८ स्वर्गा०
मन हीछ्ंया मैं पुरइब तोरी। १२ स० क०
कहै काह मैं मुख देखराउब। ५८ मिर० (शि)
साथ गए तुम्हरे दुख पइहौं। २३ मिर० (शि)
सो मैं सौंपव तोहि भुआरा। ७।१ ह० च०

उत्तम पुरुष : बहु वचन

लोरिक कहा सुनहु दहुँ चादा गवन करब अब साँझ।

८ लो० क०

सो देबै जो तोरे मन माहा। १२ स्वर्गा०
काह उतर हम देब। १२७ मिर० (शि)

मध्यम पुरुष : एक वचन

जों तूं जैहसि मैकें आगे पठौ सन्देस। ४६ चं० (प)
जीवन जात न जानव गए बार पछताव। ८ मै० स०
चलत चलत पंथ पै हसि जौ तें सत सौं जाब।
—१२४ मिर० (शि)

मध्यम पुरुष : बहु वचन

जउ तुम्ह बरु यह बनिज चलाउब। ८० लो० क०
सहरस सबद हियर फाटउ जब जल देखिहउ जागि
जैहहु कौने बाट धराई। १४५ मिर० (शि)
जौ तुम्ह निकट करब रखवारी। ७। ६ ह० च०

अन्य पुरुष : एकवचन

चाँद कहा अब लोरिक जाइहि
मन उतरें फिरि फिरि नहिं आइहि। २ लो० क०
बिरथ होब यह जीवन मोरा। ४० चं०
पोसमास का करिहइ मोरा। १६ मैं० स०
त्रिभुअन सुन्दर बेटवा सो जग जनमिहि आई। १० रा० ज०
दिन दस लागिहि जात। १० स्वर्गा०
का करिहइ करतार। ४३८ मिर०
लौ कै फारि तोरि के खाइह। ८६ मिर० (शि)
रवन एक माह कुंवर जो आउब। ६५ मिर० (शि)
इन्ह के ग्रह जो होइहि बारा। ७।१ ह० च०
एह बालक जदुबंस उधारब। २। ६ ह० च०

अन्य पुरुष : बहु वचन

बारि बूढ़ि दोउ मरिहहिं करु न जियत मनुहारि। १५ लो०क०
हठ ना रहि हइ हमरे आगे। २१ रा० ज०
बाघ सिंघ तोहिं खाइहहिं। ४१ स० क०
सत सौं सत संघाती होइहि बाघ सिंघ नहिं खाब।
१२४ मिर० (शि)

जे जरत उबारब । ४ । ११ हृ० च०

१२३ अनुज्ञार्थ

अनुज्ञार्थक क्रिया के निम्नलिखित रूप प्राप्त हुए हैं—

	एकवचन	बहुवचन
उत्तम पुरुष	अउं, अहुँ	अहिं
मध्यम पुरुष	उ, असि, असु	अहु अह
	अहि,	आहु
	(केवल धातु)	
अन्य पुरुष :	अइ, अहि	अहिं
	अउ, अ	

उत्तम पुरुष : एकवचन

दइय ठाँव जो माँगा पावउँ । ३ लो० क०

दूत बचन जेउँ मैना पावहुँ । २ मै० स०

आनि देहुँ तोहि तोहिं प्रेम पियारा । २४ मै० स०

कैसे खाउँ अतिथही बाँची । १२ रा० ज०

जस चाहौ तस देउँ विस्तारा । १५ स० क०

दरसन देहुँ न पापी किहैहु मंद बहूत । २० स्वर्गा०

कहैसि बान हनि का एहि मारउँ उतरि धरउँ हठि जोर । १८ मिर०

राम क्रिस्न के फोरौं आँखी । ४ । ८ हृ० च०

उत्तम पुरुष : बहु वचन

हम फुनि देखि नियाव निवारहिं पूछहिं तुम्हरे तात । ६८ लो० क०

मध्यम पुरुष : एकवचन

वोगि बोगि चलु चाँद गुवारी । ११ लो० क०

गुनी कहा जनि जीउ हुलावसि । ५५ लो० क०

बामन कहसु महरसों । ५० चं० (प)

चलहि लौर पुनि हौ भिनुसारा । १३ लो० क०

पायन ठेल बिरस्पति हौं तौ चेर तुम्हार । १६ चं०

कह दूतिनि सुन मालति मैनाँ । मै० स०

तोर दुख सुनत भरत हौं मैना बोल छाडदे मोहि । ६ मै० स०

एक माँस सुनु बोल हमारा । २४ मै० स०

करु मो कह जस परै विचारा । ५ रा० ज०

व्यास रिखिय सुनु बिनती मोरी । ६ स० क०
मर्म न जानसि पापी कहसि कौन तै लोग । २७ स० क०
वासुदेव सुन कहा हमारा । २० स० क०
तूँ चढु रुख देखु अस कहा । ४२६ मिर०
भुगुति देव जहु भिछ्या ले रे इहाँ सौ । जाहि । १२८ मिर० (शि)
सुनु राजा कुल वंस उधारन । १।८ ह० च०
बुधि दे सारद भाई । २।१ ह० च०
चलि जा मित्र कहा समुझाई । ४।८ ह० च०

मध्यम पुरुष बहुवचन—

मोर गनित तुम लोरिक जानहु
कहउं बोल सबही तुम्ह मानहु । १० लो० क०
पया करहु तौ रहाहु । ३० चं०
अगहन छैल बैरासहु मोरे हुत तुम्ह जाइ । १७ मै० स०
कहा चले तुम पांडौ कहहु आपन सति भाउ । ७ स० क०
विनती मोरि करब गै राजा अन्न तुह खाउ । ३७ स० क०
जैमुनि लगन निरुतहु दुनह क करह बिआह । ५१ स० क०
ह्रिदय हरख जन लालच सुमिरहु सारग पानि । १।८ ह० च०

अन्य पुरुष : एक वचन—

होइहि देउ उठान पिय पूजइ मनसा आइ । ५ लो० क०
लोरिक जउ तुहि पीरा परही । ५९ लो० क०
सीस टूट ऊपर जो हेरा । २३ चं०
अब मो पहं मैनां कत जाइ । ४ मैं० स०
तेहि दिन करउ बधावना जब लोरिक घर आउ । २३ मै० स०
और न देखै पार । २५ मै० स०
पिअहु नीर रहै प्रान तोहारा । ६ रा० ज०
कंठि बैठि जौ कहइ भवानी । ३ स० क०
कन्या एक जन्महि ग्रिहि तोरी । १५ स० क०
सो कछु कहहु गोसाइँ सुनत ग्यान जेहि जाग । ८ स० क०
सहस नाम जौ सुनै कहत कथा फल पाउ । ५५ स० क०
तउ रे बड़ाई करइ जो कोई । ९ मिर०
आउ बढ़उ हुसेन शाह कै आहि जगत कै टेक । ९ मिर०

एक न पूत नाउ जेहि रहा । २ मिर०

(छंदानुरोध से)

तछक जाए डसै नृप तोही । ५।१ ह० च०

अन्य पुरुष : बहु वचन—

बोला सभा कहहिं दुहुँ आई । ६६ लो० क० ।

सुन पावहिं तउ भार अडाई । ९ मै० स०

ते पांडौ कत लेहिं निवासा । ६ स० क०

जे करतार बड़े करि सिरजै तेरे छपावहिं दोख । ११ मिर०

१२४. भविष्य अनुज्ञार्थ—

आज्ञार्थक भविष्य के उदाहरण विरल हैं । इसके केवल मध्यम पुरुष ब० व० में मिलते हैं । इसके निम्नलिखित रूप प्राप्त हुए हैं—

बहुवचन

एहु, एह

बहु वचन

आधि राति जब जानेहु तब उठि चालेहु वीर । १० लो० क०

बान्ह लगाय खरग चमकाएह । चं०

बरजेहु पितै मरइ जनि रोई । ४० स० क०

हरख सहित दिज आगे जाएहू । १।२२ ह० च०

१२५. भूत संभावनार्थ

भूत सम्भावनार्थं के उदाहरण केवल एक वचन में ही मिले हैं । वे इस प्रकार हैं—

उत्तम पुरुष : एकवचन

जिउ देतेउं भरत न लसात बार । ५३ लो० क०

बर उतर तिन्ह भरतिउं बारी ।३९ चं०

सर सों आज उतरतें हुँ पानी । २८ मै० स०

जरमहुँ मरम न कहतेंव तोहीं । ९७ मिर० (शि)

जूझि जात का करतिउं भाई । १।८ ह० च०

मध्यम पुरुष : एकवचन

जो यह सपत न देतिसि मोहीं । ९७ मिर० (शि)

अन्य पुरुष : एकवचन

मरत न लागत वार । ५३ लो० क०

१२६. अपूर्ण कृदन्ती वर्तमान निश्चयार्थ

अपूर्णं कृदन्ती वर्तमान निश्चयार्थं के निम्नलिखित उदाहरण प्राप्त हुए हैं—

उत्तम पुरुष : एकवचन

विरह दगध हौं मरत सनेहा । ३ चं०
कुरकै कान लजाती अहौं । ५३ चं०
तोर दुख देख मरत हउं मैना । ६ मै० स०
ताहि बधे के कारने माँगत हौं श्रीराम । १९ रा० ज०
कहु रिखिइन्ह के राजा पूछत हौं सो तोहि । ६ स० क०
दारुन स्राप तोहि देति हौं । २९ स० क०

उत्तम पुरुष : बहुवचन (अत्यन्त विरल)

आइ न्हूँ मिलि कीन्ह जुहारू
जूझि भरत हैं करहु विचारू । ६६ लो० क०
(हम जूझे मरते हैं विचार (निर्णय) कीजिए)

पध्यम पुरुष : एक वचन (अत्यन्त विरल)

से इ फल अब देति हसि मोहीं । ३६ मिर० (शि)

मध्यम पुरुष : बहुवचन (अत्यन्त विरल)

जानत हहु त्रिप कंस की रचना । २ । ५ ह० च०

अन्य पुरुष : एकवचन

कनक बरन चमकत हइ देहा । २ लो० क०
वह देखु बावन आवत अहा । २२ लो० क०
निति उठि दान देत है राजा । १३ रा० ज०
कौन जात हैरे पापी तै मोर हरै ग्यान । ४६ स० क०
देखै सोवत है वन निसंका । ४२६ मिर०
लालच के प्रभु सामी जन्मत है संसार । २ । २ ह० च०

अन्य पुरुष : बहुवचन (अत्यन्त विरल)

कैति भवर बिलसत हैं केवल फूल दरभाइ । १० मै० स०

१२७. अपूर्ण कृदन्ती भूत निश्चयार्थ

उत्तम पुरुष : एक वचन (अत्यन्त विरल)

आवत अहिउँ कुवर अेक देखा। १५५ मिर० शि)

उत्तम पुरुष बहुवचन तथा मध्यम पुरुष का कोई रूप नहीं प्राप्त हो सका है। अन्य पुरुष के रूप अवश्य प्राप्त हुए हैं—

अन्य पुरुष : एक वचन

पूनेउ जइस मुख मुख दीपत अहा। गयी सो जोति खीन होइ रहा। ४३१ चं० (प)

जस निरास आवत हुत राजा अस न होए जग कोउ। १०७ मिर० (शि)

अन्य पुरुष : बहु वचन

फिरति अहीं मंदिर अपने मह का करिहै करतार। ४३८ मिर०

पलना सोवत होते मुरारी। १। ८ हृ० च०

१२८. पूर्ण कृदन्ती वर्तमान निश्चयार्थ

इस रूप के उदाहरण विरल हैं।

अन्य पुरुष : एक वचन

जहाँ बरजहिं ठाड़ हइ तहाँ। ५७ लो० क०

बदन चाँद जनि उदिनल आहा। ९२ मिर० (शि)

सौंरै ताहि जो देखिसि अहा। २९ मिर० (शि)

आंधर भवा बैठ वह अहा। ३१५ मिर० (शि)

मध्यम पुरुष : बहु वचन

कंचन पुर तुम्ह देखेहु आहा। ८० मिर० (शि)

अन्य पुरुष : बहु वचन

बैसे देवता आर्छाहि तेहि ठाऊँ। ४४ स० क०

१२९. पूर्ण कृदन्ती भूत निश्चयार्थ

इस रूप के केवल निम्नलिखित उदाहरण प्राप्त हुए हैं—

अन्य पुरुष : एक वचन

भरि इक रात चाँद हुत डसी। ४२ लो० क०

ढाकी मूँदि हुतों अंधियारी। २६४ चं० (प)

यहै चीर हम लीन्हउ अहा। १८४ मिर० (शि)

जै गहि तहिआ राखेव अही। २०५ मिर० (शि)

राजकुँवर जहँ हुता लुकाना। ३६ मिर० (शि)

मध्यम पुरुष : बहु वचन

जब रे उठाय बैठारेउ अहा। १६५ मिर० (शि)

उत्तम पुरुष : एक वचन

बोलेउ (उँ) सोइ जो देख (खे ?) उँ आहा। ७३ चं० (प)

१३०. पूर्वकालिक

प्राप्त पूर्वकालिक कृदन्त के उदाहरणों में से अधिकांश—इ स्वरांत हैं। कहीं कहीं ई के स्थान पर अ मिलता है। औ और आ के परे कहीं कहीं ई के स्थान पर ए मिलता है।

खेइ, लइ। १८ लो० क०
देखि। ८० लो० क०
जाइ। २ मै० स०
देखि। ६ मै०
जाए। ४ रा० ज०
उठि उठि। ५ रा० ज०
बैठि। ३ स० क०
कइ। ४ स० क०
आन। ४२ स० क०, अंब्रित फल नित आन खवावौं
देखि। २ मिर०
छाडि। ३ मिर०
जरि। ७ मिर०
रोए। १। ८ ह० च०
आए। ४। १ ह० च०
जानि, बिहसि। १। ६ ह० च०

१३१. क्रियार्थक संज्ञा

प्रारम्भिक अवधी में क्रियार्थक संज्ञाओं के दो रूप प्राप्त हुए है। नकारान्त रूप और वकारान्त। वकारान्त रूप के उदाहरण अपेक्षाकृत विरल हैं।

अविकारी रूप—

देखि नगर सभ परा भगानाँ। ३३ लो० क०
वीर नगर तउ चाहन लागा। ६३ लो० क०

कहब तुम्हार न पावइ मैना । १८ मै० स०
कपट रूप रोबन अनुसारी । ५ मै० स०
आएहु राजा भेंटन तोही । १६ रा० ज०
श्रोढन डासन बर केर पाता । ४३ स० क०
अबहुँ झूठ बोलिब ना छाड़सि । ३१७ मिर० (शि)
मोरि चिन्हावन केहि रे बिधि होई । २९७ मिर० (शि)
नगर देस महँ परेव भगाना । ३१० मिर० (शि)
तब वसुदेव कहन अस लागे । ८ । १ ह० च०

विकृत रूप—

क्रियार्थक संज्ञा के—बइ और-अइ प्रत्ययान्त विकृत रूप प्राप्त हुए हैं।

हरइ जउ पावउँ । ४६ लो० क०
जेहि विधि राखै सत्त सौं कौन डोलावै पार । २ मै० स०
जीव देवै वरु पारउँ राम क देबइ पार । २० रा० ज०
सुरज किरन जनु जीतइ चाहइ । १६ स० क०
सो महेस सभ कहवै लीन्हा । १४ स० क०
बामन बैठि गनै सब लागे । १५ मिर०
मरिबै कहु (तरुनापा) नरेसा । ४३३ मिर०
गरजि गगन घन बरखै लागे । १ । १६ ह० च०

१३२. कर्तृ वाचक संज्ञा

प्रारम्भिक अवधी में कर्तृवाचक संज्ञा के निम्नलिखित उदाहरण प्राप्त हुए हैं—

सिरजनहार देंहि निस्तारा । ४६ लो० क०
धनि तै बोल धनि लेखन हारा । ५६ लो० क०
दीप गए से आवन हारा । ६ मै० स०
क्यों कर पावउ तीर साधन खेवनहार बिन । म० स०
प्ररबिल लिखा बिधाते कै दहु मेटनहारा । ६ स० क०
जेहि मोरे तेहि सिरजनहारा । १० स्वर्गा०
अति सुरूप धनि सिरजनिहारा । १४ मिर०

१३३. प्रेरणार्थक

धातु में आ जोड़ कर प्रेरणार्थक क्रिया बनाए गए उदाहरण प्राप्त होते हैं।

सुनावा । १, जलावउ । १, बिछावहिं । ५ लो० क०

डोलाई । २,	पहराऊँ । २,	बुलाई । ४ मै० स०
जेवाँवा । २,	पहिरावा । १०,	बैठाइन्ह । १२ रा० ज०
लड़ावा । ३,	खोदावा । १८,	प्रजाबहु । १६ स० क०
सुनावहि । ३,	समुझावहिं । ६,	पढ़ावइ । १६ मिर०
बैठारेउ । २ । ८	जनावहु । १ । १,	पवठाए । २ । ८ ह० च०

१३४. कर्मवाच्य

प्रारम्भिक अवधी में दो प्रकार के कर्मवाच्य मिलते हैं। संश्लिष्ट और विश्लिष्ट । संश्लिष्ट कर्मवाच्य के रूपों में अपूर्ण कृदन्ती से बने रूपों के अतिरिक्त अन्यों का प्रयोग अनुज्ञार्थ में होता है—

संश्लिष्ट—

पाइय । १, मारिय । ३४, लीजइ । २६, कीज । ६
जनियत । ४० लो० क०
कीजइ । ५, बैलसियइ । १३, मानिय, १५,
कीज । २९ । म० स०
बोलियइ, कहियइ । रा० ज०
जाइए (इ), दीजै । ३४ स० क०
गनिअै । ४३९ मिर०, पठइज । १९ मिर० (शि)
गनीज । ३३ मिर० (शि), कीजै, लीजै । ३६ मिर० (शि)
देखिय । ५ धरिअ । १ । ९ ह० च०, कीजै । ५ । ५ ह० च०

विश्लिष्ट कर्म वाच्य—

गही न जाई । २ लो० क०
कहे न जाँइ । ११ चं०
परा जाइ । १९ मै० स०
चलि जाई । २० रा० ज०
जानि न जाई । १६ स० क०
चलि न जाई । ३३ स० क०
बिसरि न जाइ । २१ मिर०
कहि जाई । ९ मिर०
जानि न जाई । ४ । ८ ह० च०
लखि न जाए । १ । १ ह० च०

१३५. संयुक्त क्रिया

प्रारम्भिक अवधी की रचनाओं में निम्नलिखित क्रियायें सहायक क्रियाओं के साथ मिलकर संयुक्त क्रियाओं का उदाहरण प्रस्तुत करती हैं—

जाना—

लै गई । ४, जाउँ उड़ाई । १६ लो० क०

गए भुलाई । ३, उठि गै । ४, चलिजाई। २० रा० ज०

लै गौ । ३०, गै बैठु । २६, गैफूटी । ३१ स० क०

गएउ हेराई । २०, गालोटी । ४३५,

कहि जाई । ६ मिर०

मरि जाई । २ । ८ ह० च०, चलो जा । ४ । ८ ह० च०

पड़ना—

लै परी । ४ लो० क०

पडेउ जइ आइ । ५ मै० स०

परु पुरछाई । ४, छूटि परु । ७,

मुरछि परे । २२ रा० ज०

मूलि परेसि । २६ स० क०

पूरा सिर आई । १ । ८ ह० च०

लगना—

आइ अब लागा । ४, चाहन लागा । ६३ लो० क०

लागे खाई । १२, नाचन लागे । १४ रा० ज०

पढ़ावइ लागे । १६, खेलै लागे । ७,

होइ लाग । १७

सुनावन लागे । ७।१, कहन लागे । ८।१ ह० च०

रहना—

रहा छाइ । १७ लो० क०

रहै छपाई । २८ स० क०

रमि रहै । ३।६ ह० च०

पाना—

लखि पाए । ७, जाइ न पावा । २१,

हरइ जउ पावउँ । ४६ लो० क०

सुन पावइ । ८ मै० स०

होरवै पावा । १६ रा० ज०
रहइ न पावा । ४३२ मिर०
जानि न पावा । ८।१ ह० च०

आना—

गिनत न आवइ । ४७ लो० क०
लै आवहु । ५ रा० ज०
आने काती । २८,
आनु बोलाई । ३८ स० क०
गनत न आव । १२ मिर०
चलि आए । ५१ ।६ ह० च०

चलना—

लइ चलै । १५, चला उड़ाई । ५६ लो० क०
चली पराई । १६ मिर०

लेना—

धरि लीन्हें । ११, लिएउं छुड़ाई । ४७ लो० क०
लीन्ह संभारी । २ मै० स०
हरि लेई । २८ स० क०
लिहेसि बुलाई । १७ मिर०

पारना (सकना के अर्थ में)—

देखि को पारइ । ३४ लो० क०
डोलावै पार । २ मै० स०
देवे पार । २० रा० ज०
जोरइ पारा । ३, नियजै पारा । ३३ स० क०
रहै न कोई पार । ४३७ मिर०
गनै को पारा । २० रा० ज०

देना—

देइ दिखाइ । ४६ लो० क०
देहु डोलाई । २ मै० स०

चाहना—

जूझइ चाहु ।

बैठ—

ले बैठ। ८० लो० क०

धाइ बैठ्यो (बैठेउ) ३ चं०

उठना—

उठा अकुताइ। १५ स० क०

तुलाना—

आइ तुलानी। ४३५ मिर०

□□

अव्यय

अव्यय

क्रिया विशेषण

१३६. प्रारम्भिक अवधी में प्राप्त क्रिया विशेषण नीचे दिए जा रहे हैं—

काल वाचक—

अब । ३, तब । २, फिरि । ७, फुनि । ६, जब । १०,
जउलहि, तउलहि । २०, बहुरि । २३, आजु । ४०, पुति । ४६,
जउ (जब के अर्थ में) । ४८, नित । ३१ लो० क०
दिन दिन । १५ चं०

पहलें । १, पुनि । १, तब (ही) ।४, जउ ।६, तउ ।६,
नित, नित । ६, अब ।११, जब, जब । १४, आज (हिं) । १८,
बउलहि । १६, घड़ो घड़ी । २६, काऊ । २८ मै० स०

तब । ११, जब । १२, त । ४, जो । ४, पहिलें । २१,
चौखे । २१, पुनि । ३ रा० ज०

तब । ११, जब । ११, सदा । ६, आज । ८, पहिले । ४,
छनिक । ६, तब लगि । ६, नित । ४२, चौखे । ३८,
कालि । ४४ स० क०

जब लगि । २, पहिलें, ३, काऊ । ८, फुनि । ८, ततिखन । ११
जौ, तौ । ६, अब । १२, तब । ४२४ काहिह ।४२४,
कत । ४२५, जहिया, तहिया । ४४३, वेगि । १६ मिर०

अब । २।१, जब (ही), तब (ही) । ३।१, बेगि । ५।१,
आदि । ५।१, जहिया, तहिआ । ६।१, पुनि । ६।१,
आजै । ७।१, कब (हि) । ३।८, बहुरि । ४।८,
तुरित । ५।१ ह० च०

स्थान वाचक—

कहूँ । ४, बीच । ६ । ८, कत (हुं) । १२,
बाहिर । १३, कुत । १५, इहवाँ । १८, उहवाँ । २,
तहवां । ३७, कित । ४८, नियर । ५१, कहाँ, जहाँ । ५७, लो०क०
तले । १७ चं० (प), आगें । १५ (चं०)
अगें । २, जहाँ । ३, कहवाँ । ३, कत । ४, कहूँ । ६,
तहवाँ, जहवाँ । २६, पावैं । २१, नियर । २६
तहवाँ । ३, ऊपर । ४, हेठ । ४, आगे । २१ रा० ज०
तहवाँ ।, तह । १०, भीतर । १०, जहां । १०, कहाँ । ७,
ऊपर । १७, कतहु । २० स० क०
तहां । ५, आगे, पीछे । ७, तर । २०, भीतर । २०,
ऊपर । ४२६, इहाँ । ४३३, बाहर । ४३३, कत । ४३० मिर०
विच । ३।१, तह (हँ) । ५।१, तर । १।८, बाहर । २।८,
उपर (हि) । २।८, जहाँ, तहाँ । २।८,
भीतर । ३।८, पास । ४।८ ह० च०

रीति वाचक—

अस । ३, तस । ४, तइस (इ) ।७ अइस । ८,
जइस । १३, अइसन । १३,
कस । १६, केउं (किवं) । १८, कइसें । १८, जइस । २१ लो० क०
अइस । १, जिउ । १, कस । ३, अस, ५, जस । ५,
अइसा । ५, क्योंकर । ६, तस । ११, अइसन । १८,
तिउ तिउ । २६, तइस । २६, अइसा । २६ । मै० स०
कैसे । १५, जैसे । १५, अस । १५,
जस । १, अस । ६, कैसे । ६, जैसे । ७, तस । ४,
जैसन, अइसन । २२, स० क०
कस । ३, अइस । ६, तैसेहिं । ८, जैसे । ११ मिर०
जैसे । ५।१, कैसे । १।८, अस । १।८, जिमि । २८ ह० च०

परिमाण वाचक—

कछु । १३; बहुत । १६, अत्ति । १६, जित । ३१ लो० क०
अति । ७, कछु । ८, अलम । १०, बहुत । १४, अपार । १८,
तिल (जरा सा के अर्थ में क्रिया विशेषणवत प्रयुक्त) । २२ मै० स०

बहु । ३, बहुत । ५, रा० ज०

जत । १३, स० क०

बहु, बहुत । ५, किछु । ८, अति । १२, किछौ । २१ मिर०

कछु । ३।१, वहु । ३।१, अति । २।८, अधिक । ३।८ ह० च०

निषेध वाचक—

न । १, नाहीं । १, नहु । ७, मत । १३, जनि । ५५, लो० क०

ना । १, न । ४, बिन । ३०, नहीं । २१, मति । २८ मै० स०

ना । ८, बिनु । १०, न । १, जनि । २०, रा० ज०

न । ११, नहि । १२, जनि । १५, बिनु । १३ स० क०

ना । नहीं । १, न । १, नहि । ८ मिर०

नहिं । ४।१, न । ४।१, जनि । ६।१ नाहीं । ६।१ ह० च०

विविध—

तक । ३१ चं०, किन ८ मिर० तो । ४५ । ८।१ ह० च०

१३७. समुच्चय बोधक

संयोजक—

अउ । २०, २० लो० क०, अवर । १८ चं०, अरु । २४ लो० क०

अउर । ५२ लो० क०

और । ३, मै० स०

औ । ११ रा० ज०

औ । ५४, ५६ स० क०

औ । ४, अउर । ८, और ४३४ मिर०

विकल्पात्मक—

कई । ४४, ४५, नत । १, बरु । ८० लो० क०

नांतर । ६, कई । २१, मै० स०

की । ५, वरु । २० रा० ज०

को । २६ स० क०

कै । ४२४ मिर०

बरु । ५ । १ ह० च०

प्रतिवेधक—

पै । १०, २३, ६२ लो० क०

पइ । १४ मै० स०

पै । ४३२ मिर०

आश्रित वाक्य, संयोजक—

जउ । ५, जानहु । ११, जनु । १, दहु । ८, लो० क०
कै । जो । २, जउ । ६, मै० स०
जानहु । ३, जो । ५, ६ रा० ज०
जें । १ (जिससे कि), जनु । १६, जउ, ३३, दहु । ६,
जौ । ४७ स० क०
जौ । ४२४, जनु । २१, जनौ । ४२४, जउं । ४२७ मिर०
जौ । ८ जनि (नु ?) २ । ८, जानहु । ३ । ८ ह० च०

सम्भवानार्थक—

कै कहुँ । २८ मै० स०, मकु । ३१ च० (प)

मति—

मति सुनपावहु कैकहु लोर
(कहीं लोरिक न सुन पाए ।)

१३८. निश्चयबोधक रूप

प्रारम्भिक अवधी में निश्चय बोधक दो रूपों में पाए जाते हैं। केवलार्थक और समेतार्थक । समेतार्थक रूप 'हु' अथवा 'उ' लगाकर तथा केवलार्थक हि अथवा 'इ' लागा कर बनाए जाते हैं। ये प्रत्यय, संज्ञा, विशेषण, संख्या वाचक, सर्वनाम, क्रिया तथा क्रिया विशेषण रूपों में लगते हैं।

(क) समेतार्थक

१—संज्ञा—

खानजहानहु । १२ चं० (प)
नगरहु । १ चं०
सपनेहु । ६
नेगीहु । ७४३ मिर०
नलहु । १३ मिर०

२—विशेषण

साचेहु । ४२५ मिर०

३—संख्या वाचक

सातौ ३१ चं० (प), दुवउ । ११ लो० क०

छतीसो । १४, चहुँ । २२, दुनहु । २०,
दोउ । १५, दोहूँ । २४ मै० स०
दूनहु । ५, तिहुँ । १६ रा० ज०
चारिउ २०, पाँचौ । ७ स० क०
चारिउ । ४, दूवौ । ४३८, एकौ । १३,
बतीसउ । १४, पायहु । ४३१ मिर०
आठौ । ह० च०

४—सर्वनाम

हमारेउ । ३८ लो० क०, तुम्हहूँ । (प),
तुम्हरौ । २७ लो० क० तूह । ३८ च०,
कौनिउ । ५० लो० क०
तोहूँ । २३, काहू ६ मै० स०
हमहू । १२ रा० ज०
सेउ । १६ स० क०
औरौ । ४८ स० क०
तेहू । ४२६, हमहूँ । ४३२, काहू । ४३८ मिर०
हमहुँ । २ । ८
केहु । ४ ८ ह० च०

५—क्रिया (अत्यन्त विरल)

मुएहु । ३ लो० क०
देखतहु । ५ चं०

६—क्रिया विशेषण

कैसेहुँ । ४६, कतहु । १२, अजहूँ । ३६ लो० क०
कहूँ । ६, तबहुँ । १३, कैसहुँ । २०, मै० स०
तबहु । ८ रा० ज०
कबहु । २० स० क०,
कबहु । ५ स्वर्गा०
कहियउ । १८, किछौ । २१, ऐसेहु । ४४० मिर०
कबहुक । २

(ख) केवलार्थक

संज्ञा—

घरहि । २८ लो० क०
माटिइ । १६ मै० स०

विशेषण—

सगरिइं । ६६ लो० क०
झूटहि । २० मै० स०
साँचहि । ११० मिर० (शि)

संख्या वाचक—

एकै । २७ स० क०
एकै । ४२९ मिर०

सर्वनाम—

सोई । ३६, सबै । ६, सबही । १०, हमारहि ।
७३, लो० क०
तुमहि । ७४ चं० (प)
सोइ । १५ मै० स०
एहै । ८ रा० ज०
आपुहि । ४, सभै । ३५ स० क०
उहै । २९ मिर० (शि)
आपुहि । ४३१, सबै । १३ मिर०
सोई । ३ । ९ ह० च०, इहै । ४ । ८ ह० च०

क्रिया—

कहतहि । ३४, डसतहि । ३९ लो० क०
जियतइं । १६, सौउतहिं । ५१
बैसेहिं । ४४० मिर०, सुनतेहिं । ५९ मिर० (शि)
धरतहि । ४ । ८ ह० च०

किया विशेषण

बहुतइ । ३५, जबहिं । २४, तबहीं । ३६, तउहि । ४८,
उहाई । ६५, अतिहि । ४८ चं० (प)

तबही । ४, अकेलइ । १८, एतनइं । १८,
आजहि । १८, अइसहि । २६
जबही, तबही । ४ रा० ज०
बहुतै । ११, अतिहि । १५ स० क०
जैसेहि, तैसेहि । ४३४ मिर०
बीचहि । ६ । १, उपरहि । २ । ८, आजै । ७
अबही । ७ । १, जबही, तबही । २ । ८ हु० च०

□□

उपसंहार

उपसंहार

पिछले पृष्ठों में प्रारम्भिक अवधी भाषा का अध्ययन प्रस्तुत करने का प्रयास किया गया है। भाषा विशेष के रूप में अवधी का सर्वप्रथम उल्लेख अमीर खुसरो की जिस रचना में हुआ है, उसका रचनाकाल ७१८ हि० अर्थात् सन् १३१६ ई० है। अमीर के खुसरो के उल्लेख के पूर्व भी कई रचनाओं—प्राकृत पैंगलम् के कुछ छंदों, राउरबेल और उक्तिव्यक्ति प्रकरण में अवधी के पर्याप्त रूप मिल जाते हैं। वस्तुत: उक्त रचनाओं विशेषत: उक्तिव्यक्ति प्रकरण में अवधी रूप इतनी प्रचुर संख्या में हैं कि डॉ० चटर्जी ने उक्तिव्यक्ति की भाषा को कौसली या पूर्वी हिन्दी की प्रारम्भिक अवस्था का अवधी रूप कहा है। दे० १, १२ स्टडी उ० व्य० प्र०। किंतु हमने उक्तिव्यक्ति की भाषा को दो कारणों से अवधी नहीं कहा है।

१—उक्ति व्यक्ति में आए हुए सभी रूप अवधी में नहीं मिलते। उदाहरण के लिये उक्तिव्यक्ति में अन्य पुरुष बहुवचन में 'करति' तथा उत्तम पुरुष बहुवचन में 'करहु' रूप होते हैं (देखिए ए स्टडी आव दि न्यू इण्डो आरियन स्पीच : उक्तिव्यक्ति प्रकरण पृ० ५६ पर दिया गया धातुरूपादर्श) ये रूप अवधी में नहीं मिलते ।

२—खुसरो के पूर्व अवधी शब्द का कोई उल्लेख नहीं मिलता।

प्राकृत पैंगलम् के विवेचित छन्दों और राउरबेल की भाषा की भी यही स्थिति है।

> पंडववंसहि जम्म धरीजे, संपअ, अज्जिअ धम्मक दिज्जे
> सोउ जुहिट्ठिर संकट पाआ देवक लिक्खअ केण मिटावा।
>
> —१०१ व० वृ०

की भाषा को अवधी न कह कर अवधी का पूर्व रूप कहना अधिक उचित है क्योंकि जम्म, संपअ, अज्जिअ, धम्मक केण जैसे प्रयोग परवर्तीअवधी में नहीं मिलते।

इसी प्रकार तासु सोह कि कछडा पांवइ। ४ रा० वे० तो को अवधी कहने में कोई आपत्ति नहीं है किन्तु दित्ता। १६ रा० उ० प्रारम्भिक अवधी के 'दीता'

का पूर्व रूप है। वस्तुत: प्राकृत पैंगलम् के विवेचित छन्द राउरबेल और उक्ति-व्यक्ति प्रकरण की भाषा उस आसन्न पूर्वंजा भाषा का प्रतिनिधित्व करती है जिससे अवधी विकसित हुई है।

हमें खुसरो के उल्लेख काल के ६३ वर्ष पश्चात् ७८१ हि० अर्थात् १३७९ ई० में रचित दाऊद कवि का काव्य उपलब्ध होता है। प्रस्तुत विवेचन में दाऊद के काव्य के रचनाकाल १४ वीं शताब्दी से लेकर लालचदास के हरिचरित (रचनाकाल लगभग सम्वत् १५८२ सन् १५२५ ई०) तक प्राप्त अवधी भाषा का अध्ययन किया गया है। डॉ बाबूराम सक्सेना ने अपने प्रसिद्ध ग्रन्थ 'एवोल्यूशन आव अवधी' में जायसी और कुछ परवर्ती अवधी कवियों की भाषा का अध्ययन प्रस्तुत कर दिया था इसलिये हमने जानबूझ कर इस विवेचन में जायसी-पूर्व अवधी कवियों की ही भाषा का जिसे हमने प्रारम्भिक अवधी कहा है, अध्ययन किया है।

ध्वनि :

प्रारम्भिक अवधि और जायसी पश्चात् अवधी में ध्वनि विचार की दृष्टि से अंतर नहीं है। यद्यपि प्रारम्भिक अवधी में ण् और श् व्यंजन मिल जाते हैं किन्तु उनके प्रयोग विरल हैं। 'ण्' आधुनिक अवधी की भाँति अपने वर्ग के स्पर्श के पूर्व प्रयुक्त होता है। 'श्' भी विरल प्रयुक्त है। 'श्' का प्रयोग रा० ज० जैसे धार्मिक और अवधी के पूर्वी प्रदेश में लिखी गई रचना में मिलता है। 'श' के छिटपुट प्रयोग अन्यत्र भी जैसे दोश। ८ मै० स०, श्वामी। १ स० क०, तिश्ना। २ मिर०, मिलते हैं। किन्तु ये तत्सम या अर्धतत्सम शब्दों में ही मिलते हैं जिनमें सम्भवत: प्राचीनता या आभिजात्य (?) का आभास देने लिए 'श्' का प्रयोग किया गया है।

प्रारम्भिक अवधी में यद्यपि र् और ल् परस्पर विनिमेय ध्वनियाँ हैं किन्तु उसमें 'ल्' के 'र्' में परिवर्तित होने की प्रवृत्ति अपेक्षाकृत अधिक है। 'र्' 'ल्' के जो उदाहरण मिलते हैं वे अधिकांशत: पूर्वी अवधी या भोजपुरी प्रदेश में लिखी गयी रचनाओं में हैं जैसे मंदिल। ५७ स० क० दुदिस्टिल। ५० मिर० (शि) इत्यादि अत: यह मागधी प्रभाव भी हो सकता है।

प्रारम्भिक अवधी में 'र्ह्' व्यंजन नहीं मिला है।

संज्ञा :

लोरकहा मैनासत और सत्यवती कथा में ऐसे उदाहरण मिले हैं जहाँ संज्ञा के मूलरूप अकारण हकारान्त हो गए हैं दे० टिप्पणी।

हकारान्त मूलरूप के उदाहरण ईश्वरदास के पश्चात् अवधी रचनाओं में नहीं मिले हैं। यद्यपि जनता में इस प्रकार के रूप आज भी प्रचलित हैं। हकारान्त मूल रूप का उदाहरण प्राकृत पैंगलम् की इस पंक्ति में भी मिलता है—

बह पच्छा वावह। १९५ व० वृ०

(पश्चिमी वायु बहती है।)

ज्ञात होता है कि हकारान्त अविकारी अपभ्रंश और प्रारम्भिक अवधी में विद्यमान था, जिसका प्रयोग परवर्ती अवधी काव्य में नहीं मिलता किन्तु जो अभी लोक-प्रयोग में शेष है।

कारक :

प्रारम्भिक और परवर्ती अवधी के कारक-रूपों में सामान्यत: कोई अन्तर नहीं है। किन्तु साधन के मैनासत की कुछ पंक्तियों में षष्ठी एक वचन का अह प्रत्ययान्त पुल्लिग रूप विद्यमान है जैसे 'नरकह कुंड आनि सो मैलसि।' ३२ मै० स० जो परवर्ती अवधी में नहीं मिलता।

आं प्रत्ययान्त विकारी रूप बहुवचन के प्रयोग चं० (प) और लो० क० में मिलते हैं।

सहस करां ४४१ चं० (प)

बाहाँ जोने। ६५ ल० क०

इस तरह के उदाहरण परवर्ती अवधी में मुझे नहीं मिले हैं।

परसर्ग :

प्रारम्भिक अवधी की प्राचीनतर रचनाओं में परवर्ती अवधी की अपेक्षा परसर्गों का कम प्रयोग हुआ है। लो० क० की प्रारम्भिक १०० पंक्तियों में परसर्गों का प्रयोग केवल २१ बार हुआ है जबकि पद्मावत की प्रारम्भिक १०० पंक्तियों में वे ४१ बार प्रयुक्त हुए हैं। मिरगावत में परसर्गों के प्रयोग की मात्रा लगभग पद्मावत के ही समान है।

सर्वनाम :

१४५. प्रारम्भिक अवधी और परवर्ती अवधी के सर्वनाम रूपों में कोई महत्त्वपूर्ण अन्तर नहीं दिखलाई पड़ा है। किन्तु उसमें काव्य-भाषा के रूप में प्रयुक्त परवर्ती अवधी की अपेक्षा सर्वनाम रूपों को विविधता अधिक है। नीचे प्रारम्भिक अवधी के सर्वनाम रूपों का उल्लेख किया जा रहा है जो परवर्ती

अवधी में रचित काव्यों की भाषा में[१] नहीं मिलते—

(१) 'हम' का विकृत रूप 'हमाह'—

काहे तजिसि हमाह । १२८ मिर० (शि)

करवत सीस देइ जौ कोइ वैसन्ह जाय हमाह । १२१ मिर० (शि)

सम्भवतः यह रूप हमह या हमहि से विकसित हुआ होगा । शब्दों के मध्य-वर्ती 'अ' को दीर्घ करने की प्रवृत्ति प्रारम्भिक अवधी में मिलती है । दे० ७६

(२) मध्यम पुरुष अविकारी बहुवचन के तुहँ, तुह, तुह्व रूप—

मइ करि जउ तुहिं (हं) इहवाँ रहहू । ३७ लो० क०

का लोगा तुह घरहु पियार । १ मै० स०

सभै देवता तुहु बाटौ क्रिति एक जस लेह । ४६ स० क०

(३) मध्यम पुरुष विकृत रूप बहुवचन का 'तुह' रूप—

तुह ते बुधि जन करहि के वारा । २।१ ह० च०

(४) अन्य पुरुष नित्य सम्बन्धी और दूरवर्ती संकेत वाचक सर्वनाम ए० व० के 'से' और 'ऊ' रूप—

से उपदेस करब मैं भारी । ८ स्वर्गा०

ऊ फिर चेर न होइ । ३०८ चं० (प)

'से' रूप बंगाली, उड़िया और भोजपुरी (दे० ओ० डी० बी० ऐल ५५५) में मिलता है । ऊ का प्रयोग पूर्वी अवधी भाषी जनता करती है ।

दे० ए० अ० २४१ ।

(५) निकटवर्ती संकेत वाचक सर्वनाम का एकवचन रूप 'ई' और विकृत बहुवचन 'इन्ह' जो भूतकालिक कृदन्ती क्रियाओं के कर्त्ता रूप में प्रयुक्त होता है ।

ई सभ लेहु गिनाइ । ५४ स० क०

इन्ह हमार सब देखु सरीरा । २७ स० क०

ये दोनों रूप अवधी भाषी जनता में प्रचलित हैं, देखिए एवोल्यूशन ऑफ अवधी । २४४ बी ।

(६) निकटवर्ती संकेत वाचक सर्वनाम के विकारी बहुवचन रूप में एक स्थल पर 'एतिन्ह' का प्रयोग मिलता है ! जे एतिन्ह कर लीन्ह सोभावा । १८३

---

१. परवर्ती काव्य भाषा से मेरा तात्पर्यय डॉ० सक्सेना द्वारा विवेचित ए० अ० की प्रारम्भिक अवधी (अर्ली अवधी) से है । उन्होंने प्रारम्भिक अवधी के अन्तर्गत जायसी, तुलसीदास, और नूरमोहम्मद की भाषा का अध्ययन किया है ।

मिर० (शि) । यह रूप अन्यत्र कहीं नहीं मिला है ।

(७) सम्बन्ध वाचक सर्वनाम का एकवचन अविकारी रूप—

पुन कथा जे यह सुनै । ५७ स० क०

यह रूप गोंडा जिले में प्रचलित है । दे० २४७ (ए)० ए० अ० ।

(८) प्रश्न वाचक सर्वनाम मूल रूप एक वचन के 'कउन' और 'के' रूप—

पिउ गारुड़ बिन कउन जिवावै । २६ मै० स०

पुरबिल लिखा विधाते के दहु मेटन हार । ९ स० क०

उपर्युक्त रूपों का प्रयोग अवधी में आज भी होता है ।

कउन आवा है (लखीमपुरी) : दे० ए० अ० २५० ए०

उनका के मारिसि (लेखक स्वयं सूचक)

(९) अनिश्चय वाचक सर्वनाम का प्राणिवाचक मूल रूप का 'केहू' रूप—

कइ केहू कछु दइ मगु लावा ।४५ लो० क०

गोंडा, फैजाबाद, सुलतानपुर प्रतापगढ़ और इलाहाबाद जिलों में केऊ और 'केहू' रूप जन जन-प्रचलित हैं (देखिए अ० २५८ बी० ।)

(१०) अनिश्चय वाचक सर्वनाम का सम्बन्धवाची विशेषण रूप 'परार'—

आप परार न चीन्है भुआरा । २८ रा० ज०

यह रूप लखीमपुरी में आज भी प्रचलित है देखिए—

परारे धन से कउन परोजन । २५८ बी०, क्र० अ०

क्रिया :

१४६. वर्तमान काल :—

सहायक तथा अस्तिवाची क्रिया—

(१) आछ्

प्रारम्भिक पूर्व अवधी में आछ् धातु का प्रयोग परवर्ती अवधी की अपेक्षा अधिक हुआ है । जायसी ने आछहिं का प्रयोग केवल दो बार और 'आछ्' का प्रयोग केवल एक बार किया है (देखिए ए० अ० २९०) जबकि दाऊद की रचना में आछ् धातु के विविध रूपों का प्रयोग १२ मिलता है । आछहिं । ३३ चं० [प], आछै । ८३ चं० । आछ । ९६, आछै १८७, आछहिं । १८५, आछै १९९, आछ । २१४, आछत । २३८, आछौं । २४६, आछइ । २५९, आछै । २६१, आछहु । २६४ चं० (प) ।

तुलसीदास ने केवल 'अछत' रूप का प्रयोग किया है, जबकि ईश्वरदास ने सत्यवती कथा में आछे । ४५७, आछहिं । ५४, आछहु । ३९ का प्रयोग

किया है।

(२) बा, बाट्

प्रारम्भिक अवधी में बाट् बा क्रियाओं के रूपों का प्रयोग मिलता है :—

तैस बा तेस गोवर। २६ चं० (प)

सभै बा दुखी। १६ रा० ज०

जहवाँ कन्या बाट। ३८ स० क०

जैसे बाटैं (टें) पाँचो भाई। ७ स० क०—इत्यादि

डॉ० सक्सेना द्वारा विवेचित अवधी काव्यों की भाषा में इस सहायक क्रिया का कोई उल्लेख नहीं है, यद्यपि उन्होंने यह दिखा दिया है कि प्रतापगढ़ में बा, बाट और इलाहाबाद तथा मिर्जापुर जिलों में बाट क्रिया के रूप प्रचलित हैं दे० ए० अ० २६१ ए०।

(३) होख्

रा० ज० स० क० और मिर० में वर्तमान काल की अस्तिवाची क्रिया के रूप में होखहि का प्रयोग मिलता है—

भए व्याह जां होखहि नाती। ८ रा० ज०

ऐसन पाप ताहि कह होखै। २६ स० क०

होखै कोई ब्यौहरा। ७० मि० (शि)

होख् धातु का प्रयोग आजकल भोजपुरी में होता है। (दे० ५५४ भो० भा० सा०) अवधी में नहीं। रा० ज० स० क० और मिर० तीनों रचनायें पूर्वी अवधी प्रदेश या पश्चिमी भोजपुरी क्षेत्र की हैं अतः सम्भव है कि यह पूर्वी प्रभाव हो। यह भी असम्भव नहीं कि प्रारम्भिक अवधी में यह रूप प्रचलित रहा हो किन्तु कालान्तर में विलुप्त हो गया हो।

(४) अन्ति, अन्धि

मिर० में अन्य पुरुष वर्तमान निश्चयार्थ के ब० व० में रचंति, करंथि जैसे रूप मिलते हैं—

मान बिहूने हेतु बिनु रूपहिं जे रचंति
मूरख दिया पतंग जेवं फिरि-फिरि ते दगधंति। १७९ मिर० (शि)

ते किय-किय न करंथि। १८० मिर० (शि)

रचंति, दगधंति, करंथि, जैसे प्रयोग प्रारम्भिक अवधी में भी विरल हैं। अलबत्ता रा० बे० मौंहथि। ३ मिलता है। उ० व्य० प्र० में प्राप्त अन्य पुरुष वर्तमान निश्चयार्थ बहुवचन रूप 'करति' को डॉ० चटर्जी ने करन्ति से विकसित बताया है। दे० स्टडी ७१ उ० व्य०। सम्भवतः 'करन्ति' से जहाँ उ० व्य० प्र०

में प्राप्त 'करति' रूप विकसित हुआ वहीं उससे करइं और करहिं रूप भी विकसित हुए करन्ति महाप्राणीकृत करन्थि तथा करंति> करइं और करंथि> करहिं। मिर० में प्राप्त अन्ति और अन्थि प्रत्ययान्त रूप इस अनुमान का आधार प्रस्तुत करते हैं। अन्ति और अन्थि प्रत्ययांत रूप सम्भवतः प्रारम्भिक अवधी में अप्रचलित हो गए थे।

१४७. भूतकालः—

(१) होत, होते

प्रारम्भिक अवधी में भूतकालिक कृदन्ती रूप होत (ए० व०) होते (ब० व०) रूप मिलते हैं। ये रूप परवर्ती अवधी में अत्यन्त विरल हैं। मुझे पद्मावत में इसके केवल दो उदाहरण मिले हैं। होती छं० स० २८३, ४१८ मधुमालती में इसका कोई उदाहरण नहीं मिलता।

दुःख जो होत कुंभलात। ५५ लो० क०
(जो दुःख से मलान था)
अपनी गरभ होत (ते) हम जहिया। ६। ह० च०
बन मों ब्राभन होते सुखी। १६ रा० ज०

यह रूप न तो परवर्ती अवधी काव्य भाषा (पद्मावत के दो स्थलों को छोड़कर) मिलता है और न अवधी की बोलियों में ही इसका सन्धान मिलता है। किन्तु 'उ' को 'ओ' बना देने की प्रवृत्ति अवधी में आज भी दिखलाई पड़ती है दूसर> दोसर, चापलूस> चापलोस। इसी प्रवृत्ति से हुत और हुते का होत और होते रूप बने प्रतीत होते हैं।

(२) भउ

परवर्ती अवधी में भूतकालिक कृदन्ती सहायक क्रिया 'भउ' अत्यन्त विरल है। यह रूप मैनासत, रामजन्म और सत्यवती कथा और हरिचरित में पर्याप्त मिलता है। पूरे पद्मावत में यह ७ बार और मधुमालती में ३ बार प्रयुक्त हुआ है। पद्मावत छंद क्रमांक १६,२६७, ३२१, ३६२, ३६०, ४६६, ४७७; मधुमालती छ० क्र० ५७, ८२, ४७१ (भो)। स० क० और ह० च० में इसका प्रयोग अपेक्षाकृत अधिक मात्रा में हुआ है। ह० च० (कुल पंक्ति संख्या लगभग १५८४) में यह २४ बार और स० क० (कुल पं० स० लगभग ४६४) में यह रूप १६ बार प्रयुक्त हुआ है।

हिन्दी क्षेत्र और उसके आसपास की नवोदित भारतीय आर्यभाषाओं में इस रूप का व्यापक प्रचार था। यह रूप प्राकृत पैंगलम् व० वृ० १३४, राउल बेल

२४, में मिलता है। ब्रजभाषा के कवि मतिराम ने भी इस रूप का प्रयोग किया है। (देखिए ब्रजभाषा २३१) डॉ० धीरेन्द्र वर्मा ने कहा है कि यह रूप ब्रजभाषा में अपेक्षाकृत कम प्रयुक्त होता है 'तथा अवधी प्रभाव के कारण' हो सकता है (ब्रजभाषा २३१) कीर्तिलता में भी इस रूप का प्रयोग हुआ है (दे० कीर्तिलता ३।३७) इससे भी पूर्व मैथिल रचना वर्णरत्नाकर में भी इस रूप का प्रयोग हुआ है (२५ क, ३२ ख, २६ क, ३७ क, ४१ क, ४७ ख, ७०, ७२ ख)।

सम्भवतः भू धातु का अवधो में प्रचलित कृदन्तो भूत कालिक रूप भा, कभी 'भअ' था (गा-गया के गअ की भाँति)—जिससे भइ और भअ और भउ दोनों रूप विकसित हुए। गेउ (गया) भी प्रारम्भिक अवधी (देखिए रा० ज०।४, स० क० २४, ३०, ३१ इत्यादि, ह० च० ।४।३, १०।१, इत्यादि पद्मा०। २३५, ३२७ इत्यादि तथा मधु०। २३६, २६७ इत्यादि तथा वर्ण रत्नाकर ३३। क, ४२। ख इत्यादि में मिलता है।

(३) ईत, ईतिस, एतिस, एतिन्ह

प्रारम्भिक अवधी में ईत, ईतिस, एतिस और एतिन्ह भूतकालिक कृदन्तो रूप मिलते हैं। दे० ११६ (१२, १३, १४) प्रारम्भिक अवधी के ये रूप सर्वाधिक संख्या में चन्दायन में मिलते हैं। परवर्ती अवधी की रचनाओं में इनके प्रयोग केवल मधुमालती में मिलते हैं। चन्दायन (प० के आधार पर) में इन रूपों का सोलह बार, (छं० क्र० ५१, ७७, १३१, २३७, २६१, २७६, २६१, ३०४, ३५०, ३६५,३६७, ४२७, ४४६। छंद क्रमांक ७७, ३६१, और ३६५ में इस रूप का प्रयोग दो बार हुआ है) मै० स० में दो बार (२, १२) मिर० (शि) के १६६वें छन्द तक इन रूपों का प्रयोग १६ बार, पूरी मधुमालती में पाँच बार हुआ है। पदमावत में यह रूप नहीं मिलता। पदमावत जैसे प्रतिनिधि काव्य में इस रूप का अप्राप्त होना इस बात का संकेत करता है कि यह रूप अप्रचलित हो गया था। मधुमालती में भो इसका केवल पाँच बार प्रयुक्त होना भी यही संकेतित करता है।

राउरबेल में दित्ता का प्रयोग हुआ है।

अंधिहिं कय्यल डहरा दित्ता। १६ रा० बे०

(आँखों में गहरा या चमकदार काजल दिया)

कीता, या दीता जैसे रूपों का विकास इस प्रकार हुआ होगा। कृ + क्त कृत > कित्त > कीत। क्त प्रत्यय से युक्त रूपों का विकास दो रूपों में हुआ है दा + क्त – दत्त, या दिण्ण > दीन, > दीन्ह। संस्कृत में दिण्ण या किण्ण जैसे रूप नहीं दिखलाई पड़ते किन्तु भ० भा० आ० में ऐसे रूप मिलते हैं। सम्भवतः

कीत, और कीन जैसे दोनों रूपों का विकास साथ-साथ हुआ है। आज अवधी में कीत, दीत रूपों का प्रचलन नहीं है किन्तु प्रारम्भिक अवधी में ये मिलते हैं। पंजाबी में दीता जैसे प्रयोग आज भी प्रचलित हैं।

कीतिस, लीतिस जैसे रूप सम्भवत: अवधी के किहिस, लिहिस जैसे रूपों के पूर्व रूप हैं।

लीतिन्ह, लीतिस ए० व० का बहुवचन रूप है।

१४८. अनुज्ञार्थ—

(१) असु

इसके अतिरिक्त मध्यम पुरुष अनुज्ञार्थ एकवचन के असु प्रत्ययान्त रूप चं० (प) और ह० च० में मिलते हैं।

खड़ग भरहर मारसु। १२५ चं० (प)

कहसु मंहि बारी कित हुत आवा। ४४० चं० (प)

बरिससु जाए अखंडित धारा। २।२३ ह० च० इत्यादि।

डॉ० बाबूराम सक्सेना ने अनुज्ञार्थ—अउ प्रत्ययान्त रूप पर विचार करते हुए इसे (—अस) को म० भा० आ० का रूप माना है। दे० ३१० ए०अ०। प्राकृत पैंगलम् में यह रूप मिलता है—

किज्जसु, बुज्झसु। ११९ व० वृ०

पिशेल ने भी इस रूप का उदाहरण दिया है—बट्टसु (दे० ४६७ प्र० भा० व्या०)।

(२) अह

मध्यम पुरुष अनुज्ञार्थ बहुवचन—अह प्रत्ययान्त रूप

यह केवल स० क० में मिला है—

दुन्हुक करह बिआह

प्रा० भा० व्या० में पिशेल ने इस रूप का उल्लेख किया है—

वहह (दे० ४६७)

हेमचन्द ने अपने प्रा० व्या० में इस रूप के उदाहरण दिए हैं—

जइ पुच्छह घर बुड्डाइं। ४।३६४

यह रूप वर्ण रत्नाकर में भी मिलता है (दे० इंट्रोडक्शन ४८)

सम्भवत: यह रूप संस्कृत के विधि के मध्यम पु० बहुवचन 'अत' प्रत्ययान्त रूप से विकसित हुआ है।

(३) एहु

साधारणत: अवधी में मध्यम पुरुष बहुवचन भविष्य अनुज्ञार्थ के एहु प्रत्य-

यान्त रूप मिलते हैं। एह—प्रत्ययान्त रूप केवल चंदायन में मिला है। बान्ह लगाय खरग चमकाएह्। ८। चं० इससे मिलते जुलते चलिह, देखिइ, देखिहै, रूप बंगाली, मैथिली, भोजपुरी में भी मिलते हैं। दे० आ० डो० बी० एल० ५१। लखीमपुरी का 'ए' प्रत्ययान्त रूप (देखे) दे० ३१२ ए० अ० इसी से सम्बद्ध होता है।

१४९. प्रारम्भिक अवधी के अधिकांश व्याकरणिक रूप यद्यपि परवर्ती अवधी के समान हैं किन्तु उनमें कई परवर्ती अवधी काव्यों में या तो अपेक्षाकृत बहुत कम मिलते हैं या नहीं मिलते हैं। ऐसे रूपों का विवरण दे दिया गया है। इनमें से कई रूप परवर्ती अवधी की काव्य-भाषा में अत्यन्त विरल या अप्राप्त हैं किन्तु अवधी भाषा जनता में आज भी प्रचलित है। (दे० संज्ञा—हकारान्त मूलरूप, सर्वनाम—ऊ, ई, इन्ह, कउन, के, केहू, परार, क्रिया—बा, बाट)।

इन रूपों के अतिरिक्त कुछ रूप ऐसे मिले हैं जो परवर्ती अवधी रचनाओं में अत्यन्त विरल हैं, जिनका प्रयोग आजकल अवधी की बोलियों में भी नहीं मिलता, किन्तु जो तत्कालीन भारतीय भाषाओं में मिलते हैं जैसे, भौ, गौ।

कुछ रूप ऐसे हैं जो परवर्ती अवधी काव्यों में अप्राप्त हैं (मधु० को छोड़कर) किन्तु दूसरी भाषाओं में आज प्रयुक्त हैं। ऐसे रूपों में कृदन्ती—ईत प्रत्ययान्त रूप पंजाबी में प्रयुक्त होता है और होखइ। ८ रा० ज० और करह। ५१ स० क० जैसे रूप भोजपुरी में प्रयुक्त होते हैं। ए० व० पुरुष वाचक सर्वनाम रूप जे, से भी केवल पूर्वी अवधी में प्रयुक्त होते हैं और इन्हें मुख्यतः भोजपुरी तथा अन्य पूर्वी भाषाओं के ही रूप माना जाता है। प्राचीन अवधी में ऐसे रूपों का प्रयोग देख कर ज्ञात होता है कि ये रूप पहले अवधी में भी प्रयुक्त होते थे। किन्तु कालान्तर में इनका प्रचलन अवधी से उठ गया है। 'कीत' जैसे रूप परवर्ती रूप 'किय' और संस्कृत 'कृत' के बीच की कड़ी जोड़ने का काम करते हैं। राउर बेल में उपलब्ध दित्ता दीत की पूर्व स्थिति का सूचक है।

प्रारम्भिक अवधी का भूतकालिक अस्ति वाची रूप 'होत' भी अन्यत्र कहीं नहीं मिला है। यह न तो जायसी-परवर्ती किसी काव्य में मिला है न किसी बोली में। यह प्रारम्भिक अवधी की एक ध्वन्यात्मक विशेषता प्रकट करती है जो आज भी अवधी में सुरक्षित है जैसे दूसर > दोसर।

प्रारम्भिक अवधी भाषा के अध्यन से प्रकट होता है कि वह अपनी सम-सामयिक कई भाषाओं के कई रूपों की सहभागिनी थी जो अब उसके नहीं हैं,

अथात् प्राचीन अवधी पंजाबी, ब्रजी, भोजपुरी, मैथिल, बंगला से आज की अपेक्षा अधिक निकट थी।

प्राचीन अवधी में परवर्ती अवधी की अपेक्षा लोक प्रचलित रूपों का प्रयोग अधिक हुआ है। सम्भवतः जायसी के पद्मावत ने अवधी को साहित्यिक, और परिनिष्ठित भाषा के रूप में पूर्णतः प्रतिष्ठित कर दिया जिसके कारण उसमें लोक प्रचिलित रूपों का प्रयोग अपेक्षाकृत कम हो गया। इस प्रकार जायसी पूर्व अवधी, जिसे हमने प्रारम्भिक अवधी कहा है, परवर्ती अवधी से पूर्व की स्थिति का विवरण और उसकी कुछ विशेषताएँ प्रस्तुत करती है।

□□

परिशिष्ट : कुछ रचनाओं का पाठ

परिशिष्ट—कुछ रचनाओं का पाठ

(१)

साधन का मैनासत—(मनेर शरीफ़ की प्रति)

जिन्ह कलि बेलसेउ एह असदल गजदल दलमलेउ
साधज भैते खेह पृथिमी चीन्हा न रहेउ
जाता देखउँ यह संसारू, का लोगा तुह धरहु पियारू
पानी अइस बुलबुला होइ, जो आवा सो रहा न कोइ
(पहलें) प्रनि जो दई उपाने, आवत देखे जात न जाने
इक छत राज नरिन्दन कीन्हा, पृथिमी रहा न तिन्ह कर चीन्हा
हम पुनि दिन इक चल चल अहहीं, मुख आख समझउँ ता कहहीं
धूवाँ केर धौराहर पृथिमी कोइ न रहा निदान,
साधन रोइ बिंफारि जिउं जिउं मनह तवाँन ।
कौड़ी कौड़ी जोर मूए किरमन बापुरे,
गए गड़न्त कड़ोर मन पछतावा पापियइ ।

(२)

सातन कुवरँ नगर कइ दूता, कपट रूप नारद कइ पूता
तेहि रतना मालिन हँकराई, सत सों मैनाँ देहु डोलाई
दूत बचन जेउं मैना पावउं, तोहि मालिन चूंदर पहराऊँ
मालिन पान दूत कर लीन्हा, सत्तरूप सब आगें कीन्हा
जोहन मोहन लीन्ह सँभारी, टोना टामन फेरेसि भारी
लीत दरब मालिन पुनि गई मैनाँ कइ बार
जिन्ह बिधि राखइ सत्त सौं कउन डोलावइ पार
जिह राखइ करतार ताकउ बार न बाँकियइ
जो लागइ संसार साधन छाँह कि छीनियइ

(३)

मालिन जाइ मंदिर में बैठी, मैनाँ जहाँ सिंघासन बैठी
चम्पक फूल चौसारा हारू कीन भेंट औ दीन्ह जोहारू
हँसि कै पूछै मैनाँ रानी, कहवाँ गवन कीन्ह परथानो
कह दूतिनि सुन मालति मैनाँ अनचिनही कस बोलसि बैनाँ
तौर पितइं धाइ मोहि कीन्हा, मैं बारइं तोहि अस्थन दीन्हा
मन न रहइ हियं गहबरइ बरइ आग तन मोहि
सँवरि सबन्ह चित आप जिवं भेंटन आइउँ तोहि
सीस नवै भुइँ लाग मुख अंब्रित मुख कपटी
साधन धनुक चढ़ाइ जिवं थिर ढुकइ अहेरिया

(४)

मैंने बात साच कइ जानी कुटनी कइ बोलहि पतियानी
तबही नाउन बेग बुलाई कुँ कुँ मरदन कइ नहवाई
घेवर पापड़ आनि जिवावा दखिन कइ चोर आन पहरावा
रहसी कुटनी अंग न लगाइ अब मोपँह कत मैनाँ जाइ
कहिसि तौर देखउँ अब भेसा छूटी लटैं भँग भए केसा
मैल चोर तोर देखउँ कि तुम्ह दहुँ जोग
सीस न सेंदुर काजर काह भएउ सभ भोग
हिरदइ कोठा सात नयनन्ह हँस मुख रोइ
दूत लखन तिह पास साधन आप सँभारि

(५)

पिता मोर अनु काँह न राजा पिता राज मोरे कउँने काजा
पियह दुख मोहि पड़ेउ जो आइ अस दुख परउ सउति कहँ जाइ
महरी कइ घी चाँद गुआरी लै गइ सेंदुर मोर उतारी
का कहँ मालिन करउँ सिंगारा मोहि परिहर गौ कंत पिआरा
बैरि (री) करि (रइ) मोर जस कीन्हा बारी बैस मोहि दुख दीन्हा
फिरइ भाग दिन ओछै मीत सो बैरी होइ
करह (हि) जो बाँके देवहरे मालिन जैसा करइ न कोइ
तासौं कीजइ नेह जासो दुइ जग थिर रहइ
तासौं कौन सनेह टूटइ काँचइ सूत जिउँ

(६)

दूती बचन कहत गहबरी कपट रूप रोवन अनुसरी
तोर दुख देखि मरत हउँ मैना हियइँ आग जरिहौ तोह नैनाँ
रितु असाढ़ बरखा पैसारू सभकांहू घर बार सँभार (रू)
दीप गए हियँ (?) आवन हारा अधियर कहूँ न देखउँ बारा
जेहि घर कंत ते करहिं बैरासू सो न छाछ (ड़) हिं पियह कर पासू
तोर दुख सुनत मरत हौं बोल छाड़ दे मोहि
जस मालति कर भँवरा चूक न मेरवँउ तोहि
जिन्ह सत ऊपर चाव सपनेहु असत न रुचइ
..............जाइ तो जाउ साधन सत न छाड़ई

(७)

दूती दूत-वचन जिवँ कहा मैना धाइ ओकर मुख चहा
रूखे नैनाँ तीले बैनाँ बोलइ सती महा सत मैनाँ
लाज कान तोहि कहत न आई अस औखर तैं बोलिसि धाइ
चा (जा) रउँ नार ताहि कर हिया एक छाँड जिन दोसर किया
एकाएक करत जी देऊँ जग दोसरा कर नाउँ न लेऊँ
भोर भँवर सुन मालिन रूप कि पूजइ कोइ
अति रे स्याम गोबरीरा भँवर कि सरबरि होइ
नारि अकेली सेज सावन रुत बरसइ घना
पानी होइ करेज साधन रसिया बाहरइ

(८)

सावन मैनाँ आइ तुलानाँ घर घर सखो हिंडोला ताना
हरियर मुइ कुसुंबी रतनारी नाँह सरीखे खेलइ धमारी
कन्त सुहागिन झूला बा (डा) रा, गावहिं गीत उठइ झनकारा
उन्ह दुख तिन्ह सुख रैन दुहेली झुरि झुरि मरहुँ सेज अकेली
सावन गंग भए मोर नैनाँ तोर दुख मरउँ मैं मैनाँ
जोबन जात न जानब गए बार पछताव
आनि भँवर तोह मैखउँ लैन जगत कछु जाब
यह जग जइस सनेह सो जानइ जिह दुइ जा (चा)
क़पट रूप सम केहु साधन दोश न लागई

(९)

सुन मालिन सावन तेहि भावइ जाकर पियहु परदेसइ आवइ
भोग भुगुत सम थरेउ उतारी मोहि लेखे संसार उजारी
रितु मानउँ जउ लोरिक आवइ नांतर मैनाँ मुएँ गवाँवइ
तैं पापिन मोहि पाप सुनावसि यहि बातनि तैं ओखर पावसि
मोरे पिता बाप औ भाई सुन पावहिं तउ मार अडाई
भीलिन बचन सुनहु तुम जनम कि नित नित जात
काचैं दूध बिनासति (?) जाइ परन्तर भात
भादौं गहिर गंभीर नयन गंग कोसन्ह भरे
क्योंकर पावउँ तोर साधन खेवन हार बिन

(१०)

भादौं मैनाँ मघा झकोरा ऊँच खाल भर नीर हिलोरा
घन गरजइ बरसइ अतवानी काँप करेज लोहु होइ पानी
सरासेत भुंइ बादर लागे देख फाँट हियँ पउरुख थागे
दादुर पपिहा कुहकहिं मोरा सूनि सेज हिय फाटइ तोरा
संघी सहेलि लास मन भावा केउ आपन केउ रँवइ परावा
जोबन काहे न भोगसि अलम बैस सुख छाँह
केति भँवर बिलसत हैं कवँल फूल दर माँह
जोबन देउँ बहाइ पीयह पीत न छोड़िए
सूख रह कुमलाइ फूटे जोवन प्रीत बिन

(११)

यह सुन मैनां उठो रिसाई अब ओखर तोह बोलउँ धाई
तेहि कहँ जे अमरौती खाई जाकइ पाप सुनावसि आई
जोरे मुआ सोइ ते (य) हिं न आवा तिन्ह नित को आपहिं डहंकावा
वह कत जाइ न बांधइ धीती तिह जोबन सो कउन पिरीती
तिल एक सुख जनम कउ पापू तिह नित कउन बिठारइ आपू
जो जरकइ ऊबेरै धाइ पाप तस आह
सोरस होई लोर सौं उतर देब तव काह
सुन शारदह रे बान विरहिन बिरह चउगुना
प (ज) नु अरजुन कइ बान मनमथ सर चूकइ नहो

(१२)

सुन मैनां अब चढ़ा कुवारा। जनमि (?) ताग सभ गूथहि हारू
ऊपज साह कन्यागत होइ, पियह भोग बिन रहइ न कोइ
जोन्ह दहउ दिह उवइ मोरारी, तरुनी खेलहिं प्रेम धमारी
तैं आपुहि काहे ओडेरसि, मोर बोल काहैं तै पैलसि
धन जोबन जैं होत न खावा, गए बार पाछैं पछतावा
सौत किहिस तुह ऊपर तोरो कीत (किहित) न कानि
तिह नित कातैं भूखसि काहैं होसि अयानि
जिह राता मोह पीउ हौं चेरी तिह सौत की
डर नहिं चारौं जोउ साधन हँसके राखिहैं

(१३)

सुन मालिन कुंवार किन आवइ लोरिक बिन मोहि जगत न भावइ
होइ कन्यागत परब देवारी मोहि लेखैं संसार उजारी
भोग भुगुत के नियर न जाऊँ, सीत धाम कह डर न डेराऊँ
मानिइ रुत जाकर पिउ पासा, मोहि वियोग निस देवस उदासा
करवत सीस देइ जो लोरा तबहुँ अंग न डोलइ मोरा
इह जोवन लोरिक बिनाँ जारि करउँ भइं छार
प्रीत जाइ इन बातनि सरग होइ मुख कार
दीजइ हाथ उठाइ खाजइ पीजिइ बैलसयइ
लेउ गएउ मूंउ चढ़ाइ साधन किरपन सच मुए

(१४)

उत्तम कातिक परब देवारी सभ कोउ खेलइ परम धमारी
जग जोबन भोमइ संसारू तो कहं मैनाँ बहुत विचारू
बाँमन छतरिन बैसिन नारी बिरहिन पतिसन सोरंग सोनारी
मानहि परब छतीसो जाती तैं पइ भइस माँग के ताती
तोह देखत औरहि लइ गएउ छाडेसि तोहि न आपन भएउ
जोवन काहें न भोगवसि का खोवसि ओह लागि
सहरस सबद हियर फाटउ जब जब देखियहु जागि
जो राता जिन्ह पास सो जन ताकइ मन बसइ
...लै धन जोबन पाहुनाँ

(१५)

का कर कातिक परब देवारी झूट बात का कहसि गँवारी
परव बार दिन मानिय सोई जिह सरीर मालिन जिय होई
जियरा मोर चाँद ले धरों बिन जिय घर माँटी में पढ़(ड) ों
माँटी लागि जेउ आप बिटारउं दोउ जग धरम परंतर हारउँ
रुत और गरब लोर संग मानाँ पियह बिन जगत धंध कै जानां
रंग भोग कइ पृथिमी तिल इक करै मँथाइ
जुग जुग झूटइ पातक तिन्ह नित तिस को जाइ
कया बिटारउं कोइ जग राता बैरी घनाँ
चरित खेलावइ सोइ झूटै झूठन पेलियइ

(१६)

माँटी माँटी कहा बरवानसि माँटी भेद न मैनाँ जानसि
माँटी माह डिस्ट विधि खेला (मेला) परम अंस माँटिइ मह मेला (खेला)
सोबरन फूल जो मांटी फूलइ मांटी देख जो मांटी भूलइ
मांटी भोगवै मांटी खाइ माटिह उपजइ रंग सोआइ
मांटी विरला बूझइ कोइ हँसे खेलपुन मांटी होइ
कांच सूत टूटे तस (··· ·····) कापड लोर
अगहन छैल बैरासहु कहाँ सुनह जउ मोर
जउं जिय जाइ तो जाउ साधन संत न छाड़ई
पापहि देहि बहाइ सत कइ करनी आग रे

(१७)

जउ मालिन लोरहि अस भावा न मोहि रोयन न परिहस आवा
जाउउ मैं आपन जिय हारा कवन मांख जउं सो जिय मारा
राज देइ तउ कवन बड़ाई भीख मँगावइ का घट जाई
यहि डर जउं सत छांड पराई लाकर पाप करहि का आई
वचन तुम्हारइ धरम नसावउं पुनि का लोरहि मुख दरसाऊँ
जरत अगिन मैं मालिन जियरा धरेउं बुझाइ
अगहन छैल बैरासहु भोरि हुत तुम्ह जाइ
सबरह (हुँ) सपने सेज अनवन भाँति सँवारिए
जाउ फाट करेज साधन साईं बाहरे

(१८)

मैनाँ पोस मांस देख आवा जाड़ पवन भिनसार जनावा
निस के पवन तहो बहइ अपारा हाड न रहा डोल तन हारा
कहब तुम्हार न फाबहि मैनां अइसन बोल तैं सुन बैनां
रहसि अकेलइ जाड़ न जाई मन को मदन सँतावइ आई
रोएँ अधर नीर झरे नैनां, एतनई बोल मोर मान मैनाँ
तौन नेह नित वैरसभ कामिन एह संसार
आच (ज) हि रसिया मेरवटउं राख बोल हमार

(१९)

सुन-रतनां तै मालिन धाई तेह मेखहु जो भँवर भइ जाई
पौस माँस का करिहै मोरा झांझर कैजिय लइ गइ लोरा
लोरिक बिरह तबइ मोर अंगा सो रज सीसन्ह भरउँ मैं माँगा
बिरह हैल जेहि सेजिहि होइ ताकर बारन चापइ कोइ
भोग भुगुत मोहि कछु नहिं भावइ जौलहि लोर न हम घर आवइ
बिरह तुसार सेज दुख मैनाँ गरुअ अहइ संताप
पाँच भूत की हतिया एहमों छल कस पाप
समुंद कै पूरा जाइ पवन कि आघाँ थिर रहइ
साधन केउ सुखताइ माघ अकेली थिउ रहइ

(२०)

माघ तुसार कहउँ सुन पीरा (............) सरीरा
पवन तुसार सबद कै बाजा सुरनर मुनि जन देवता भाजा
भाजै पाँच इन्द्री कै सेना भँवर लुलानि काँट मँह मैनाँ
मौं बिनु लोर माज नहि जावउँ माघ चबग्गुन लागइ दानंउ
सौंर सुपेती सेज बिछाई पिय बिन कैसहुँ जाड़ न जाई
दूनहु जग आग देउँ मैं जहाँ न बसै...मोर
झूटहि जात तैं भारवसि कहा सुनउँ का तोर
नेह काहे कर पाप पियह कारन सिर दीजियइ
साधन कौन संताप बैरिन सो मरना भला

(२१)

धरमहिं मालिन करिहौं चाउ पाप के पंथ धरउँ न पाउ
का कर धरम पाप कह केरा लोर पंथ मकुतावहि वेरा (?)
ओहि परान ओहि जीवन मोरा क्या भून (?) बन कुहँकहि लोरा
कै बहि जाउं कै लगाउँ तीरा बहत जाउं माँझ भै नीरा
जिह तन आग विरह झकझोरइ तहवाँ सीत कि जहवाँ जोरइ
तिल इक पृथिमी जान जार कै करउ बिसंभार
पाछें तो पछताए झूठा यह संसार
जोबन आएउ बार साधन सात न कर सकइ
उतर गए ते पार सर दीन्हेउ बहुरे नहीं

(२२)

फागुन मदन न मानइ कहा उछाइ बिरह पवन तन दहा
विरह आग तन तिल न बुझाइ काहेक पाप सुनावसि धाइ
कुमकुम केसर बेलसइ बारा चहुँ दिस देखह सभ रतनारा
नाचइ बिरह पवन कह माना बनसपती भउ खांकर बाना
रुत खेलिय पियह बेलिसियइ परभ अंग न समाइ
तिनहूँ समंझ न देख रसिया देवह मेराइ
साधन चढ़ेउ बसंत बिरहिन विरह चउग्गुना
पर नारी लुबुधा कंत सौथकु यह कैसे जिए

(२३)

प्रेम दूति कपट ते खेलसि नरकह कुंड आन सो मेलसि
बिनु सुहाग कइस को (सो) ह अंगा सेंदुर झूठ नाँह बिनु मंगा
गीत नाद चंचार चउतार तिन्हहिं रुचइ जिन पास पियार
मोति तो पियह बिन जग अंधियारी मैं का खेलहुँ परब धमारी
कंत सुहागिन भूलइ बारा मोहि लोरिक बिन जग अंधियारा
कंत नेह चित चो (जो) भेंटउ अउर न (मन?) मह भाउ
तोहि (तेहि) दिन करउं बधावना जब लोरिक घर आउ
साधन चढ़ा बसन्त बिरहिन बिरहा चउगुना
परनारी लुबधा कंत जीवन ते मरना भला

(२४)

चैत राउ रुत आइ तुलानी रितु बसंत मधुकर मन मानी
अगर कपूर फूलि बहु बास कामिनि फूल सेज भरि डास
रावहि पुरुख सेज चढ़ि नारी मानइ पति संग परम धमारी
चंचल मदन न मानइ कहा सन्त (कन्त) बिरह नाग होइ डहा
आनि देहुँ तोहिं प्रेम पियारा एक मांस सुन बोल हमारा
चैत बसन्त प्रेम रितु मैना मानहुँ भोग
पिरथमीं जात न देखिय कहा करत हैं लोग
इवं जरियइ पिउ लागि जैसे धुवाँ न देखियइ
जरें कया कइ आग साधन सत सों देखियइ

(२५)

जउ मानुस पिउ कारन जरई दोहूँ जग मानहि निस तरई
मरन जबइं को सब का डुहावइ (?) थिर रे जीवन को डहंकावइ
आगम कुंड न जाइ थहाई बिसर ठाँउ वह सबइ नसाई
लाग आँख रैन चलि जाई भोर होत रवि किरन दिखाई
तिल एक बूंद का डहक सरीरु काजी बूंद बिनसइ जस रोय (छी) रु
जोबन रतन जारि कइ पवन उड़ावइ छार
यहु सिरु देहउं लोरकहिं अउर न देखइ पार
सो जानहि जोहि पीर घाव न देखियइ
कोमल बरन सरीर साधन सत सौं लेखियइ

(२६)

मैनाँ अब आवा बैसाखा मदन भुवंगम तारुइ पाखाँ
त्यों त्यों लहरि रंग बहरावै पिउ गारुड़ बिन कवन जिवावै
अइसें जनम गँवावै वारी ए कामिनि सुन बोल हमारी
रस कइ रहइ देवस दुइ चारी तैं काहे अब होसि गँवारी
तन छीजै मन ऊभै अलप बैस सोकमार
बिरह अगन मैनां जरइ जरजर होइहै छार
क्या गई बिनु भोग बैस गँवावइ हे सखी
घड़ी घड़ी निज सोग साधन जनम गँवाइयइ

(२७)

किरन आग कइ जेठ सेराई जरि जरि धरती छार उड़ाई
तबहूँ न तजउं लोर कर नाऊं बिरह जारि के छार उड़ावउं
सिंघ अहेर कीन्ह जो धाई तो (ते) हि के चोत के सेर खाई
अब यह बारह मांस तुलाने दिन यक आहि लोर घर···ने
मोरे आइ दिन मोर तुलानो अब हौं सती लोर घर आनी
तोर कहा में मेटेउं सत्त राखु करतार
राखेउं प्रीत लोरिक कइ दोहूँ कुल उजियार
पाप पुन्न दोउ भोग सत कइ करनी आगरी
पापी न पावइ भोग साधन सत रुइ कीजियइ

(२८)

जनम न चीत डीलावउं काऊ भूए वारन्हि जाउ तो जाऊ
मैनइ मालिन धरि झकझोरी बहुत पत्त मैं राखेउ तोरी
दूती दूत वचन सब तोर मती सुन पावइ कै कहुँ लोर
आपु उतर तैसितन रारी (?) नित ठावउं (?) आन देत है गारी
लोग पंच कइ होति न कानी सरसों आजु उतरतेहुँ पानी
रितु अनरितु रस अनरस मोहे कछु न भाउ
तोहे करउं बधाउ जब लोरिक घर आउ
जो जस करइ सो पावइ अनबन भाँति सवारियइ
साधन पियहु कइ बार साँचि होइ सर दीजियइ

(२९)

मैनाँ मालिन नियर बोलाई घरि झोंटा कुटनी नेहुराई
मुंड मुंडाइ कइ सेंदुर दीन्हा कार पियर दुइ टीका दीन्हा
गदहा आनि कइ धाइ चढ़ाई हाट बाट सब नगर फिराई
जो जस करइ सो पावइ तइस कुटनी लोग पुकारइ अइस
लाइ पाइ कइ काटे कान, कोदो बोइ लौनिहउ धान
सत मैनां को थिर रहा साधन राख करतार
कुटनी मारि निकारी कीन्ह गंगा के पार
पाप पुन्न दुइ बीज जस बोइय तस ऊपजइ
साधन जइसा कीज तैस फल आगे लहइ

श्री राम जी शहाऐ
श्री गंगा जी शहाऐ
श्री भवानी जी शहाऐ
श्री गनेश जी शहाऐ
श्री पोथी राम नाम जनम

श्री पोथी राम नाम जनम

वरनो गनपति विधिन विनाशा ।
राम रूप होऐ पुरवहु आशा ॥
कंठे स्त्रोश्ती ह्रीदे महेसा ।
विद्या देहि श्री दाता, गनेशा ॥
वरनो स्रोश्ती अम्रीत वानी ।
राम रूप तुम्ह भलि गति जानी ॥
वरनो चांद स्त्रुज की जोती ।
राम रूप रस निर्मल मोती ॥
वरनो देव विप्र गुर पाउं ।
जिन्ह मोहि निरमल ग्यान सिखाऊँ ॥

दो०—सुरजदास कवि वरनो: प्रान नाथ ज···मोर ।
राम कथा किछु भाखो, कहत न लागे···र ॥१
बालमीक रामायेन भाखा ।
तीनि भुवन जे भरि पुर राखा ॥
श्री रामकथा जिन्ह कीन्ह विचारा ।
सातो खंड कीन्ह विस्तारा ॥
राम के जनम पढ़े जो सुनई
सहस होम शो दिन दिन करई ॥
हृदे माह त्रीवेनी कीन्हा ।
कोटि गाए विप्र कह दीन्हा ॥
कोटि विप्र जो नेवति जेवावा ।
कोटि भार कंचन पहीरावा ॥
जाहा ताहा ब्रामन नेवते आऐ ।
दछिना देह के विदा कराए ॥

कोटी अशमेघ जंग्य जो कीन्हा ।
सो फल राम जन्म नर दीन्हा ॥

दो०—कोटि तीरथ जो कीन्हाः, गहने दीन्हा दान ।
सुरज दास कवि वरनोः, सुनते राम पुरानः ॥२

नग्र अजोधा दशरथ राउ ।
जानहु अवध पुरंदर छाउ ॥
नव खंड लछीमी जोतिहु आनी ।
बिआहो त्रिआ तीन शै रानी ॥
तेहि मह तीनि पाटको रानी ।
कोशिल्या शुमित्रहि जानी ॥
रूप राशि पुनि केकइ केशी ।
शिव के शंग शती रहु जैशी ॥
राज करत बहुत दिन गैउ ।
आनंद मंगल बहु विधि भैउ ॥
एक दिन राजा अहेरहि जाई ।
तहवाँ राजा गऐ भुलाई ॥
वन वन फिरन पंथ न पाऐउ ।
तहवां राजा बैठ गवाएउ ॥
स्रवर देखु ताहा एक राउ ।
शंभा काल भऐ तेहि ठाउ ॥

दो०—सरवर तीर बैठे तब राजा करे अनुमान ।
राजा बैठि तब भंखहि हाथ लिए धनुवान ॥३

विधि शंजोग जो स्त्रवन आवा ।
मातु पिता कह तीरथ करावा ॥
अवध रीखेशर अवध न नशौई ।
कहो न पुत्र जल त्रीखा मन होई ॥
पिअहि नीर रहे प्रान हमारा ।
सुनि स्त्रवन मन कीन्ह विचारा ॥
हैठ धरो त बाघ शीघ खाई ।
उपर धरो शहदुल ले जाई ॥

तरुअर शखा कांवरी वोठधाइ ।
लोआ ले के नीर कह् धाइ ॥
निशा निरानि जन्म भा जबही ।
लोकी भभकी उठी गो तबही ॥
तब दशरथ मनहिं विचारी ।
छुधावंत भ्रीगा उजा वीकरारी ।
भ्रीगा धोखे नृप बान जो मारा ।
जाऐ श्त्रुवन के लागु लिलारा ॥
राम नाम के परु मुरुछाई ।
सुना वचन नीप देखा जाई ॥

दो०—दशरथ जाए कै देखा मानुस एक जो आही ।
मुरुछा देखि के राजा, बहू विशमे तव कोन्ह ॥४
तब श्त्रवन अब पूछा ताही ।
आरे अधम कवन तै आही ॥
माता पिता भ्रीखा दुख पावा ।
तेइ (तइ) पापी मोहि मारि गिरावा ॥
कहै राजा मैं अवध के राउ ।
पशु धोखे मैं कीन्ह जो घाउ ॥
मै रीखे अपराधी तोहारा ।
करु मौके जश परै विचारा ॥
कहे स्रवन तुम तुरित शिधावहु ।
उन्ह तपसो कह पानी पिआवहु ॥
हम कह विधि ऐसी रचि राखा ।
तुम जो करहु पिता जो भाखा ॥
चली भ्रीप लौका ले पानी ।
तबहि रिखे अश कहा बखानी ॥
अंध पुकारहि उठि उठि पानी ।
श्रवन पुत्र ले आवहु पानी ॥
भ्रीखा बहुत हम दूनहु प्रानी ।
बोलहु पुत्र जो अम्रीत बानी ॥
की तै राकश की तै दूता ।

की तै आहिशि मोर श्रवन पूता ॥

दो०—वेगि पानि लै आवहु, श्रवन पुत्र जो धाए ।
त्रीखा बहुत हम पावा, पानी आपै पिआय ॥
तब दशरथ कहा विचारी ।
सुनहु रिखे अश वचन हमारी ॥
न हम राकश न हम दूता ।
मैं मारा तोर श्रवन पूता ॥
शरवन तुम कह नीर पठाया ।
रीखे अधम पापी लै आवा ॥
पिअहु नीर रहे प्रान तोहरा ।
करु मोकह जस परै विचारा ॥
अरे अधम हतेसि संतापी ।
बड़ अपराध कीन्ह तै पापी ॥
मैं रीखे हों अजोधा के राउ ।
पशु धोखे में कीन्ह जो घाउ ॥
मैं अपराधी रीखे तोहारा ।
करु मोकह जशपरै विचारा ॥
दीन्ह तोरि जो मोरि मति आई ।
पुत्र शोग तुम प्रान गवाई ॥
ऐतना कही, प्रान दुहु त्यागा ।
परी स्राप त्रीप चले बैरागा ॥
जो परमेशर शंतति देही ।
तीन्ह के शोग भले जीव लेही ॥
एतवा कही नग्र चलि आऐ ।
पाट उपर मे बैठे जाऐ ॥
भूजत राजा भरम भुलाना ॥
ब्रोध भए पाछे पछताना ॥

दो०—दरपन लै मुख देखा, देखि बदन अकुतान ।
शपने शोअत राजा झंखत भेउ विहान ॥६
चिहुकि उठे राजा पुनि केशे ।
गाठि के रतन छुटि परु जैशे ॥
शुभत महुथा राज हकरावा ।

गुर वाशिश्ट के आश्रम आवा ॥
गुर के चरन धै पुछु भुआरा ।
स्वामी मोर करहु उपकारा ।
लछीमी मोरि शब गई असारा ।
एकुपुत्र बिनु जग अंधारा ॥

दो०—काके टीका सारौ, काके सौपौ शहन भंडार ।
एक पुत्र बिनु सामी, गए वंश बेवहार ॥
बालापन ते भुआवल होई ।
अन धन कह चीन्हे सभ कोई ॥
सुन राजा कुल वंश भुआरा ।
एहजग कै है ऐहै वैवहारा ॥
कहे वाशिष्ठ रीखे शतभाऊ ।
पहिले निरधन धन गोहराऊ ॥
धन भए कलंत्र जो होई ।
भए कलंत्र पुत्र जो होई ॥
शुत भए ब्याह के भाती ।
भए ब्याह जो होखहि नाती ॥

दो०—नाती भए परनाती, तबहु न पुजी आश ।
अत भ्रीतु ना जाने, काल लिये जम फाश ॥८
जो तोहि राजा पुत्र कै आशा ।
चोखे जाहु सीग्रीखी का पाशा ॥
चरन लागि कै रिखै मनावहु ।
होहि प्रशन्न तबहि सिधि पावहु ॥
रथ चढ़ी राव चलै पुनि ताहा ।
शींगी रिखि के आश्रम आहा ॥
शींगी रिखि के गौतम के बेटा :
सुरजदास कवि राजै भेटा ॥
कटि बाँधे जेवरी एक मोटी ।
कुम के बोकला कीन्ह कछौटी ॥
देखि शींगी रिशि आगे ठाढा ।
अग्नि शिखा जनु थै कै काढा ॥

दो०—रथ से उतरे राजा, गए चरन पर लोटि ।
शींगी रिशि का मन भौ, दाया उपजो मोटि ।।९
कहु राजा तै कथि कर दुखो ।
'वेगि कहौ के आलौ सुखो ।।'
इदर सरग से टारि अडाओ ।
ताहि राज लै तोहि बैशाओ ।।
कहे राजा मैं सभकर सुली ।
एक पुत्र बिनु में बड़ दुखी ।।
एक पुत्र जो तोहि सो पावौ ।
जनम जनम तोहार गुन गावौ ।।

दो०—तीनि भुअन फिरि आए, कतहु न पूजी आश ।
गुर उपदेश गोसाई, आए तोहरे पाश ।।१०
सुनि कै रिखै समाधि तब कीन्हा ।
अग्नि वारि के आहुति दीन्हा ।।
मूल मन्त्र तब हो अहिवाना ।
ह्रीदैवा चेति नराऐन आना ।।
चाउर चुरी पीड एक कीन्हा ।
सो राजा के कर लेइ दीन्हा ।।
माथ नाइ कै राजा लीन्हा ।
तबहि रिखैस अग्या दीन्हा ।।

दो०—प्रान बालभी रानी, ताहि खिआबहु जाइ ।
त्रिभुअन सुन्दर बेटवा, सो जग जनमिहि आइ ।।११
सो लेइ राऊ चले पुनि कैशे ।
दुखी परा परा धन पावे जैसे ।।
तब राजा अंतह पुर गैएउ ।
सभ रनिवास धाय के अैऐउ ।।
तेहि मह राजा रहे निहारी ।
काहि देउ मोहि सभै पिआरी ।।
तेहि मह तीनि पाट की रानी ।
कैकइ कोसिल्या सुमित्रा जानी ।।

तेहि मा राजा शोभै कैसे ।
तारा माह चदरमा जैसे ॥

दो०—भीरि ना छाड़े रानी, तब दुइ खंडा कीन्ह ।
कौसीला ओ कैकई, वाटि दुनो कै दोन्ह ॥१२।

दुनो जनी जब लागी खाए ।
चली चली सुमित्रा आए ॥
कहे सुमित्रा सवती पिआरी ।
हमहु आज अतीथ तोहारी ॥
दुनो जनी रही कर खैंची ।
कैसे खाउ अतीथ ही बाँची ॥
अतीथ वाची जो नर खाई ।
जनम जनम सो नरकहि जाई ॥

दो०—आदर कै सुमित्रहि पास बैठाइन्ह आइ ।
कछु कछु उन्ह कै दीन्हा पाछे लागी खाइ ॥१३

तीनो रानी गरभ सुभाउ ।
आनंद करै तब दसरथ राउ ॥
मन मो कंचन कलसा धरावा ।
..............................॥
मनमो दासी मनमो दासा ।
मनमो लोग बसै चहुँ पासा ॥
सुफल मनोहर बाजन बाजा ।
निति उठि दान देत है राजा ॥
पांच मंगल गावहि नर नारी ।
ब्रामन वेद पढ़े झझकारी ॥

दो०—सुफल मनोहर पूजा, उछहत मै सब काम ।
कौसिल्या के प्रथम ही, जन्म लीन्ह श्री राम ॥ १४

चड़त मास नवमी गुरवारा ।
तेहि दिन राम लीन्ह अवतारा ॥
जब जनमे सवसार कै सारा ।
कैकइहि जनमे भरथ कुमारा ।
सुमित्रा जनमे दुई बलवीरा ।
लछन चतुरगुन रन के धीरा ॥

सुर नर मुनि सभ नाचन लागे ।
तीनि भुअन कै दालिद्र भागे ॥
राम को जनम सुने मन लाई ।
सो नर सदा बैकुंठहि जाई ॥

दो०—सहन भंडार उघारा, जो लेवै सो पार ।
श्री रामचन्द्र कौ जनमे, हरख करे सवसार । १५
बाहर भीतर राउ न जाइ ।
दिन दिन चौगुन होत बधाई ॥
चारो पुत्र खेलावहि कैसे ।
दुइले आँखि चारि भौ जैसे ॥

दो०—चारों पुत्र के आदर सम सम होय दुलार ।
राम छाड़ि के राजा, वैगर होय ना पार ॥१६
एक खेलावना जो लेईं आवै ।
कोटि कंचन सो तबही पावै ॥
पाशनि मुण्डनि जब जब होई ।
तब तब धन पूछै नहि कोई ॥
तबहि सो धन मेलि लँडावै ।
राम के दरस महा धन पावै ॥
धन देई जो होखे दुखी ।
राम के जनमे सभै भा सुखी ॥

दो०—एहि रंग रहे राजा, बारह बरस तुलान ।
बेटवन्हि दीन्ह जनेउ, अस बोले मतिमान ॥ १७
राम मनोहर राम पिआरा ।
राम छोड़ि नहिं आन अधारा ॥
रामे माता रामे पीता ।
रामे दाता रामे भुगुता ॥
रामे बोलिये रामे कहिए ।
अह निशि राम नाम चित धरिए ॥
राम नाम सवसार के सारा ।
राम नाम तिहुँ लोक पिआरा ॥

दो०—राम रंग रस लावहु, सुरजदास कवि भान ।

राम छांड़ि के राजा, बैगर होय न पार ॥ १८
गुर हंकारि के लगन धराया ।
उठि माटी मंगल तेल चढ़ावा ॥
नव खंड विप्र जो नैवति जेवावा ।
विप्रन्ह वेद पढ़े मन लावा ॥
अस्तुति भाट जो करै दुआरा ।
कनक रतन सभ दीन्ह भंडारा ॥
उतिम भाति पहिती मरि घारी ।
ताहि ऊपर घृति सुवासित ढारी ॥
बैगन, सेमि, करइला पोई ।
भोजन विविध अमृत सम होई ।
कंद मूल किछु उत्तिम सागा ।
उत्तिम भोजन जेवहि आगा ॥
कोरा पारा दही लपटावा ।
त्रिप का जग्य अंत को पावा ॥
परोसन बहुत छपन परकारा ।
एहि विधि लोग करै जेवनारा ॥
कोई ना पवरी दुआरा ।
.... ॥
पाँचो दिन तब आए तुलाना ।
कीन्ह मेख तब चारों जाना ॥
दीन्ह जनेव मट्रूक पहिरावा ।
पहीरी कंचन दीन वधावा ॥
धनुख वान तब कर लै दीन्हा ।
नीति भुअन तब जै जै कीन्हा ॥

दो०—बेटवन्ह कीन्ह जनेउ, हरख करै तब राउ ।
विस्वामित्र रिखेसर, एहि अन्तर चलि आउ ॥१९
उठि कै राजा डंडवत कीन्हा ।
आनि सोंघासन बैठि कै दीन्हा ॥
कहै राजा अब सुदिन हमारी ।
बिस्वामित्र पाँऊ अवधारी ॥

सांगी रिखि मोहि कीन्ह पसाउ ।
तीन्ह प्रशाद पुत्र फल पाउ ॥

दो०—तीन्ह रिखिन्ह के दाआ, सुफल भए सब काम ।
अग्वा कवन गोसाइं, आऐहु कवने काम ॥२०
आयहुँ राजा भेंटन तोही ।
तोहरे हरख हरख भा मोहीं ॥
दुष्ट तालुका जग्य नशावा ।
एकौ काम न होखै पावा ॥
वन मौं ब्रामन होते सुखी ।
ओहि के करन सभै वा दुखी ॥

दो०—ओहि के देखते राजा, होए ना एकौ काम ।
ताहि बधे के कारने. मागत हौं श्री राम ॥२१
निठुरि बचन जानि बोल गोसाइँ ।
खेड़ा करत करत जीव चलि आई ॥
मांगहु गज रथ सहन भंडारा ।
सरबस देत न लाओ वारा ॥
औ मागहु परिजन परिवारा ।
रो मह भागहु एक वारा ॥

दो०—काढ़ि लेउ जीव मोरे, के दहु लेबै पार ।
जीव देवै वरुपारो, राम के देवै पार ॥२२
सुनि के वचन रिसै रिसियाना ।
राम काढ़ि नहिं माँगै आना ॥
पहिले लेइ तालुका भराओ ।
पाछे धनु गुन वेद पढ़ाओ ॥
कवन बोल तुम बोलन लागे ।
हठ ना रहिहैं हमरे आगे ॥

दो०—चोखे देहु रामहि मोही, का लावहु पडीवार ।
नाहिं तो नग्र अजोंध्या जारि करौ थै छार ॥२३
सुनि के राउ परा भुइ कैसे ।
मंत्र के मारल विसिधर जैसे ॥

राजा मुरछि परे अँगनाई ।
सभ रनिवास धाइ कै आई ।
सीतल चंदन सीतल पानी ।
सीतल पवन डोलावहि रानी ॥
आपु परार न चीन्है भुवारा ।
राम नाम मुख करै पुकारा ॥२४

□□

लखनसेन का हरि-चरित्र विराट पर्व

बादसाहि जै वीराहिम साही, राज करहिं महि मंडल माही
आपुन महाबलो पुहमी धावै, जउना पुर मह छत्र चलावै
संवत चौदह सह एकासो, लषनसेनी कवि, कथा प्रगसी
गुनी जन सब अषीर मैउ, बैजलदास राइ पह गएउ
बैजल दास मन हरषीत ताही भरावे जीव
लषवसेनि कवि भाषा, कथा बैरठ जे कवि

\+ \+ \+

कैसे मेखउ अछर कै पाती सरबार राजा कइ जाती
हंसन पति होइ छन छन वाका, महवेलाभ भए नोहलंका
अछर सुनत सुन्य सुधी काढ़ा अम्रती बोल बचन सो वाढ़ा

दोहा

नगंहिं चहि नगसरी पंडित रहे सीर धुनी
छलै वैल सब होवै लषन सेनी कवि गुनी
डोलेस्वर अनुकाराम तेज रासि कुल राजा धर्मं
तासु तने जै लषन कुमार दुरजन द्रवन सींध करीवार

दोहा

कंठे बसे सुरसती हीरदे वसहि गनेस
लषनसेनी तहने बसे धन्य धन्य सो देस
लषनसेनी कवि जन मैं आइ, बड़ बड़ कविता गए लजाइ
गए धर्मं औ सतजुग राजा, देवीपुर गए बली के काजा
गए क्रीती धनसेनि नरेसा, भोजपुर गए देव गनेसा
जैदेव चलै सर्गं को वाटा, औ गए घघ सुरपति भाटा

नगर नरिद्र जो गए उनारी, वीद्यापति कइ गइ लचारी
अम्रित कुंड नग्र जै थहाइ, त्रोधनी कुंड नग्र अब गहइ
तेन्ह पापीन्ह कह बोज उठाऊ, जै नही लीन जन्म भरि नाऊ

दोहा

तेहि पापी तह राषीए जैइ हरिनाम न लीन
अछर तीनीसा जीव करि, ध्रम होइ दीन दीन्ह

जन परिजन छड़ि सो देसा, जहब उपभवन बसै नरेसा
भोदु महंथ जै लागे काना, काज छांडि जे अकाजै जाना
कुंजल बाँथे भुषन भरई आ र सो षर सेइ चराई
चंदन काटि करील जै लावा आव काटि कइ बबुर बोबावा
कोकिल हंस मंजारही मारी बहुत जतन कागहि प्रतिपाली

सीरीव पंष उपरिव पाले तमचुर जग संसार
लषनसेनी ताहने वसै काढ़ी जो षाही उघारि

चौसा नगर जगत परसीधा रामराज तह गौरव सीधा
जै जै कहि जवा वीग्रह चढ़ाइ कांपे सेज (सेस ?) धरनी लरषरइ
प्रीथीमी बडनदंन नर नाहा दुसर रघुपति उपजै ताहा
चारी बानी चौरासी मीरा मारेउ सबै गंग कै तोरा
जेकर पुत्र जै पुरनमाला अरि के हीरदे महाबल साला

दोहा

साठी गाइ बाँधी चरु पुरनमल कै ठाट
कौतुक कीन सुरस कबी वोवीध कथा वैंराट

भीम कवि का डंगवै पुराण

संवत पंद्रह से पचास जब भएऊ द्रपुष नम संमल चलि गएऊ
सावन सुकुल संतमी अई । डगबै कब भी सुनई
कदन नग्रं कैसनौ ठाऊ, कैन देस कैन से गाऊ
जहुए भए कबीसर विचार तह वसंत है कौन भूअर
पुहुमी धर्म प्रन एक देसा बसे लो त्रीमल रेह

+ + +

नसै कवी दोसन को देही, जो कवो अपन नाउ न लेइ
कवीत तहव मै उपपती कवन नग्रे कैन सो जती
नग्र अमर सब्र वैरे कहा, वसुक इन्द्रदेव तीस लहा
जती कै कएथ करन कुबेरु महीमत ही कलीनेम अचरु
तसुत नौ रतन वर बीरू अतो प्रचंड नीक सुसरीरू
मत मतंग वोरू मह दीनह, तब तेनह सब गवरह लीन्ह
तेही कुल भीम बरिपरा, वैरी बुधी बहु वैसरा
कहै चहै कछु कथ सुभउ मरथ कथ डंगवै गउ
चह उरवं फीरी आवे सोहइ सोइ प्रीती कंठमन लइ

पुरुषोत्तम दास का जैमिनी पुराण

आदि—श्री गणेशाय नमः अथ जैमिनि लिष्येत। प्रथमहि प्रणवो पुरुष पुराना। आदि अंत प्रभु है अवसाना। निर्गुण सगुन जानि नहिं जाई। रूप न रेख रहत घट सोई। ब्रह्मादिक जिहि षोजत रहही।......आदि सारदा तोहि मनावो। देहु सुमति जो हरि गुन गावौ। तुम भल जानत रहहु भगवतहि। मारि देत राषेहु सुर संतहि। वाहन गरूर गदा कर लीन्हा। संष चक्र मनि भूषन कीन्हा। कमल चरन कै नृमल चरना। रसना रामे नाम गहु सरना। वांक वादिनी नृमल वाना। देहु सुमति हरिनाम प्रवाना। कवल नयन निजु चरन निवासी, तुअ प्रसाद पावौ कविलासी। दोहा० ब्रह्म रुद्र सुरंगन पति जग जननी जस लेहु। पुरसोत्तम हरि सेवक बुधि प्रकाश किछु देहु।

अन्त—मदन सिंध सब विप्र बुलाए। जोतिष शास्त्र बिसारद आए। कहहु लग्न सुभ कहिआ अही। विषया चंद्रहास जो व्याहो। उत्तम सूर्जं ब्रहस्पति कहिआ। बर कन्या एकाद (?) चहिआ। बड़े भाग्य वैष्णव गृह आवा, आजु नीक सुभ लगन सोचावा। गौधूरी कर उत्तिम पर्वा लग्न दोष विवर्जित सर्वा। सुनतै मदन परम हुलासा। सषिअन्ह सो कह बचन प्रकासा। बाजन बाजै मंगलचारा, होइ लाग बिबाह पसारा विषया चंद्रहांस नहवाए। दिव्यांबर बस्तर पहिराए। मंडप पाटेबर ते छावा। वरकन्या वेदी बैठावा। हरादे चढ़ाइ कन्या नहवाई, अरघ देई वेदी बैठाई। चंद्रहास कह वस्त्र बनावा, अस्त होत हरि कलस पुजावा। जिव मह सुमिरा हरि कर चरना। आसन आइ बैठ मन हरना। साधरन विप्रन्ह कह......

विषय—मंगलाचरण, कवि तथा उसके अभिभावक का परिचय जंबू दीप भरत षंडा। कनउज कै पाटी परचंडा। सप्तपुरी महा उत्तिम थाना। कौशल देसवै (देस सबै) कोउ जाना। रामपुरी सरजू के तीरा। नाम अजोध्या निर्मल नीरा। सर्गाद्वार पाप कर नासन। जहंवा रामचंद्र कर आसन। तिहि ते दक्षिन जोजन चारो। आदि गोमती किलिमष हारी। नारायणपुरी सुधर सुदेसा। तहाँ बसैं

विकार नरेसा। कुवर ब्रह्म दबीच सुजाना। वोन्ह की सरवर राव न आना। तहवा नगर बसत इक दादर। जहवा जती सती कर आदर। राजा रूपमल्ला वहाँ रहई वैश्यवंश नित धर्मंहि चहई। लागि गुहारि केरि संहारा। दादरपुर के महा जुझारा। सर्वं सकुल निर्मल राजा रूप मल्ल नाम। राम भक्त पुरुषोत्तम बर्साहि सुदादर ग्राम। वंश विभूति पिता मंह प्रीती। क्षेमानंद धर्मं की रीति। तिनके सुत पुरुषोत्तम दासा, प्रथम गए जग्रनाथ निवासा। कमलनयन परदच्छिन दीन्हा। अंबक पुरी जाइ गुरु कीन्हा। गुरु रघुनाथ कै चरन मनाये। जिन व्याकरन निक्षुन पढ़ाए।

ग्रन्थ निर्माण काल—संवत् पंद्रह से अट्ठावन निर्मंल चैत माल (स) का आवन, शुक्ल पक्ष प्रतिपक्षा (दा) सुहावन, श्री गोविन्द कथा गुन गावन: उत्तम दिवस चन्द्रकर बारा मेषक सूर्जं वसंत प्रगासा। हरि प्रसाद पुरुषोत्तम दासा अश्वमेध कर कीन्ह प्रगासा।

□□

सहायक ग्रन्थ

प्रकाशित ग्रन्थ—

१—अर्ध कथानक : सं० श्री नाथूराम प्रेमी : बम्बई, १९५७ ई० ।

२—अष्टछाप और वल्लभ सम्प्रदाय : डॉ० दीन दयालु गुप्तः प्रथम संस्करण लखनऊ ।

३—ईश्वरदास की सत्यवती कथा तथा अन्य कृतियाँ : सं० डॉ० शिवगोपाल मिश्र तथा रावत ओमप्रकाश सिंह : ग्वालियर, १९५८ ई० ।

४—उक्ति व्यक्ति प्रकरण : सं० जिनमुनि विजय । बम्बई, सं० २०१० ।

५—एवोल्यूशन ऑफ अवधी : डॉ० बाबूराम सक्सेना : इलाहाबाद, १९२७ ई० ।

६—ओरिजिन एंड डवलपमेंट ऑफ बंगाली लैंग्वेज़ : डॉ० सुनीति कुमार चटर्जी, कलकत्ता, १९२६ ई० (अंग्रेज़ी में) ।

७—कुतुबन कृत मृगावती : सं० डॉ० शिवगोपाल मिश्र : प्रयाग, शक सं० १८८५ ।

८—कुवलयमाला : सं ए० एन उपाध्याय; बम्बई, १९५९ ई० ।

९—खड़ी बोली हिन्दी साहित्य का इतिहास : बाबू व्रजरत्नदास : काशी, सं० १९९८ ई० ।

१०—ग्रामर ऑफ हिन्दी लैंग्वेज : कैलाग; लंदन. १९५५ ई० ।

११—ग्रामीण हिन्दी : डॉ० धीरेन्द्र वर्मा : इलाहाबाद,१९५६ ई० ।

१२—चंदायन : सं० डॉ० विश्वनाथ प्रसाद : आगरा, १९६२ ई० ।

१३—चंदायन : सं० डॉ० परमेश्वरीलाल गुप्त : १९६४ ई० ।

१४—जायसी के परवर्ती सूफी कवि और काव्य : डॉ० सरला शुक्ल : लखनऊ, सं० २०१३ ।

१५—जायसी ग्रंथावली : सं० डॉ० माताप्रसाद गुप्त : इलाहाबाद, १९५१ ई०

१६—द डलही सल्तनत : आर० सी० मजूमदार : बम्बई, १६६० ई०
१७—निर्गुन स्कूल ऑफ पोएट्री : डॉ० पीताम्बरदत्त बड़थ्वाल (हिन्दी अनुवाद) लखनऊ, सं० २००७।
१८—नुह सिपेहर 'खिजली कालीन भारत' नामक ग्रन्थ के अन्तर्गत, अलीगढ़, प्रथम संस्करण।
१६—द माडर्न वर्नाक्युलर लिटरेचर ऑफ हिन्दुस्तान : ग्रियर्सन (हिन्दी अनुवाद) वाराणसी, १६५७ ई०।
२०—पुरानी राजस्थानी : तैस्सोतेरी (हिंदी अनुवाद), काशी, सं० २०१२।
२१—प्राकृत ग्रामर ऑफ हेमचन्द्र, पूना, १६३६ ई०।
२२—प्राकृत पैंगलम् : सं० भोलाशंकर व्यास : वाराणसी, १६५६ ई०।
२३ प्राकृत भाषाओं का व्याकरण (हिन्दो अनुवाद), पटना १६५८ ई०।
२४—बाङ्ला साहित्येर इतिहास : डॉ० सुकुमार सेन : कलकत्ता, १६५० ई०।
२५—बुद्धकालीन भारतीय भूगोल : डॉ० भरतसिंह उपाध्याय; प्रयाग, सं० २०१८।
२६—ब्रजभाषा : डॉ० धीरेन्द्र वर्मा : इलाहाबाद, १६५४ ई०।
२७—भारत का भाषा सर्वेक्षण : स० ग्रियर्सन (हिन्दी अनुवाद), लखनऊ, १६५६ ई०।
२८—भारतीय प्रेमाख्यान की परम्परा : पं० परशुराम चतुर्वेदी : दिल्ली, १६५६ ई०।
२६—भोजपुरी भाषा और साहित्य : डॉ० उदयनारायण तिवारी : पटना, १६५४ ई०।
३०—मधुमालती : सं० डॉ० माताप्रसाद गुप्त : इलाहाबाद, १६६१ ई०।
३१—मिश्रबंधु विनोद : मिश्र बन्धु : लखनऊ सं० १६७६।
३२—मुंतखबउत्तवारीख (अंग्रेजी अनुवाद) : लन्दन, १८६८ ई०।
३३—रामचरितमानस : गीता प्रेस, गोरखपुर संस्करण।
३४—राउरबेल : सं० डॉ० माताप्रसाद गुप्त : इलाहाबाद, १६६३ ई०,
३५—लोरकहा : सं० डॉ० माताप्रसाद गुप्त : आगरा, १६६२ ई०।
३६—वर्णरत्नाकर : सं० डॉ० सुनीतिकुमार चटर्जी तथा बबुआ मिश्र: कलकत्ता, १६४० ई०।
३७—शिवसिंह सरोज : शिवसिंह सेंगर : लखनऊ, चतुर्थ संस्करण।

३८—संदेश रासक : सं० डॉ० हजारीप्रसाद द्विवेदी : विश्वनाथ त्रिपाठी : बम्बई, १९६० ।

३९—साधन कृत मैनासत : सं० हरिहर निवास द्विवेदी : ग्वालियर, १९५९ ई० ।

४०—सोलहवीं शती के हिन्दी और बंगाली वैष्णव कवि : डॉ० रत्नकुमारी : लखनऊ, १९५६ ई० ।

४१—हरिचरित : सं० आचार्य नलिन विलोचन शर्मा : श्री रामनारयण शास्त्री : पटना, १९६३ ई० ।

४२—हिन्दी के सूफ़ी प्रेमाख्यान : पं० परशुराम चतुर्वेदी : बम्बई, १९६४ ई० ।

४३—हिन्दी भाषा और उसके साहित्य का विकास : हरिऔध : लहेरिया-सराय, दरभंगा, सं० १९९७ ।

४४—हिन्दी साहित्य : डॉ० हजारीप्रसाद द्विवेदी : दिल्ली, प्रथम संस्करण ।

४५—हिन्दी साहित्य का आलोचनात्म इतिहास : डॉ० रामकुमार वर्मा : इलाहाबद, १९५४ ई० ।

४६—हिन्दी साहित्य का इतिहास : पं० रामचन्द्र शुक्ल : काशी, सातवाँ संस्करण ।

४७—हिन्दुई साहित्य का इतिहास : तासी (हिन्दी अनुवाद) : इलाहाबाद, १९५३ ई० ।

अप्रकाशित ग्रन्थ—

४६—मिरगावत : डॉ० माताप्रसाद गुप्त द्वारा संपादित और शीघ्र प्रकाशनीय ।

४७—मैनासत : प्रो० हसन अस्करी पटना के पास सुरक्षित ।

४८—रामजन्म : श्री गोविन्दजी, ६८ रामबाग, इलाहाबाद के पास सुरक्षित ।

पत्रिकाएँ—

१—कल्पना : हैदराबाद ।

२—द जर्नल ऑफ़ दि बिहार रिसर्च सोसाइटो, पटना ।

३—नागरी प्रचारिणी पत्रिका, काशी ।

४—प्राचीन हस्तलिखित पोथियों का विवरण, पटना।

५—भारतीय विद्या, बम्बई।

६—मअसर, पटना।

७—साहित्य, पटना।

८—हिन्दी विद्यापीठ ग्रन्थ वीथिका, आगरा।

९—हिन्दुस्तानी, इलाहाबाद।

□□